JN115181

主要国4中央銀行
金融政策の比較分析
歴史・制度・将来展望

朝倉健男 ――――― ［著］
Asakura Takeo

A Comparative Study of Monetary and Prudential Policies of the Four Central Banks:
Histories, Organizations and Future Perspectives

専修大学出版局

はじめに

本書は、アメリカ、ユーロ圏、イギリス、日本における中央銀行の政策を、比較検討したものである。

世界金融危機を経て、主要国の中央銀行は政策金利のゼロ金利制約に直面し、「非伝統的金融政策」の局面に移った。これにより、4大中央銀行であるアメリカの連邦準備制度（Federal Reserve Board、以下、FRBと略称する）、ユーロ圏の欧州中央銀行（European Central Bank、以下、ECBと略称する）、イギリスのイングランド銀行（Bank of England、以下、BOEと略称する）、日本の日本銀行（以下、日銀と略称する）、の総需要調整策としての金融政策であるマネタリー政策（monetary policy）は、それまでの短期金利誘導型という共通の手段から乖離し、より多様な政策手法が生みだされた。そのなかで、4大中央銀行における金融政策には相違点がみられるようになった。金融システム安定化のための政策であるプルーデンス政策（prudence policy）には、そもそも4大中央銀行で大きな相違点が存在したが、世界金融危機でもそれは顕著に表れた。

これまでのアカデミズムにおける非伝統的金融政策を主題とした研究は、マクロ経済モデルをベースに、その総需要への波及効果に注目したものが多いといえる。本書は、上記のように非伝統的金融政策においてみられた4大中央銀行における政策の相違点に注目し、その要因を、中央銀行の成り立ち、制度、置かれた金融・経済環境の違いから考究しようとするものであり、特にマネタリー政策だけでなくプルーデンス政策にも注目し、中央銀行の政策を総合的に比較しようとする試みである。

第1章、第2章では、主として世界金融危機後の4大中央銀行における政策の相違点を明かにしたうえで、第3章、第4章、第5章で、それを説明する要因として、中央銀行の成り立ち、制度、置かれた金融・経済環境を整理している。第6章において、これらの要因を以って、個々の政策の相違点を説明することを試みている。第7章では、2020年になって発生した新型コロナ（COVID-19）への対応を巡る4大中央銀行の政策を整理した後に、今後の金融政策の展望を行っている。

本書は2020年度に専修大学に提出した「主要国4中央銀行 金融政策の比較分析―歴史・制度・将来展望―」と題する博士論文に最小限の加筆・修正を加えたものである。

博士論文の提出にあたっては、ここではお名前をあげきれないほど、多くの方々にお力添えをいただいた。とりわけ、博士後期課程の指導教授である田中隆之教授（専修大学経済学部）には、新型コロナ感染症の拡大が深刻化する局面で、大学院の講義のあり方そのものが揺れ動く中、オンラインシステムを駆使して多大なご指導を賜った。筆者が博士論文を執筆し、課程博士の学位を授与されるに至ったのは、ひとえに生涯の師でもある田中教授のご尽力とご鞭撻があってこそのものである。

博士論文の審査に関しては、その審査に携わっていただいた山田節夫教授（専修大学経済学部)、大倉正典准教授（専修大学経済学部）には心より御礼申し上げたい。博士論文の査読や口述試験においていただいたご指摘は、筆者のより一層の知的探求心の源となるもので、今後の研究の糧としたい。

さらに、筆者の学部時代のゼミナールの恩師である、野口旭氏（日本銀行政策委員会審議委員)、および上原正博教授（専修大学国際コミュニケーション学部）には重ねて御礼を申し上げたい。オーストラリアからの帰国直後で、日本での大学生活がまだ右も左もわからない学部時代の筆者に対し、両先生が主催するゼミナールへの参加を認めていただけたことが、筆者が研究者を志すうえでの今に至る起点となっている。

また、荒井久夫氏（元専修大学経済学部兼任講師）、石原秀彦教授（専修大学経済学部）、岡村勇毅氏（同志社大学非常勤講師）、熊坂敏彦氏（専修大学商学部兼任講師）、小島直氏（専修大学名誉教授）、遠山浩教授（専修大学経済学部）、西岡幸一氏（元ローム株式会社取締役）、平尾光司氏（昭和女子大学名誉理事）、宮本光晴氏（専修大学名誉教授）、山口勝業氏（一橋大学大学院経営管理研究科非常勤講師）、山中尚教授（専修大学経済学部）、林松国教授（小樽商科大学商学部）の諸先生方には、修士課程時代から長きにわたり、研究を地道に継続することの重要性を常に前向きな言葉と共にご教授いただいた。ここに記して感謝する次第である。

なお、本書の出版は、専修大学課程博士論文刊行助成による助成費を受けている。その際、専修大学出版局の相川美紀氏には出版に要する作業や手続きに多大な尽力をいただいた。厚く御礼申し上げたい。

私事にわたることではあるが、一昨年、筆者の父が、金融機関の役職を全うし、無事に定年退職を迎えた。父は名古屋大学経済学部で過ごした学生時代には、マルクス経済学全盛の時代にあって「サミュエルソン経済学」で近代経済学の勉学に励み、やがて大学卒業、就職ののちは金融実務の最前線で一途に働き、筆者にオーストラリア・アデレードでの4年間にわたる単身での高校留学や、オーストラリアからの帰国後は国内で帰国子女が通うには決して学費が安いとはいえない専修大学への大学進学という貴重な機会を与えてくれた。その父に対し、一定の成果物として本書を執筆できたことはせめてもの幸いである、という極めて私的な感慨をここに記すことをお許しいただきたい。

2022年1月

朝倉健男

目　　次

第2章　中央銀行によるプルーデンス政策

第3章　中央銀行の歴史と発展

第6章　4大中央銀行の金融政策の相違点と、歴史、制度、金融・経済環境との関係

第7章　金融政策の将来展望－新型コロナ危機への政策対応を踏まえて

第１章　非伝統的金融政策の分類と４大中央銀行におけるその導入

1.1　伝統的金融政策と非伝統的金融政策

1.1.1 「短期金利の低下」を経由しない非伝統的金融政策のトランスミッション経路

金融政策（monetary policy）とは、中央銀行が行う金融面からのマクロ経済政策であり、政府が行う財政出動や減税などの財政政策（fiscal policy）と並ぶ総需要調整策の柱である。金融政策は物価の安定や景気刺激を意図とし、不況期には景気を喚起するために金融緩和が、景気過熱期には行き過ぎた景気の過熱を均すための金融引き締めが行われる。

白川（2002）によれば、平時における「伝統的」金融政策の波及経路は、まず、①中央銀行が債券手形オペレーションを行ってリザーブを増加（減少）させる[1)]。次に、②それによりコール市場の需給が変化しコール・レートが低下（上昇）し、③裁定により違う長さの金利も低下（上昇）して株価等の金融資産価格も変化し、④やがてそれが個々の民間金融機関の貸出行動にも影響を与え、⑤最終的に企業や家計の経済主体の行動が変化する、というものである。いずれにしても平時において標準的に想定される金融政策のトランスミッション・メカニズムという場合に考えられるあらゆる効果は、図表１－１のように常に「短期金利の低下」を媒介して生じることになる。これは、伝統的金融政

1）　なお「伝統的」金融政策に関しては、それが伝統的と呼べるほど長期間にわたって確立されていたのかという意味で、「通常の金融政策」という呼称を用いる論者もみられる。

策においては、政策金利のコントロールという中央銀行における共通の手段が存在することに他ならない。事実、後にみるように、世界金融危機以前には4大中央銀行の総需要調整としての金融政策は、短期金利誘導型に収斂していた。

しかし一方で、政策金利にはゼロという下限が存在する。非伝統的金融政策とは金利がゼロ近傍に接近し、それ以上の金利低下余地が限られるなかで、本来であれは伝統的金融政策における出発点となる短期金利の低下という手段が絶たれている状況で、それを超越していかに実体経済を刺激できるような金融緩和を実現させていくのかというものである。図表1－2に示されているように、2008年に起こった世界金融危機の際に4大中央銀行の政策金利はすべてゼロ近傍となった。ここに、それまでの伝統的金融政策の局面における短期金利誘導型という共通手段は失われた。その分、非伝統的金融政策においては、その政策オプションが多様に生み出され、それゆえに中央銀行ごとに政策に相違点が生まれてくることとなる。

図表1－1　平時における金融政策のトランスミッション（概念図）

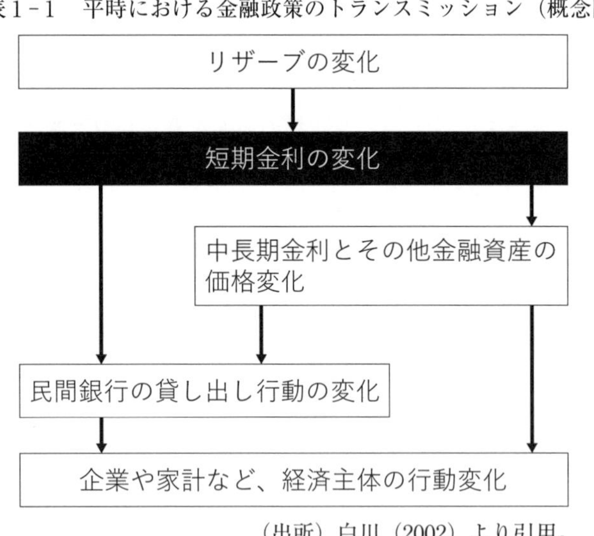

（出所）白川（2002）より引用。

図表1－2　4大中央銀行の政策金利

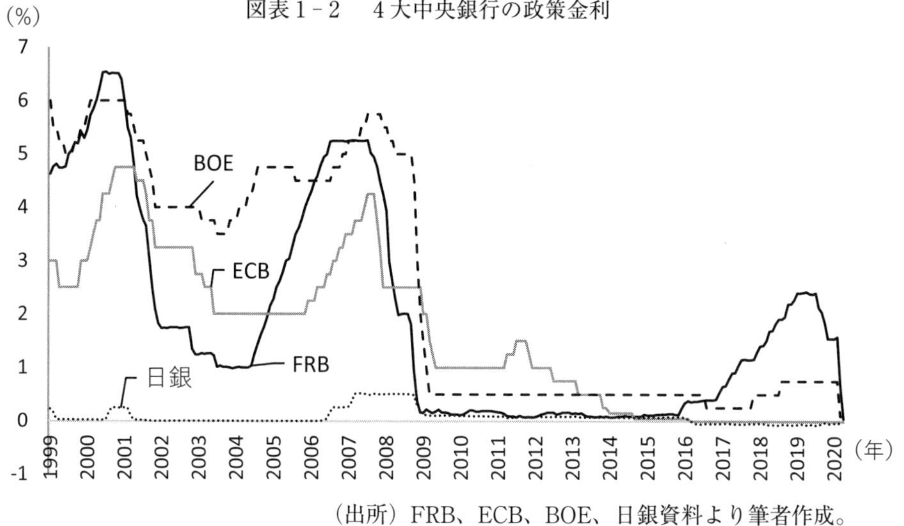

（出所）FRB、ECB、BOE、日銀資料より筆者作成。

1.2　既存の非伝統的金融政策の分類の整理

1.2.1　植田（2012）による非伝統的金融政策の分類

非伝統的金融政策についての体系的な検討、整理や分類については、その効果やメカニズム、ねらいを考察した植田（2012）やBIS（2016）、田中（2018）、中曽（2017）などがある。本節ではまず先行研究としてこれらの文献で非伝統的金融政策において生み出された手段を整理し、次節で行う筆者による分類の参考としたい。

まず植田（2012）においては、中央銀行の政策金利が下限に近付き非伝統的金融政策が導入された場合、その手法は大きく、①将来における短期金利の予想の誘導（政策金利のフォワード・ガイダンス）、②伝統的資産購入による量的緩和、③非伝統的資産購入を伴う量的緩和の3つに分類される。植田の論考において特に強調されている点は、このうち②と③の違いである。

そして、②を中央銀行の当座預金目標の引き上げが非伝統的資産購入を伴っていない場合として、植田は「QE0」と分類した。このQE0においては、もっぱら「量」が強調され、それがマネーサプライを増やして経済を刺激する。

その後に、植田は③の非伝統的資産の購入を伴う量的緩和を次のように２つに分類する。１つ目は非伝統的資産購入により一時的に不安定となった市場で中央銀行が当該市場の資産を購入して市場流動性を回復させようという目的の政策で、本来はプルーデンス政策（金融システムの安定化）である。２つ目は市場機能の異常な低下という現象はみられないものの、オペによる非伝統的金融資産の購入がポートフォリオ・リバランス効果を通じて市場価格に影響を与え、それによってマクロ経済の総需要への好影響を期待しようというものである。植田は前者を「QE1」、後者を「QE2」と名付けた。つまり植田の非伝統的金融政策の分類は、図表１－３のように、政策金利のフォワード・ガイダンス、QE0、QE1、QE2 の４分類となる。

図表１－３　植田（2012）による非伝統的金融政策の分類

①政策金利のフォワード・ガイダンス		将来における短期金利の予想の誘導		より長めの金利の低下
②伝統的資産購入による量的緩和	QE0	狭義の量的緩和	量がマネーストックを増やして、経済を刺激する	量的緩和の強いバージョン（当座預金残高目標、マネタリーベース残高目標）、貨幣数量説的な説明
③非伝統的資産購入を伴う量的緩和	QE1	特定市場に対する信用緩和	機能低下した市場の流動性プレミアムの低下	金融システムの安定化
	QE2	特定市場の危機対応ではないが市場価格に影響を与えるマクロ政策（デフレ対策）	弱い意味での量的緩和は行うが準備預金やマネタリーベースの量そのものに積極的意義を見出さない	ポートフォリオ・リバランス効果

（出所）植田（2012）より筆者作成。

1.2.2　BIS（2016）による非伝統的金融政策の分類

BIS（2016）では、非伝統的金融政策に対して、まず平時の伝統的金融政策を「プラス圏内での短期政策金利の操作」であると定義したうえで、その政策金利がほぼゼロの下限に達し、「非伝統的金融政策」を行う場合には、その選択肢は大きく、①金利政策、②バランスシート政策に分類される。さらに、BISはこのうち、金利政策は、１）政策金利のフォワード・ガイダンス、２）マイナス金利政策の２パターンに分類されるとしている（図表１-４）。

政策金利のフォワード・ガイダンスとは、金利の期間構造の純粋期待仮説モデルに則り、将来の短期金利の水準の予想に対して中央銀行が今の時点でアナウンスし、現在における長期金利を誘導する政策である[2)]。

マイナス金利政策に関しては、ECBや日銀にみられるように、準備預金に対する付利水準をマイナスにすることにより、最も短い期間の市場金利をマイナスにコントロールするというものである。これは、従来ゼロという下限が存在すると考えられていた短期金利の誘導目標を、マイナスに誘導するための政策である。

他方、バランスシート政策とは中央銀行のバランスシートの大きさや構成に着目する政策である。BISは、バランシスート政策についても細分化している。１つ目が為替政策である。為替政策に関しては、通常その所轄は中央銀行にはなく、為替市場への介入に関しては政府が行い、中央銀行はその実行部隊として受動的に動き、その際に放出された超過準備を市場から吸収、つまり不胎化するというのが一般的な理解であろう。しかし、政府が、外貨買い・自国通貨売りの為替介入を行ったときに、中央銀行が不胎化しないとすれば、それは資金供給と同じことになる。BISの分類においては、その主な目的は自国通貨高の抑制にある。

2）　この場合、長期金利とは、$I_t = \dfrac{i_1 + i_2^e \ldots\ldots\ldots i_t^e}{t}$で示され、正確には$(1+I_t)=(1+i_1)(1+i_2^e)\ldots\ldots\ldots(1+r_t^e)$という長短金利の関係式を$I_t$について解いたうえで線形近似したものである。

2つ目は、疑似国債管理政策である。これは、通常では購入しないような長めの年限の国債を中央銀行が買い入れることにより、民間が保有している国債の価格形成に変化を与え、当該国債の金利水準の低下やイールドカーブの形状の下方シフトを通じて消費や投資の増加に影響を及ぼそうとする政策である[3)]。

3つ目は、信用政策である。中央銀行が特定の市場に介入し、民間が保有する社債や株式などを購入したり、中央銀行の貸出に必要となる担保条件を緩和したりするなどして、直接的間接的にそれらの価格に影響を与える政策である。

4つ目は、中銀当座預金残高目標政策である。これは狭義の意味での量的緩和である。前述の3種類のバランスシート政策と異なる点は、この中銀当座預金政策においてはもっぱら中央銀行の負債側、当座預金の「量」のみが強調される点にある。この場合、資産側の中身は問わない。また逆にいえば、上記3種のバランスシート政策の副産物としての「量」の拡大は、中銀当座預金残高目標政策とはみなされない。そしてその主な狙いは、ポートフォリオ・リバランス効果による信用の拡張にある。つまり無利子の準備預金に対して貸出金利はゼロではなく、通常の営利目的の銀行ならば、大量の準備預金を抱えたら、それを貸出に回すであろうという考え方がベースになっている。

5つ目は、資産購入に関するフォワード・ガイダンスである。これは具体的な日程や経済指標が実現されるまで、中央銀行がバランスシートの拡大を持続するとアナウンスすることで、将来におけるバランスシートの拡大を現時点で約束する政策である。そのことが一種のシグナル効果として、金融緩和に意味を持たせ、消費や投資の増加を後押しするという政策である。

---

3) なおBIS（2016）において直接言及はないが、例えば長期国債を買い入れる一方で短期国債を売却するようないわゆるオペレーション・ツイストも、中央銀行のバランスシートの規模自体は不変だが、バランスシートの資産側の構成が変化するので、ここに分類される。

図表１－４　BIS（2016）による非伝統的金融政策の分類

金利政策：政策金利を設定して、その将来の経路についての期待に影響を与える。		
	政策金利のフォワード・ガイダンス	将来の政策金利の予想のコントロール
	マイナス金利政策	政策金利をゼロ％以下の金利に設定
バランスシート政策：中央銀行のバランスシートの規模と構成を調整し、政策金利を超えた金融状況の将来の経路についての期待に影響を与える。		
	為替政策	外国為替市場への介入
	疑似国債管理政策	公債市場を目標とした操作
	信用政策	民間債務市場・証券市場（銀行を含む）を目標とした操作
	当座預金残高目標政策	準備預金を目標とした操作
	資産購入に関するフォワード・ガイダンス	将来のバランスシート（構成と規模）の経路の予想のコントロール

（出所）BIS（2016）p3の Table 1の一部を仮訳。

1.2.3　田中（2018）による非伝統的金融政策の分類

田中（2018）による非伝統的金融政策の分類は、図表１－５となる。まず非伝統的金融政策を、伝統的金融政策における出発点となる短期金利の低下という手段が断たれているケースであるとの認識に立ち、それを介さずにいかにして中長期金利の低下や貸出の増加を引き起こすのか、その政策を田中は次のように分類した。

まず、A:準備の大量供給とは中央銀行当座預金の増額である。これは無利子の当座預金と、貸出金利やその他の運用金利との違いに着目し、ポートフォリオ・リバランス効果による信用の拡張に狙いがあるとする。

次にB:非伝統的資産購入である。例えば中央銀行が通常は購入しないような長めの年限の国債や民間金融債券などを購入することにより、リスク・プレミアムの低下から長期金利の低下を促し、金利裁定を通じて様々な金利を低下させていくものである。これを田中は、A:中央銀行当座預金の増額が中央銀行の「負債側」を使うのに対して、B:非伝統的資産の購入は中央銀行の「資産側」を使うものであると定義分けしている。さらに田中における第3分類にあたるC:フォワード・ガイダンスの類型は、C1:将来の政策金利に対するフォワード・ガイダンス、C2:将来の期待インフレ率が実質金利の低下を促す独立的期待インフレ率の形成、C3:GDPターゲティングや雇用ターゲティングを中央銀行が設定して、その時点まで金融緩和がなされるという予想を通じ、成長

図表1-5　田中（2018）による非伝統的金融政策の分類

<table>
<tr><th colspan="2"></th><th>メカニズム</th><th>ねらい</th></tr>
<tr><td colspan="2">A:準備の大量供給</td><td>ポートフォリオリバランス</td><td>直接的な信用の拡大(貸出増加)</td></tr>
<tr><td colspan="2" rowspan="2">B:非伝統的資産の購入</td><td>資産価格の上昇</td><td rowspan="2">中長期金利の引き下げ→投資・消費増(貸出増加)</td></tr>
<tr><td>(長期金利などの引き下げ)</td></tr>
<tr><td rowspan="6">C: フォワードガイダンス</td><td rowspan="2">1:政策金利のフォワードガイダンス</td><td>短期金利の予想の低下</td><td rowspan="2">中長期金利の引き下げ→投資・消費増(貸出増加)</td></tr>
<tr><td>(市場参加者の期待に働きかける)</td></tr>
<tr><td rowspan="2">2:独立的期待インフレ率の形成</td><td>インフレ期待の上昇</td><td rowspan="2">実質金利の低下→投資・消費増(貸出増加)</td></tr>
<tr><td>(企業、家計の期待に働きかける)</td></tr>
<tr><td rowspan="2">3:成長期待の形成</td><td>成長予想の上昇</td><td rowspan="2">投資・消費増(貸出増加)</td></tr>
<tr><td>(企業、家計の期待に働きかける)</td></tr>
<tr><td colspan="2">D:相対型貸出資金供給</td><td>銀行の貸出増</td><td>投資・消費増(貸出増加)</td></tr>
<tr><td colspan="2">E:マイナス金利政策</td><td>金利の裁定</td><td>政策金利の低下→中長期金利の引き下げ→投資・消費増(貸出増加)</td></tr>
</table>

（出所）田中（2017）図表2、田中（2018）図表1をもとに、筆者再構成。

期待を形成して現時点での消費や投資を促進するという３つの政策に整理される。

次に田中は、貸出を増やした銀行に中央銀行が資金供給を直接行う政策としてD:相対型貸出資金供給を分類にした。これは中央銀行が融資の実績に応じて一定の条件で直接銀行に対して当該分の資金を供給する政策である。

そして最後に田中が分類したのはE:マイナス金利政策である。これは準備預金の全部または一部にマイナスの付利をすることで、イールドカーブの起点である短期金利をマイナスに誘導して、金利体系全体を引き下げて景気刺激を行うものだ。

1.2.4　中曽（2017）による非伝統的金融政策の分類

この間、実際に日銀の副総裁として非伝統的金融政策を指揮した中曽による中曽（2017）の分類も示唆に富むものであるので以下に紹介する。

中曽は2017年10月に行われたニューヨーク連銀主催のセミナーにおいて、「進化する金融政策:日本銀行の経験」と題した講演を行った。そのなかで中曽は、日銀の非伝統的金融政策を主に４つの類型に整理している。第１類型は、金融政策の操作目標を通常のコール・レートから、より長めの金利にシフトすることだ。これは、短期金利がゼロ制約に直面するなかでも依然として低下余地のあるより長めのゾーン金利の低下を促すものだ。中曽はその具体的な手法として、日銀による長めの貸出や長期国債の買い入れによってターム・プレミアムを圧縮する方法と、将来の短期金利のパスを約束し、これを低位に維持することの２つの手法をあげている。このうち後者が、「政策金利のフォワード・ガイダンス」である。

第２類型として中曽があげたのが、中央銀行がそれまでの国債を始めとするリスクフリー資産の金利低下余地が狭まるなかで、非伝統的金融資産の購入を通じて、リスク・プレミアムの低下を促す政策である。中曽はそれを信用緩和（credit easing）と呼んで、社債やCP、株式などのリスク・プレミアムの低下を促し、企業や家計が直面する資金調達コストを一段と引き下げることを目指す政策だと説明した。

第3類型として中曽があげたのが、「マイナス金利政策」である。これはそれまではゼロが下限であると思われていた短期の名目金利にマイナス金利を適用することで、ゼロ金利の制約それ自体を乗り越えようとする政策で、実際にECBや日銀は付利金利にマイナスを適用することでこれを実現した。ただし中曽はこのマイナス金利政策に関しては、そもそも現金保有にマイナス金利を適用できないことや、金融機関の収益に与える影響などを考慮すれば、一定の限界を持つ政策でもあるとの前置きもしている。

そして中曽が第4類型として最後にあげたのが、人々のインフレ期待に働きかけることを通じて、実質金利を引き下げる手法である。これは田中（2018）のC2に分類された「独立的期待インフレ率の形成」に相当する政策である。この際中曽は、日本のように長期間にわたってデフレが続き、デフレマインドが広く企業や家計に根付いてしまった経済においては、中央銀行が人々の期待に働きかけることを通じて、中長期的なインフレ期待の上昇を図り実質金利の低下を促す必要があるとした[4)]。そのためには、例えば「2年で2％」などの具体的な表現を駆使して中央銀行が将来の物価上昇に関しての強いコミットメントを行うと同時に、それに矛盾しない明確な情報発信を継続し断固たる行動を取ることが必要であるとした。

以上、植田（2012）、BIS（1016）、田中（2018）、そして中曽（2017）における非伝統的金融政策の分類の概要を振り返った。以下では上記分類を参考にし、それを修正した形で筆者独自の分類を試みる。

4）実質金利とはフィッシャー方程式として$i=r-\pi$、の形で表される。この場合、名目金利がゼロに張り付いている状態は、右辺第一項の名目金利rが0に固定されていることを意味する。すなわちこの式は、その状況の下で左辺の実質金利iを引き下げるためには右辺第二項の期待インフレ率πを引き上げる必要があることをシンプルに表す。

図表１−６　中曽（2017）による非伝統的金融政策の分類

第１類型	長期国債の買入れ	金融政策の操作目標を通常のコール・レートから、より長めの金利へシフト
	政策金利のフォワード・ガイダンス	
第２類型	非伝統的金融資産の購入	リスク・プレミアムの低下
第３類型	マイナス金利政策	ゼロ金利制約の撤廃
第４類型	中央銀行による期待インフレ率の引き上げ	実質金利の低下

（出所）中曽（2017）より筆者作成。

1.3　筆者による非伝統的金融政策の新分類

1.3.1　プルーデンス政策と非伝統的マネタリー政策

筆者における新分類では、まず植田の分類において、多くの中央銀行は非伝統的金融資産の買い入れを行った際にそれが量的緩和を伴っていたという認識はややミスリーディングであるとしたい。後にみるように、FRB のオペレーション・ツイストや、ECB の SMP においては、中央銀行は通常の短期国債以外の資産を購入しているが、一方でその他の種類の資産を売却しており、不胎化しているケースも見受けられる。この場合、中央銀行が行うのは、バランスシートの「質」の変更であり「量」ではない。なお、中央銀行のバランスシートの「質」の変更は、必ずしも政策金利がゼロ制約に直面せずとも行えるものであり、狭義の意味での非伝統的金融政策には当たらない。そこで筆者は、非伝統的金融政策を整理する場合には、それを①プルーデンス政策と、②総需要調整策としての非伝統的マネタリー政策に分けて整理していくこととした。

なお、非伝統的マネタリー政策として BIS の分類にみられる為替政策に関しては、通常中央銀行が明示的に行うことはない。これは現在の国際政治の環境では「通貨戦争」と揶揄され、望ましくないとされる政策である。つまり手段としてあることはあるが、本書が対象とする国や地域の中央銀行においては事実上採用されることのない政策である。よって筆者による新分類からは割愛した。

1.3.2　3類型ある政策金利のフォワード・ガイダンス

政策金利のフォワード・ガイダンスに関して、「期間ベース型」「カレンダーベース型」「経済指標ベース型」の3種類に細分化することとする。このうち「期間ベース型」とは、例えばFRBやBOEにみられた、当面の低金利水準を「for some time」「an extended period」というように、一定の期間にわたって継続するというものだ。「カレンダーベース型」とは具体的な日時を当面の低金利水準の継続条件とし、「経済指標ベース型」とは、当面の低金利水準の継続条件にインフレ率や失業率など具体的な経済指標を閾値として用いるものである[5)]。

田中はフォワード・ガイタンスを細分化して3つの分類に分けている。だが、田中のC2につき、中曽は「人々のインフレ期待に働きかけることを通じて、実質金利を引き下げる」政策として金利に関するフォワード・ガイダンスとは分けて分類しており、筆者もこれに倣うことにした。また、やや後知恵にはなるが、C3に関しては実際には採用されなかった政策といえるので、割愛した。その結果、筆者はシンプルにフォワード・ガイダンスを「政策金利のフォワード・ガイダンス」に限定し、独立的期待インフレ形成の分類を別途立てることとした。

---

5)　なお、政策金利のフォワード・ガイダンスにおいてしばしば論議の対象となるものに、その類型が「デルフィ型」なのか「オデッセイ型」なのかという比較がある。一般に、前者はソフトな約束で厳格なコミットメントではないとされる。それに対して後者は、ハードな約束として中央銀行の自らの行動を将来束縛するものであるとされる。後にみるように、FRBやBOEの政策金利のフォワード・ガイダンスでは、経済指標ベース型から期間ベース型に里帰りした局面がある。これは単純にエバンス・ルールなどが想定していたのとは裏腹に、物価が低迷する一方で失業率に関しては予想外の改善が起こったための変更であり、その限りにおいて「オデッセイ型」が「デルフィ型」に変容したという見方とは関係ない。

1.3.3　イールドカーブ・コントロール政策の追加

さらに新たな分類として、筆者の新分類には「イールドカーブ・コントロール政策」も追加する。これは日銀が2016年9月に導入した新種の非伝統的金融政策だ。長期国債の買い入れ政策は、長期金利を引き下げる目的で行ってきたが、購入額を目標としてきた。だが、イールドカーブ・コントロール政策は、その長期金利の具体的な水準を中央銀行がピンポイントでコントロールしようという政策であり、長期国債購入額と長期金利水準における内生変数と外生変数の関係を逆転させる政策であった。

1.3.4　相対型貸出資金供給にも注目

また、主要中央銀行の非伝統的マネタリー政策をレビューした場合に考慮すべき重要な政策として、田中（2018）でも取りあげられていた「相対型貸出資金供給」がある。世界金融危機以降の非伝統的金融政策の新たな特徴として、中央銀行が直接銀行に対して低金利で資金を供給し、銀行融資の増加を促そうとする政策が行われた。これは銀行の融資の実績に応じて、中央銀行から一定の金利で借り入れることのできる資金を増加させ、銀行の融資意欲を高めようとするもので重要なマネタリー政策のツールである。それまでの「金利」と「量」という発想を超越する新たなタイプの政策であり、世界金融危機により銀行が融資に慎重になるなかで登場した非伝統的マネタリー政策として、筆者はこれも分類に追加する。

これらの観点を盛り込んだうえで、筆者は非伝統的金融政策の類型を、バランスシート政策（A）、政策金利のフォワード・ガイダンス（B）、独立的インフレ期待の形成（C）、マイナス金利政策（D）、イールドカーブ・コントロール政策（E）、相対型貸出資金供給（F）の6つの分類で整理する。この分類の特徴は、バランスシート政策（A）として中央銀行が行う非伝統的金融資産の購入をプルーデンス政策として行う金融システム安定化のための非伝統的金融資産の購入（A0）と、総需要調整策のために行う非伝統的金融資産の購入（A1）に分けている点にある。その上で、バランスシート政策に、植田の

QE0や田中のAに相当するマネー指標残高目標政策（当座預金残高 or マネタリーベース）（A2）を加えた。さらに、政策金利のフォワード・ガイダンスについては期間ベース型（B1）、カレンダーベース型（B2）、経済指標ベース型（B3）に細分化した。

以下ではこの筆者による非伝統的金融政策の分類を念頭に、4大中央銀行が行った非伝統的金融政策がどの分類に当たるのか、検討していく。

図表1－7　筆者による非伝統的金融政策の新分類

<table>
<tr><td rowspan="3">A:バランスシート政策</td><td>0:金融システムの安定化を意図した非伝統的金融資産の購入</td><td>プルーデンス政策</td></tr>
<tr><td>1:総需要調整策としての非伝統的金融資産を含む大規模資産の購入</td><td rowspan="9">総需要調整策としての非伝統的金融政策</td></tr>
<tr><td>2:マネー指標残高目標政策(当座預金残高 or マネタリーベース)</td></tr>
<tr><td rowspan="3">B:政策金利のフォワード・ガイダンス</td><td>1:期間ベース型</td></tr>
<tr><td>2:カレンダーベース型</td></tr>
<tr><td>3:経済指標ベース型</td></tr>
<tr><td colspan="2">C:独立的インフレ期待の形成</td></tr>
<tr><td colspan="2">D:マイナス金利政策</td></tr>
<tr><td colspan="2">E:イールドカーブ・コントロール政策</td></tr>
<tr><td colspan="2">F:相対型貸出資金供給</td></tr>
</table>

（出所）筆者作成。

1.4　筆者の分類からみる非伝統的金融政策の実際

上記のような、非伝統的金融政策は、特に世界金融危機を経て4大中央銀行の政策金利がゼロ下限に近付くタイミングで導入された。以下、個別に4大中央銀行が行った非伝統的金融政策を既述の筆者の新分類と照らし合わせる形で時系列に整理していく。

1.4.1　FRBの非伝統的金融政策

当初はプルーデンス政策として金融システムの安定化を意図したFRB

まず、FRBの非伝統的金融政策について振り返り、それが筆者の分類でどの非伝統的金融政策に当てはまるのかを検討する。

2008年9月のリーマン・ブラザーズ（Lehman Brothers Holdings Inc）の破綻を受けて、世界金融危機が発生するとともに、政策金利であるFF（Federal Funds）レートがほぼゼロに到達し、FRBによる非伝統的金融政策が開始された。

まずFRBは2008年11月の連邦公開市場委員会（Federal Open Market Committee、以下、FOMCと略称する）で前月に連邦準備制度理事会で決められていたLSAP（Large Scale asset Purchase）を引き継ぐ形で、MBS（Mortgage Backed Securities）を5,000億ドル、GSE（Government Sponsored Enterprises）債を1,000億ドル、購入することを決定した。しかし、この決定は当面の危機対応に関するためのプルーデンス政策であり、筆者による分類では金融システムの安定化を意図した非伝統的金融資産の購入（A0）に当たる。

FRBは2008年11月、FF金利の投入目標を1％から0～0.25％に引き下げたFOMCにおいて、その低金利が「しばらくの間（for some time）」望ましいとする、政策金利のフォワード・ガイダンスの期間ベース型（B1）を導入した[6)]。これは、総需要調整策としての非伝統的金融政策と位置づけられる。

---

6)　なおFRBによる政策金利のフォワード・ガイダンスは2003年8月から12月までのFOMCにおいて「1％という低いFFレートの誘導目標を「当分の間（considerable time)」維持する」という形で初めて導入された。これは当時のアメリカにおけるデフレ懸念の進行に考慮した対応であった。この際は政策金利に低下余地が残された状態での発表であったため、本書が考察するゼロ金利制約下での非伝統的金融政策の範疇には含まれない。あえて定義すれば「伝統的金利下での政策金利のフォワード・ガイダンス」として、非伝統的金融政策において導入された政策金利のフォワード・ガイダンスの先駆けであったとの認識は可能である。

QE1ではマネタリー政策の側面も現れた

次に、FRBは2009年3月のFOMCにおいて、後に「QE1」と呼ばれる政策を導入した。この政策は、それまでのLSAPの枠組みを用い、そこに新たに長期国債を6ヶ月以内に3,000億ドル購入し、危機対策で購入していたMBSを追加で7,500億ドル、及びGSE債を追加で1,000億ドル購入し、2009年末までにMBSの購入総額を1兆2,500億ドル、GSE債の購入総額を2,000億ドルまで増加させるという政策であった。また同FOMCにおいては、当該低金利状態が「長期にわたる間（an extended period)」続くと予想されるという政策金利のフォワード・ガイダンスも発表された。

この決定はMBSやGSE債という特定の市場を安定化するための債権の購入がなされている点において、バランスシート政策の面では、金融システムの安定化を意図した非伝統的金融資産の購入（A0）であり、プルーデンス政策に比重が置かれた政策であった[7)]。

とはいえ、QE1が純粋なプルーデンス政策であったかというと、疑問が残る。同決定においては、LSAPにおけるMBS、GSE債に加えて、長期国債の買い入れの開始が決定された。この時点ではFRBはまだ、その目的を、総需要調整策としての長期金利の低下を通じた景気刺激策とは明示的には説明していない。しかしこの長期国債の買い入れは、後に、長期金利の低下による景気刺激メカニズムが明確に説明されていくようになる総需要調整の手段の原型であるともいえ、その意味では、QE1とは、金融システム安定化のための「信用緩和（credit easing)」の要素を色濃くしていたものの、他方で総需要調整策としての「量的緩和（quantitative easing)」の要素も仕組みとしては入り込

7）なお、この時に購入された、MBS、GSE債、長期国債の購入資産が7:1:2であり、その配分をみる限りLSAP同様に、住宅ローン市場と住宅市場の下支えを大きな意図としていた。当時のバーナンキ元議長は当初これをQEとは呼ぶことは避け、あくまでもLSAPの枠組みの範疇に含まれる政策であり、その主たる目的はFRBのバランスシートの資産側を駆使した「信用緩和（credit easing)」にあるとしていた。

んでいた。田中（2014）は、こうしたQE1を「過渡形態」にあった政策と位置づけている。

他方、このFOMCで発表された政策金利に関するフォワード・ガイダンスは期間ベース型（B1）に該当する。いずれにしてもFOMCにおいて、その後続く、FRBにおける総需要調整策としての非伝統的金融政策の２本の柱である長期国債の購入、政策金利のフォワード・ガイダンスがこの時に導入された。

QE1はその後、2009年９月にMBSとGSE債の購入に関しては、2010年の３月まで延長する決定がなされたうえで、住宅ローン市場や住宅市場などの安定化と回復に大きく貢献し、2010年３月をもって終了した。しかしギリシャ危機に端を発した欧州債務危機のアメリカ経済への悪影響が懸念されるなか、FRBは、今度は総需要調整策として、政策金利の低下余地のないなかでの非伝統的金融政策を迫られていく。

QE2による総需要調整策としての非伝統的金融資産の購入、「オペレーション・ツイスト」で本格化

FRBが次に導入したのが「QE2」である。FRBは2010年11月のFOMCにおいて、2011年６月末までに長期国債を6,000億ドル追加で購入すると発表した。この決定では、それまでの危機対応局面とは異なり、MBSやGSE債は購入しておらず、これはQE1における住宅ローン市場や住宅市場への安定化の政策とは一線を画す政策であった。すなわち、このQE2の採用をもって、FRBによるバランスシート政策はプルーデンス政策としての金融システムの安定化を意図した非伝統的金融資産の購入（A0）から、総需要調整策に完全に移行した。よってこのQE2は、筆者の分類においては総需要調整策としての非伝統的金融資産を含む大規模資産の購入（A1）に該当する。

次に重要な動きがみられるのは2011年８月の、当該低金利状態を「少なくとも2013年央まで（an least through mid-2013)」維持するとのフォワード・ガイダンスだ。この時から政策金利のフォワード・ガイダンスが、それまでの

期間ベース型（B1）からカレンダーベース型（B2）に変更された。

さらにFRBは2011年9月のFOMCで2012年6月末までに4,000億ドルの残存期間6～30年の国債を購入し、同額の3年以下の国債を売却、MBSとGSE債の満期償還分をMBSの購入に充てるという「オペレーション・ツイスト」を採用した。このオペレーション・ツイストの特徴は、長期国債を買い入れる一方で短期国債を売却するため、FRBのバランスシートの規模が不変のまま、資産側にある国債の年限が長期化し、より長めの金利を低下させて一層の総需要喚起を促す点にあった。その目的は、総需要調整策としての非伝統的金融資産を含む大規模資産の購入（A1）であった。なおこの政策に際して、バーナンキ元議長は当初オペレーション・ツイストという呼称を用いず、自らの政策を「満期延長のプログラム（maturity extension program）」と呼び、FRB保有国債の残存期間の長期化に主眼を置いた説明を行った。この局面からFRBはとりわけ長期金利の低下による景気刺激効果を強調するようになっていく。

その一方、2012年1月のFOMCでは当該低金利状態を「少なくとも2014年終盤まで（at least through late 2014）」というカレンダーベース型（B2）の政策金利のフォワード・ガイダンスの強化を発表した。

総需要喚起を目的としたQE3とエバンス・ルール

その後、オペレーション・ツイストが継続されるなか、2012年9月のFOMCで「QE3」が採用される。この際、2012年12月で終了するオペレーション・ツイストのなかで取り決められていた国債の月額450億ドル分の購入をそのまま引き継ぎ、新たにMBSを月400億ドルのペースで追加にオープンエンドで購入することが決められた。さらに、もし労働市場の見通しが顕著に改善しなければ、物価安定の下でその改善が達成されるまでこの措置を継続するという条件が付けられた。

このQE3はそれまでのバランスシート政策において長期国債の購入に加えて新たにMBSの購入が決定されている点で、形としては金融システムの安定化を意図した非伝統的金融資産の購入（A0）と総需要調整策としての非伝統的金融資産を含む大規模資産の購入（A1）を併用した政策にみえる。ただし、実際には特定の市場の不安定化に対応したQE1におけるMBS購入の目的と違い、アメリカ経済における住宅ローン市場の停滞や住宅投資の減少がマクロの景気に与えるマグニチュードの大きさを考慮した総需要調整策としての非伝統的金融資産を含む大規模資産の購入（A1）に比重が置かれていたことは明白であった。また同FOMCでは同時に、FRBは当該低金利状態を「少なくとも2015年終盤まで（at least through late 2015）」続けるというアナウンスメントを発表し、政策金利のフォワード・ガイダンスのカレンダーベース型（B2）への補強がなされた。

その後政策金利のフォワード・ガイダンスは、2012年12月のFOMCにおいて「失業率が6.5%を上回り、先行き１～２年のインフレ予想が２％を超えず、長期的なインフレ期待が十分抑制されている限り」当該低金利を続けるという閾値の導入（エバンス・ルール）により、それまでのカレンダーベース型（B2）が経済指標ベース型（B3）へと変更された。

以上が主に世界金融危機後にFRBが行った非伝統的金融政策である。以下では、今一度それをバランスシート政策と政策金利のフォワード・ガイダンスに分けて整理していく。

つまり先にみたように、2008年の世界金融危機後、FRBがFOMCの決定としてプルーデンス政策として金融システム安定化のための非伝統的金融資産の購入の領域に入ったのはLSAPを取り決めた同年11月のFOMCであり、その時点での主な狙いはMBSとGSE債の購入による住宅ローン市場と住宅市場の安定化にあった。それは筆者の分類では金融システムの安定化を意図した非伝統的金融資産の購入（A0）に該当し、こうしたプルーデンス政策としての非伝統的金融資産の購入の枠組みは「QE1」へと継承される。

FRBのバランスシート政策面で大きな変化がみられたのは2010年11月の国債のみを購入対象とした「QE2」の採用であった。ここにおいてそれまでの住宅ローン市場や住宅市場の下支えや安定化策としての非伝統的金融資産の購入が、総需要調整策としての非伝統的金融資産を含む大規模資産の購入（A1）に純化され、その傾向は長期金利の低下を大々的に打ち出した「オペレーション・ツイスト」により一層顕著となった。その後の「QE3」では再びMBSと国債を購入したが、実体としては総需要の喚起に主眼が置かれており、やはりQE3も総需要調整策としての非伝統的金融資産を含む大規模資産の購入（A1）であった。

マネタリーベース目標とは距離を置いたFRB

FRBのバランスシート政策において特徴的なのは、採用したのはあくまでもプルーデンス政策としての金融システムの安定化を意図した非伝統的金融資産の購入（A0）と総需要調整策としての非伝統的金融資産を含む大規模資産の購入（A1）であり、マネー指標残高目標政策（当座預金残高 or マネタリーベース）（A2）は採用されなかった点である。

この点に関して河村（2015b）は、日銀が2006年3月までに行った量的緩和を引き合いに出し、ゼロ金利の状態の下では信用乗数が著しく低下するため、特定のマネタリーベースの残高を中央銀行が目標に定めても、伸びるのはあくまでもマネタリーベースのみであり、それに比例してマネーストックが伸びるような状況は起こらない。日銀の経験を、2008年までにFRBがすでに学習していたため、あえてマネタリーベース残高目標を不採用としたと結論付けている。

他方、政策金利のフォワード・ガイダンスに関しては2009年3月のFOMCにおいて当初は当該低金利状態を「長期にわたる間（an extended period）」続けるという期間ベース型（B1）の形で導入され、それがのちに、「少なくとも2013年央まで（an least through mid-2013）」「少なくとも2014年終盤まで（at least through late 2014）」「少なくとも2015年終盤まで（at least through late 2015）」というカレンダーベース型（B2）に変更され、最終的には「失業率が6.5%を上回り、先行き1～2年のインフレ予想が2％を超えず、長期的なインフレ期待が十分抑制されている限り」という経済指標ベース型（B3）

に変容していった。これらの政策金利のフォワード・ガイダンスの進展に関しては、FOMC内に設置された「コミュニケーションに関する小委員会」の貢献が大きいとされ、その委員長はのちにバーナンキ議長の後任としてFRB議長に就任するイエレン元FRB理事であった。

FRBの「出口」戦略

なお、上記で述べてきたような非伝統的金融政策を展開してきたFRBであったが、2013年末にはアメリカ経済の回復に伴い、金利正常化を目的とした「出口」戦略のフェーズに入った。

河村（2017）が詳細に説明するように、FRBの金利正常化の過程は、大きく、①資産購入の額を漸進的に減少させる「テーパリング（tapering）」とその終了後に満期到来分を再投資して資産保有残高を維持する、②準備預金への付利金利水準を引き上げてFFレートの誘導目標の引き上げを行う、③再投資を段階的に減らして資産保有残高を減少させる、という3つのステップによって行われた。

まず2013年12月にテーパリングが開始され、MBSと国債の購入に関してそれぞれ月50億ドルずつの減額が6回にわたり発表され、最終的には2014年10月にテーパリングは終了された。その後残高を維持する期間を経て、2015年12月より超過準備への付利金利を引き上げる形で、FFレートの引き上げが開始された。

1.4.2　ECBの非伝統的金融政策

当初政策金利に引き下げ余地があったECB

次にECBの非伝統的金融政策をみていく。ECBの場合、世界金融危機への対応は、ひとまず通常の伝統的金融政策の範囲で行われた。具体的にはMRO（Main Refinancing Operations）とLTRO（Long Term Refinancing Operations）による流動性供給策である。ECBは2008年10月の政策理事会（Governing Council）において、従来のMROとLTROに、金融機関が応札した金

図表 1－8　FRB の非伝統的金融政策とその分類

	A0：金融システムの安定化を意図した非伝統的金融資産の購入 A1：総需要調整策としての非伝統的金融資産を含む大規模資産の購入 B1：期間ベース型政策金利フォワード・ガイダンス B2：カレンダーベース型政策金利フォワード・ガイダンス B3：経済指標ベース型政策金利フォワード・ガイダンス
2008.11.25	A0：LSAP（Large-Scale Assete Purchase）により、GSE 債を 1,000 億ドル、MBS を 5,000 億ドル購入。
08.12.18	B1：「しばらく（for some time」は低金利が望ましいと、政策金利のフォワード・ガイダンスを導入。
09.3.18	A0：LSAP として追加で 7,500 億ドルの MBS と 1,000 億ドルの GSE 債を買入。新規に長期国債を 3,000 億ドル購入（QE1）。
	B1：低金利が「長期間（an extended priod）続くことを予想」と発表。
10.11.3	A1：6,000 億ドルの長期国債を追加購入（QE2）。
11.8.9	B2：低金利が「2013 年半ばまで」続くと発表。
11.9.21	A1：残存期間 6 年から 30 年の長期国債を 4,000 億ドル買入れ、残存年限 3 年以下の国債を売却（オペレーション・ツイスト）。
12.1.25	B2：低金利が「2014 年終盤まで」続くと発表。
12.9.13	A1：国債の月額 450 億ドル分の購入をそのまま引き継ぎ、新たに MBS を月 400 億ドルのペースで追加にオープンエンドで購入（QE3）。
	B2：低金利が「2015 年半ばまで」続くと発表。
12.12.12	B3：「①失業率が 6.5% を上回り、② 1~2 年後のインフレ率見通しが 2% より低く、③長期インフレ率が安定している限り」望ましいと発表。
13.12.18	A1：*MBS 購入を月 350 億ドルに、長期国債の購入を月 400 億ドルに減額（テーパリング開始）。*
	B1：失業率が 6.5% を下回っても「相当な期間（well past the time）」低金利が望ましいと発表。
14.1.29	A1：*MBS 購入を月 300 億ドルに、長期国債の購入を月 350 億ドルに減額。*
14.3.19	A1：*MBS 購入を月 250 億ドルに、長期国債の購入を月 300 億ドルに減額。*
	B1：*経済の進展が予想以上に速いのなら、現時点で予想されるよりも「早い段階（occur sooner）」で利上げを行う可能性が高いと発表。*
14.4.30	A1：*MBS 購入を月 200 億ドルに、長期国債の購入を月 250 億ドルに減額。*
14.6.18	A1：*MBS 購入を月 150 億ドルに、長期国債の購入を月 200 億ドルに減額。*
14.7.30	A1：*MBS 購入を月 100 億ドルに、長期国債の購入を月 150 億ドルに減額。*
14.9.17	A1：*MBS 購入を月 50 億ドルに、長期国債の購入を月 100 億ドルに減額。*
14.10.29	A1：*新規の MBS、長期国債の購入を停止（テーパリング終了）。*
15.12.16	FF レートを 0.25~0.5% に引き上げると発表。
16.12.14	FF レートを 0.25~0.5% から、0.5~0.75% に引き上げると発表。
17.3.15	FF レートを 0.5~0.75% から、0.75~1% に引き上げると発表。
17.6.14	FF レートを 0.75~1% から、1~1.25% に引き上げると発表。
17.9.20	A1：*保有資産への再投資を取りやめ、保有資産の縮小を開始すると発表。（17 年末までは、MBS は月 40 億ドル、国債は月 60 億ドルずつ縮小。18 年 1 月以降は、MBS を月 200 億ドル、国債を月 200 億ドルずつ縮小）*
17.12.13	FF レートを 1~1.25% から、1.25~1.5% に引き上げると発表。
18.3.21	FF レートを 1.25~1.5% から、1.5~1.75% に引き上げると発表。
18.6.13	FF レートを 1.5~1.75% から、1.75~2% に引き上げると発表。
18.9.26	FF レートを 1.75~2% から、2~2.25% に引き上げると発表。
18.12.19	FF レート 2~2.25% から、2.25~2.5% に引き上げると発表。
19.7.31	FF レート 2.25~2.5% から、2~2.25% に引き下げると発表。
	A1：保有資産の縮小を停止すると発表。
19.9.18	FF レート 2~2.25% から、1.75~2% に引き下げると発表。
19.10.30	FF レート 1.75~2% から、1.5~1.75% に引き下げると発表。

（出所）FRB 資料より筆者作成。

額を固定金利金額無制限に供給する方式を導入し、リーマン・ブラザーズの破綻に端を発した世界金融危機への対応を試みた。この際、主にMRO金利を政策金利の軸として短期金利のコントロールに当たってきたECBの政策金利は、ユーロ圏無担保翌日物平均金利であるEONIA（Euro Over Night Index Average）がMRO金利を常態的に下回るようになったため、預金ファシリティ金利の重要性が増していった[8)]。ただし、この時点ではECBの政策金利にはまだ下落余地が残っており、その意味では依然として伝統的金融政策の範囲内で行われたプルーデンス政策の発動であった。

その後ECBは3年物LTRO、CBPP（Covered Bond Purchase Programme）、SMP（Securities Market Programme）、OMT（Outright Monetary Transaction）を導入するが、いずれもプルーデンス政策に分類されるので第2章で詳述する。CBPP、SMP、OMTは、筆者の分類では、金融システムの安定化を意図した非伝統的金融資産の購入（A0）である。

フォワード・ガイダンスによる総需要調整策の開始とマイナス金利政策

2013年になると、いよいよ政策金利がゼロ下限に近付き、ECBにおいても総需要調整策としての非伝統的金融政策が必要となった。

その嚆矢は、2013年7月の政策理事会で採用された政策金利のフォワード・ガイダンスである。その際に、ECBは現状あるいはそれ以下の政策金利水準が「長期にわたる間（an extended period）」続くと予想されるというアナウンスメントを行った。期間ベース型（B1）のフォワード・ガイダンスの導入である。

そして2013年11月に政策理事会においてECBはMRO金利を過去最低のそれまでの0.5%から0.25%にまで引き下げることを発表した。この時点において、ECBにおいてももはや政策金利の下落余地はなくなり、政策金利のコントロールによるマネタリー政策を事実上あきらめ、総需要調整としての非伝

8)　その後、マイナス金利の導入も、この預金ファシリティ金利における措置であった。

統的金融政策のフェーズに移行することとなった。

その第1歩としてECBが行ったのが、2014年6月の政策理事会にて超過準備と預金ファシリティ残高に対してマイナスの金利-0.1%を付利するという4大中央銀行としては初となるマイナス金利政策（D）の採用であった。この際、後に述べる日銀によるマイナス金利政策が階層化方式を採ったのに対して、ECBのマイナス金利政策においては超過準備全体にマイナス金利を付利という方式が採用された。

この時、ECBにおいてマイナス金利政策が量的緩和に先駆けて導入された背景には、総需要調整策として行うECBのバランスシート拡大に対しては、「どの国の国債をどれだけ購入するか」という問題が付きまとっており、当面は使い勝手がよいマイナス金利政策が金融緩和の一環として先んじて採用されたという実情がある。

相対型貸出資金供給TLTROの導入

ECBは続いて2014年7月の政策理事会においてTLTRO1（Targeted Longer-Term Refinancing Operations）を行うと発表した。この政策は、用途を融資に絞り、銀行が4年間ECBから固定金利0.25%の水準で最大4,000億ユーロを借り入れることができるという相対型貸出資金供給（F）であり、その導入の背景には、それまでのLTROによる銀行部門への資金の供給が実体経済に行き渡っていないという問題提起があった。TLTROはオペによる入札形式を採り、一行当たりの借り入れ限度額は2段階に設定され、2014年9月及び12月においては2014年4月末時点での住宅ローンを除く対ユーロ圏向け融資残高の7%まで、2015年3月から2016年6月までは、2014年4月に対して融資の増加分の3倍までとされた。それまではMROとLTROというECBの金融政策の2本柱が、銀行部門全体に対する流動性の供給であったのに対して、このTLTROは、①オペという形式は踏襲したものの、銀行の貸出の増加に狙いを絞った政策である点、②そのなかでも住宅関連以外の投資や消費など、非住宅貸出の喚起を狙っている点に大きな特徴があった。

続く2014年9月の政策理事会でECBはABSPP（Asset-Backed Securities Purchase Programme）を発表した。これはABS買い入れプログラムにより一定の条件を満たしたABSを流通市場と発行市場で購入するという金融システムの安定化を意図した非伝統的金融資産の購入（A0）である。またこの政策理事会ではCBPP3として、カバーボンドの買い入れも発表された。この決定も特定市場、住宅ローン市場や住宅市場に対する金融システムの安定化を意図した非伝統的金融資産の購入（A0）である。さらに同政策理事会では、超過準備と預金ファシリティ残高に対してマイナスの金利の付利水準をそれまでの-0.1%から-0.3%に変更するというマイナス金利政策（D）の深掘りも行われた。

PSPPの採用により量的緩和に踏み込んだECB

ここまでECBは少なくともバランスシート政策においては、プルーデンス政策として金融システムの安定化を意図した非伝統的金融資産の購入（A0）を行ってきた。

その方針に大きな変化がみられたのが、2015年1月の政策理事会であった。そこでは、上記2014年9月のABSPPに追加する形でPSPP（Pubic Sector Purchase Programme）による国債買入政策が発表された。これは形式上、APP（Asset purchase Programmes）という名称でABSPPとCBPP3と共にパッケージングされていた。そのうち、PSPPとしては月600億ユーロの買い入れを2016年9月末までの期間で行うという枠組みであったが、結果としてそのPSPPに多くが割り当てられることになりこれがECBにとってそのバランスシート政策の大きな転換点となった。このPSPPの発表では、それまでのSMPからOMTへ受け継がれた国債買入諸政策のなかで行われていた不胎化が行われず、ECBのバランスシートの規模の拡大が意図的に行われている。このPSPPの発動をもってECBのバランスシート政策は金融システムの安定化を意図した非伝統的金融資産の購入（A0）から、総需要調整策としての非伝統的金融資産を含む大規模資産の購入（A1）の領域に大きくシフトした。

またその際に購入する各国の国債のシェアに関しても、各国中央銀行のECBへの出資比率に比例して決められることとなっており、それまでの欧州債務危機の重債務国の国債のみを対象とした当該国債市場の安定化政策とは明確に一線を画している。

つまりPSPPにおいて、特定の危機国の国債市場への安定化や下支えという側面から、総需要調整策へ大きくシフトしたが、これは事実上のユーロ版QEの開始であった。また同政策理事会において、政策金利のフォワード・ガイダンスに関して、「2016年9月まで」「中期的に2％近くでそれを下回るか目標と整合的な物価上昇率の持続的な道筋がみられるまで」という、カレンダーベース型（B2）と経済指標ベース型（B3）の併用が発表された。

さらにECBは2016年3月の政策理事会で、PSPPにおける国債買入政策を月800億ユーロに拡大すると発表し、総需要調整策としての非伝統的金融資産を含む大規模資産の購入（A1）を拡大する措置を行った。また同政策理事会において同年6月で終了予定のTLTROの第2弾として、TLTRO2を行うと発表、2016年から2017年まで四半期ごとに最長4年、固定金利0％で借入れが可能とし、また融資が2.5%ごとにその増加分に対しては中銀預金金利のマイナス0.4%で借り入れることが可能とし、相対型貸出資金供給（F）の補強を行った。

このように振り返ってみると世界金融危機から欧州債務危機を経たECBの非伝統的金融政策の状況は、そのバランスシート政策において、当初アメリカのサブプライム問題から発生した住宅市場の不安に対するCBPPによるプルーデンス政策として、金融システムの安定化を意図した非伝統的金融資産の購入（A0）が行われた。そして、その対象が欧州債務危機の局面でSMPとOMTによる重債務国の国債市場に対する安定化策へと移り変わったが、この場合もあくまでも特定市場への安定化を意図したプルーデンス政策であり、総需要調整策としての非伝統的金融資産を含む大規模資産の購入（A1）は想定されていなかった。またこの時まではECBの資産購入はその都度不胎化されており、その意味からも特定市場の安定化や下支えを意図した金融システム対策であり、とりわけ重債務国の国債市場の安定化政策であった。

それが2015年1月のPSPPの採用によって、マクロの景気対策やデフレ対策に、つまりバランスシート政策における総需要調整策としての非伝統的金融資産を含む大規模資産の購入（A1）に大きく舵が切られた。

ECBの「出口」に向けた動き

上記のように、2015年のPSPPの導入で、総需要調整策としての非伝統的金融資産を含む大規模資産の購入（A1）に踏み込んだECBは、その後、一旦ユーロ圏経済の持ち直しなどから2016年12月には、その資産購入額の減額に転じた。その後、2017年10月には再度の購入額の減額が発表された後、2018年12月には停止が発表された。

しかし、それから10ヶ月後の2019年9月には、米中貿易摩擦やイギリスのEU離脱交渉などによりユーロ圏の景気の先行きに対する不透明感が強まり、PSPPは早期に再開されている。結果としてECBは政策金利の引き上げに至ることなく、再びバランスシートを拡大させることとなった。

1.4.3　BOEの非伝統的金融政策

大きな転換点となったノーザンロック銀行危機

BOEの非伝統的金融政策の展開についてみていくが、BOEのケースもそれはサブプライム危機の危機対応からはじまる。

出発点となったのは2007年9月に起きたノーザンロック銀行（Northern Rock）の危機である。2007年7月に起きたBNPパリバ危機による市場の混乱を受け、ノーザンロック銀行はその資金調達に依存していた関連MBSの販売ができなくなったことから流動性危機に陥り、イギリスにおいて140年ぶりとなる銀行の取り付け騒ぎが発生した。斎藤（2014）によれば、BOEがこの際に行ったノーザンロック銀行への緊急流動性支援が、金融政策上の大きな分岐点となった。つまり、後に述べるように、BOEの金融政策においては、2006年に導入された新たな枠組みにおいて、決済銀行が超過準備を持つ制度

図表1－9　ECBの非伝統的金融政策とその分類

	A0:金融システムの安定化を意図した非伝統的金融資産の購入 A1:総需要調整策としての非伝統的金融資産を含む大規模資産の購入 B1:期間ベース型政策金利フォワード・ガイダンス B2:カレンダーベース型政策金利フォワード・ガイダンス B3:経済指標ベース型政策金利フォワード・ガイダンス D:マイナス金利政策 F:相対型貸出資金供給
2009.5.7	A0:カバードボンド購入プログラムCBPP1(Covered Bond Purchase Programme)の採用。
10.5.14	A0:証券市場プログラムSMP(Securites Market Programme)を発表。ユーロ圏の政府・民間債権を購入。不胎化政策を実施。
11.10.6	A0:LTROsを期限3年で年2回実施。カバードボンド購入プログラムCBPP2の採用。
12.9.6	A0:ESM (European Stability Mechanism) /EFSF (European Financial Stability Facility)による支援プログラムを受け入れ財政再建に取り組む国の国債を、規模無制限で実施すると発表(OMT)。
13.7.4	B1:低金利が「長期間(an extended period of time」は続くと予想されると発表。
14.6.5	D:預金ファシリティ金利に対して-0.1%のマイナス金利を適用。
14.7.3	F:銀行の非住宅向け融資を実績によって返済条件などを猶予できるTLTRO1の実施。2016年6月まで期間4年。
14.9.4	A0:APP (Asset Purchase Programme)を導入し、質の高いABS購入プログラムABSPP(Asset-Backed Securities Purchase Programme)、カバードボンドの購入プログラムCBPP3を採用。
	D:預金ファシリティ金利に対して-0.1%から-0.3%に変更。
15.1.22	A1:APPの枠組みの内、PSPP(Public Sector Puchase Programme)としてユーロ圏の政府・政府機関債及び欧州機関が発行する債券を月600億ユーロのペースで購入開始。
	B2:低金利が「2016年9月まで」続くと予想されると発表。
	B3:低金利が「中期的に2%近くでそれを下回るか目標と整合的な物価上昇率の持続的な道筋がみられるまで」続くと予想されると発表。
16.3.10	D:預金ファシリティ金利に対して-0.3%から-0.4%に変更。
	A1:ユーロ圏の政府・政府機関債及び欧州機関が発行する債券の購入を月800億ユーロのペースに拡大。新たにユーロ圏の非銀行部門の企業の発行債券を買い入れ対象に(PSPPの拡大)。
	F:TLTRO1の後継であるTLTRO2を導入。2017年3月まで期間4年。
16.12.8	A1:*ユーロ圏の政府・政府機関債及び欧州機関が発行する債券の購入を月800億ユーロから600億ユーロに縮小(PSPPの縮小)。*
17.10.26	A1:*ユーロ圏の政府・政府機関債及び欧州機関が発行する債券の購入を月600億ユーロから300億ユーロに縮小(PSPPの縮小)。*
18.10.25	B2:政策金利を少なくとも「19年夏の終わり」までは現状の水準に据え置くと決定。
18.12.13	A1:*PSPPの停止を発表。*
19.3.7	B2:政策金利を少なくとも「19年末」までは現状の水準に据え置くと決定。
	F:TLTRO2の後継としてTLTRO3を決定。2021年3月まで期間2年。
19.6.6	B2:政策金利を少なくとも「20年前半」までは現状の水準に据え置くと決定。
19.9.12	A1:ユーロ圏の政府・政府機関債及び欧州機関が発行する債券の購入を月200億ユーロペースで購入すると発表。
	D:預金ファシリティ金利に対して-0.4%から-0.5%に変更。

（出所）ECB資料より筆者作成。

設計はなされておらず、決済銀行の申告による法定準備が事前に設定され、それを下回っても、また上回ってもペナルティ金利が徴収される仕組みになっていた。ところが、BOE がノーザンロック銀行１行に対して資金供給を行えば、それは同時に金融システム全体への超過準備の発生を意味してしまう。そこで BOE は超過準備に対するペナルティに対してその逸脱範囲をプラス 60%の水準まで拡大した。ここにおいて BOE の金融政策における超過準備保有の制度設計が初めて確立された。

上記ノーザンロック危機から、リーマン・ブラザーズの破綻に至る世界金融危機の流れのなかで、BOE は 2008 年初頭から政策金利の引き下げを開始し、2009 年４月に至ってそれが 0.5%と下限に近づいたことで、非伝統的金融政策のフェーズに入った。

まず 2009 年１月の金融政策委員会（Monetary Policy Committee、以下、MPC と略称する）において BOE は、APF（Asset Purchase Facility:資産買取基金）を設立。APF は財務省の承認の下で設立された BOE の子会社で、民間資産の買い入れを通じて流動性を高めることが設置目的とされ、その金額は 500 億ポンドとされた。当初その資金は財務省の TB 発行によってファイナンスされることになっており、その際に BOE がそれを不胎化するという取り決めだった。このためマーケット全体の資金の需給に与える影響は中立であった。つまり APF の設立それ自体の目的はあくまでもプルーデンス政策としての金融システムの安定化を意図した非伝統的金融資産の購入（A0）であった。

総需要調整策としてスタートしたイギリス版 QE と FLS

BOE の方針に変化がみられたのが 2009 年３月の MPC であった。後に「イギリス版 QE」として認知されることになる同政策において、BOE は APF による国債購入を決定し、総額 1,500 億ポンドのうち、中長期国債（ギルト債）を中心に、750 億ポンドまで購入すると発表した。また、その際の原資は、BOE の供給する準備預金とされた。つまりここにおいて BOE は明確に目的を「質」ではなく「量」に定めたバランスシート政策、すなわちマネー指標残高目標政策（A2）を開始した。この際、BOE自身もマネタリスト的な視点から、総需要調整策としてマネタリーベース拡大によるマネーストックの増加を自らの政策として説明したが、このことは、奇しくも同じ時期にスタートしたFRBがプルーデンス政策を主たる目的として行ったQE1を、FRB自らがQEという呼称を避け、金融システムの安定化を強調した「信用緩和（credit easing)」であると称していたこととは対照的である。

上記のイギリス版QEはその後2回の購入額の増加を経て、一旦は打ち切られた。しかし、欧州債務危機などによる景気悪化を受け、2011年10月のMPCで、APFにおける中長期債の購入を2,750億ポンドまで行うと発表し、QE2（通称）の実施を発表した。さらに2012年7月のMPCでBOEはAPFにおける中長期債の購入を3,750億ポンドまで買い入れると発表し、QE2による資産購入を一段と拡大させた。

しかし、この一連のBOEの動きのなかで、マネタリスト的な説明が、いつの間にかBOEのホームページ上からも削除された。これは当初想定した量の拡大が直接マネーストックの増加に結びつくものではないということが次第に明らかになるなかで、BOE自らも当初の自身の説明に不都合を感じ、これを撤廃したものと推測される。つまりBOEによるバランスシート政策は非伝統的金融資産を含む大規模資産の購入（A1）に変更された。

その一方でBOEは、2012年7月のMPCにおいてFLS（Funding for Lending Scheme）の導入も決めている。この政策は、適格担保の差し入れと交換で銀行に短期国債（TB）を貸出す政策であり、厳密には資金の供給とはいえないが、その条件が銀行の貸出規模に応じて定められており、相対型貸出資金供給（F）に相当する。つまりBOEが国債を貸出す条件を、その銀行の貸出の量に求めた点で、新たな手段による政策枠組みであった。具体的には、銀行は2012年6月末の貸出残高に対して5％の国債の借入れが可能となり、新規の貸出に対しては0.25％という低い手数料が設定された。しかし、逆に新規の貸出が5％以上減った銀行に対しては、1.5％という高めの手数料がペナルティとして徴収される仕組みであり、銀行貸出の増加に狙いを定めた政策であった。

カーニー新総裁の就任と政策金利のフォワード・ガイダンスの導入

BOEは、2013年8月のMPCで、「失業率が少なくとも7％を下回るまで、0.5％の政策金利を据え置く」との、政策金利のフォワード・ガイダンスの経済指標型（B3）を導入した。元々それまでのBOEは政策金利のフォワード・ガイダンスについては、キング前総裁の下では距離を置いていた。それが2013年7月にカーニー新総裁就任直後のMPCで採用されたのは、エポックといえる。また同決定においてはAPFにおける資産購入に関して必要であればその増額をする姿勢を示して緩和に期待を持たせつつ、当面はその残高を「維持する」というアナウンスを行った。ここにおいてBOEの総需要調整策としての非伝統的金融政策の軸が、バランスシート政策から政策金利のフォワード・ガイダンスに移行された。

なお、政策金利のフォワード・ガイダンスには、失業率が7％を下回らなくても、①18〜24ヶ月先のインフレ予想値が2.5％を上回らない限り、②中期インフレ期待がコントロールされている限り、③金融政策スタンスが金融システムの重大な脅威になっていない限り、という3つの条件のうちのどれか1つに抵触しない限り、という但し書きである「ノックアウト条項」が添えられていた。いずれにしてもBOEの総需要調整策としての非伝統的金融政策は、この時点で政策金利のフォワード・ガイダンスに重点が置かれた。バランスシート政策に関してはそれを表向きには緩和期待を持たせつつ、しかしさらなる購入額の増加は行わずにその規模を維持することを緩和の継続とみなすということで、総需要調整策としての非伝統的金融資産を含む大規模資産の購入（A1）としてはかなり消極的な位置に後退したといえる。

FLSの第2段階

カーニー総裁下では2014年2月のMPCにおいて、政策金利のフォワード・ガイダンスと共に、相対型貸出資金供給であるFLSに関してもその拡充が図られた。

すなわち、2014年2月以降はFLSに参加する銀行に対して、FLSの利用に際して中小企業向融資に限り、その増加幅の10倍までの国債貸出を行うこととされ、その手数料も一律で0.25%に定められた。この背景には、従来のFLSによる国債貸出を担保とした資金が、住宅部門に大きく流れ、住宅価格高騰への警戒感が高まったのに加え、斎藤・高橋（2020）などが指摘するように、本来の相対型貸出資金供給の本丸であった中小企業向融資をピンポイントに増やしたいというBOEの狙いがあった。

かくしてこれ以降のBOEによる非伝統的金融政策における総需要調整策は、政策金利のフォワード・ガイタンスと相対型貸出資金供給であるFLSが2つの大きな柱として行われていくこととなった。

ブレグジットによるQEの再開

こうしてBOEは実体経済にも改善がみられるなかで、しばらくの間、金融緩和の強化は行われなかった。しかし2016年6月の国民投票によるEU離脱、いわゆる「ブレグジット」の決定を受けて、金融市場の混乱や実体経済の悪化の予防のために、APFによるイギリス版QEの再開として中長期国債の買い入れを600億ポンド増額して総額を4,350億ポンドとし、総需要調整策としての非伝統的金融資産を含む大規模資産の購入（A1）を行った。さらに新たに民間社債を100億ポンド買い入れる投資適格社債購入プログラムを導入した。また相対型貸出資金供給（F）として新たにTFS（Term Funding Scheme）を導入し、国債の貸出であった従来のFLSに代わり、銀行に直接資金の供給を行い、銀行が政策金利水準で資金を調達できることを通じて、利ザヤの減少に歯止めをかけるなど、ブレグジットのリスクに対して間接金融市場へのテコ入れも行った。

BOEの非伝統的金融政策の変遷

改めて振り返ってみると、BOEの非伝統的金融政策は、ノーザンロック銀行の危機がきっかけとなり、超過準備によるバランスシート政策の枠組みそのものが整備された。さらにAPFは創設当初のごく限られた期間において、不胎化を伴う金融システムの安定化を意図した非伝統的金融資産の購入（A0）であったと位置づけられる。しかし、国債の買い入れ開始とその原資をBOEの準備預金の増加に求めたイギリス版QEの採用以降において、総需要調整策としての側面を色濃くしていった。

そしてやや繰り返しになるが、イギリス版QEは、「信用緩和」であるとしたFRBのQE1とは異なり、当初から景気刺激策として出発した。そして、最初はマネタリスト的な説明、つまりマネー指標残高目標政策（A2）として説明されていたが、途中から非伝統的金融資産を含む大規模資産の購入（A1）として説明されるようになった。いずれにしてもこれらは総需要調整策であり、FRBのケースではQE2やQE3に相当する政策であった。

またQEを行っていく過程で間接金融の太いイギリス経済において、それが銀行の融資になかなか結び付かないなか、直接的に銀行の融資を増加させる相対型貸出資金供給（F）のスキームであるFLSが重要視されたことも特徴的だ。

そしてカーニー新総裁の就任を境に、新たに採用した政策金利のフォワード・ガイダンスとFLSに緩和手段をシフトし、「量」そのものは維持しているだけで緩和とみなすという立ち位置に変更した[9)]。なお、ブレグジットに対応する一連の金融緩和スキームは当初の景気低迷の懸念が想定したほどのものではなかったとして、2017年３月でギルト債の新規買い入れは打ち切られ、満期償還分の再投資のみが継続されることになり、量に関しては維持していることで緩和だとみなすというブレグジット前の姿勢に回帰した。

---

9)　資産規模を維持しているのみで緩和が継続しているとみなされるのは、４大中央銀行のなかでBOEに特筆すべきことである。このことはFRBの「バーナンキ・ショック」にみられたように、資産規模の拡大そのものは継続してもその拡大の幅が縮小することにより、事実上の金融緩和の後退であると認識されるケースとは対照的である。

BOEの「出口」戦略

非伝統的金融政策の出口局面では、BOEはFRBと同様に金利の正常化を目指して、実際に利上げにまでこぎつけている。

FRBのそれと比較したBOEの特徴は、カーニー総裁就任時に、政策金利のフォワード・ガイダンスの導入と引き換えに、資産購入に関しては緩和に期待を持たせつつも、その資産規模を維持しているだけで事実上緩和とみなすという絶妙なスキームの入れ替えを行っていた部分によるところが大きい。ゆえにBOEは、2013年8月時点で資産保有残高を維持するフェーズに入っており、テーパリング期間を設けることなく、2017年11月に利上げを開始した。

図表1-10　BOEの非伝統的金融政策とその分類

	A0:金融システムの安定化を意図した非伝統的金融資産の購入 **A1**:総需要調整策としての非伝統的金融資産を含む大規模資産の購入 **B1**:期間ベース型政策金利フォワード・ガイダンス **B3**:経済指標ベース型政策金利フォワード・ガイダンス **F**:相対型貸出資金供給
2009.1.19	**A0**:資産買い入れファシリティAPF(Asset Purchase Facility)を設立し、高い信用力の民間資産を500億ポンドまで購入。
09.3.5	**A1**:APFにより中長期国債を中心に750億ポンドまで購入(QE1(通称))。
11.10.6	**A1**:APFにより中長期国債を中心に2,750億ポンドまで購入(QE2(通称))。
12.7.5	**A1**:APFにより中長期国債を中心に3,750億ポンドまで購入。 **F**:貸出促進資金供給制度FLS(Founding for Lending Scheme)を導入。その銀行の融資状況に応じた条件で国債の低金利貸出を開始。
13.8.7	**B3**:「失業率が少なくとも7%を下回るまで」0.5%の政策金利を引き上げないと発表。
14.2.12	**B1**:「(失業率の改善如何に関わらず)数年間は政策金利を引き上げるまでに時間を有する」と発表。 **F**:FLSに関して、中小企業向融資に限定して、その増加幅の10倍までの国債貸出を行うことを発表。
16.8.14	**A0**:投資適格社債購入プログラムとして、100億ポンドの社債購入。 **A1**:APFによるイギリス版QEの再開として中長期国債の買入れを600億ポンド増額して総額を4,350億ポンドに増額。 **F**:金融機関向け低金利融資制度のTFS(Term Funding Scheme)導入。
17.11.2	*政策金利を0.25~0.5%に引き上げると発表。*
18.8.2	*政策金利を0.5~0.75%に引き上げると発表。*

(出所)BOE資料より筆者作成。

1.4.4　最も長い歴史を持つ日銀の非伝統的金融政策

4大中央銀行初の非伝統的金融政策の実施

日銀については、上記主要3中央銀行に先駆けて1990年代末に、政策金利がほぼゼロの領域に突入し、非伝統的金融政策がより早い段階で採用されていた。

1999年2月、金融政策決定会合で、コール・レートの誘導水準につき「当初0.15%を目指し、その後の状況を踏まえながらさらなる低下を促す」と決定し、日銀はゼロ金利政策を採用した。その2ヶ月後の4月に「デフレ懸念の払拭が展望されるまでゼロ金利を継続する」というアナウンスを行ったが、これが政策金利のフォワード・ガイダンス（B）の採用であった。その類型としては考察の余地があるが、その継続時期をデフレ懸念という物価統計から算出される経済指標にリンクさせたという点で、経済指標ベース型（B3）とみなすのが妥当だ。

その後、ゼロ金利政策は2000年8月に解除されたが、アメリカのITバブル崩壊などの景気後退懸念を受けて、日銀は2001年3月、①操作目標を日銀当座預金残高に変更し、その目標を（それ以前の実績4兆円に対し）5兆円に増額し、②生鮮食品を除くCPI（コアCPI）の上昇率が前年比で安定的にゼロ%以上になるまでこの政策を続け、③銀行券の発行残高を上限として長期国債の買い入れも増額するという、量的緩和政策を開始した。以後、緩和の強化は、政策金利の引き下げではなく、日銀当座預金残高目標の増額によって行われていく。

量的緩和は、バランスシート政策の面では、コントロールの対象を日銀当座預金残高目標に移したという点で、総需要調整策としてのマネー指標残高目標政策（当座預金残高 or マネタリーベース）（A2）であり、またその緩和をCPIの上昇率が前年比で安定的にゼロ%以上になるまで続けるという部分は政策金利のフォワード・ガイダンスの経済指標ベース型（B3）に相当する。なおこの当時はフォワード・ガイダンスという政策用語は確立されておらず、「時間軸政策」と呼ばれていた。この「時間軸政策付き日銀当座預金残高目標」は、その当座預金残高の目標が採用時の5兆円に対し、数回の増額を経て2004年1月に30〜35兆円に至った後、2006年3月に解除されて政策目標はコール・レートに戻された。これを以って、日銀は伝統的金融政策に復帰し、その後コール・レートは2007年2月までに0.5%まで引き上げられた。

世界金融危機に対する日銀の危機対応

2008年9月の世界金融危機の発生を受けて、日銀は同年12月、コール・レートを0.1%まで引き下げ、再びゼロ金利制約下での金融政策運営に回帰した。

そして2008年12月には日銀に担保として差入れられている民間企業債務の適格担保を拡大し、金額に制限を設けずに、無担保コール・レートの誘導目標と同水準の金利で、資金を貸付ける資金供給オペレーションである「企業支援特別オペ」を導入した。さらに日銀はCPオペ、社債オペを導入、これは、金融システムの安定化を意図した非伝統的金融資産の購入（A0)、すなわちプルーデンス政策であった。

固定金利オペから包括緩和へ

続いて日銀は2009年12月に固定金利オペを導入する。固定金利オペとは、長めの短期金利を引き下げるために買いオペを固定金利（政策金利と同じ0.1%）で3ヶ月間行うもので、その裏付けに国債や社債、コマーシャルペーパーなどすべての日銀適格担保を用いた、総需要調整策としての非伝統的金融資産を含む大規模資産の購入（A1）に相当する政策である。

次に2010年10月の金融政策決定会合では「包括緩和」が導入された。この政策では、0.1%だったそれまでのコール・レートの誘導目標水準が0～0.1%に引き下げられ、その低金利を「物価の安定が展望できる情勢になるまで」続けるという政策金利のフォワード・ガイダンスの経済指標型（B3）が導入され、「資産買入等の基金」を創設して、非伝統的資産を含む総額5兆円の資産買い入れが発表された。その基金の内訳は、長期国債及び国庫債務証券3.5兆円、コマーシャルペーパー及び社債1兆円、ETF及びJ-REATに0.5兆円とされた。この政策は、固定金利オペに上乗せするものであり、特に長期国債の購入によりさらに長い金利に低下圧力をかけるものといえ、バランスシート政策における、非伝統的金融資産を含む大規模資産の購入（A1）である。

量的・質的金融緩和において独立的インフレ期待の形成を目指した日銀

2012年秋から年末において、日銀を巡る金融政策論議は大きな動きをみせた。下野していた自民党が2012年12月の総選挙に勝利して、第2次安倍内閣が誕生したが、総理大臣に復帰した安倍晋三首相は、選挙期間中から日銀に対して終始それまでの政策とは次元の異なる強い緩和要求を行っていた。

政府からの動きに対して、日銀は2013年1月に、政府と共同という形で物価安定目標を2％と定めたインフレ・ターゲットの導入を決定した。この決定は金融政策の面にフォーカスしてみれば、政策金利のフォワード・ガイダンスの経済指標ベース型（B3）の強化に分類できる。つまり実質ゼロ金利政策に対して「物価目標2％が安定的に持続するために必要な時点まで続ける」と、より強いアナウンスが行われた。しかしまだこの時点では独立的インフレ期待の形成（C）は採用されていなかった。

日銀にとって大きな転換点となったのは白川前総裁に代わり、安倍首相の肝入りで日銀総裁に黒田総裁が就任した直後に行われた2013年4月の「量的・質的金融緩和」の発表である。量的・質的金融緩和は、安倍内閣の経済ブレーンであったリフレ派の意向を色濃く反映したものだが、非伝統的金融政策の分類においてどのような特色があったのであろうか。

まずこの量的・質的金融緩和においてはその操作目標が政策金利であるコール・レートからマネタリーベースに変更された。これは日銀自身にとっては2001年に導入された「元祖」量的緩和政策への先祖返りともいえるもので、「量」であるマネタリーベースの金額に何がしかの意味を持たせようとするものである。これはマネー指標残高目標政策（当座預金残高 or マネタリーベース）（A2）に分類される。なおこの際、マネタリーベースの増加の年間の目標額は60～70兆円と設定された。その枠組みのなかで日銀は、非伝統的金融資産購入の面に関して、40年債を含むすべての長期国債を買い入れて国債の償還までの残存期間をそれまでの3年弱から7～10年程度へ延長した。そして、

ETF を年間 1 兆円規模、J-REAT を年間 300 億円規模で購入するとした。これらの政策は、政策メニューそのものは「包括緩和」の中身を継承してはいるものの、資産購入枠の撤廃や資産購入に関する銀行券ルールの廃止なども新たに決定されており、より大規模な非伝統的金融資産を含む大規模資産の購入（A1）であった。さらに政策金利のフォワード・ガイダンスについては「2％の物価目標の実現を目指し、これを安定的に持続するために必要な時点まで継続する」という同年 1 月のインフレ目標採用時に比べてより強いコミットメントを行い、経済指数ベース型の政策金利のフォワードガイダンス（B3）を強化した[10)]。

この日銀による量的・質的金融緩和政策の採用が 4 大中央銀行の政策のなかでも異彩を放ったのは、公表文の冒頭で「前年比上昇率 2％の「物価安定の目標」を、2 年程度の期間を念頭に置いて、できるだけ早期に実現する」ためにこの政策を行うと述べて、独立的インフレ期待の形成（C）を狙った点にある。つまりこの量的・質的金融緩和政策とは、総需要調整策としてのバランスシート政策のうち、非伝統的金融資産を含む大規模資産の購入（A1）、マネー指標残高目標政策（当座預金残高 or マネタリーベース）（A2）、政策金利のフォワード・ガイダンスに関する経済指標ベース型（B3）、そして中央銀行としては未知の領域でもあった独立的インフレ期待の形成（C）を抱き合わせた総需要調整策としての非伝統的金融政策であった。この際、主要な中央銀行が自ら独立的インフレ期待の形成を意図的に起こそうとするのは異例中の異例のことであった[11)]。

---

10) なお木内（2018）では、この時の政策に関して「2 年程度の期間を念頭に置いて、できるだけ早期に」という総裁アナウンスが、カレンダーベース型の政策金利のフォワード・ガイダンスとして説明されている。しかし本書では、総裁のアナウンスとしては 2 年程度という文言はあくまでもバランスシート政策に掛かっているものと解釈し、政策金利のフォワード・ガイダンスについては経済指標ベース型（B3）に類型した。

11) ただし早川（2016）が詳細に説明するように、その論理的なメカニズムは必ずしも定かではなかった。

次に日銀は2014年10月の金融政策決定会合において、それまでの量的・質的金融緩和の拡大、いわゆる「追加緩和」を行った。この決定では、長期国債の保有残高が年間約80兆円に増額された上でその買い入れの平均残存期間を3年程度延長し、ETF及びJ-REITについては保有残高がそれぞれ年間約3兆円（3倍増）、年間約900億円（3倍増）に相当するペースで増加するように買い入れが行われることが決定された。これは非伝統的金融政策のバランスシート政策の分類のうち、非伝統的金融資産を含む大規模資産の購入（A1）、マネー指標残高目標政策（当座預金残高 or マネタリーベース）（A2）に当たる。

階層的なマイナス金利政策の開始とイールドカーブ・コントロールの導入

その後、2016年1月には、金融機関が保有する日銀当座預金の一部である政策金利残高に対する付利水準を-0.1%にするという形で、マイナス金利政策（D）が導入された。これは主要中央銀行においてはECBに続いて2例目となり、日銀自身はこれを「マイナス金利付き量的・質的金融緩和」と呼んだ。ただし、ECBが超過準備の全体にマイナス金利を適用したのに対して、日銀は図表1-11のように準備預金を3つに階層化し、そのうちの1つに適用した。3つの階層とは、①基礎残高、②マクロ加算残高、③政策金利残高であり、①には0.1%、②には0.0%、③には-0.1%が、それぞれ付利される枠組みであった。つまり実際にマイナス金利が付利されるのは政策金利残高のみであり、その規模は超過準備全体の5%程度であった[12]。

さらに2016年9月に、日銀は新たに「長短金利操作付き量的・質的金融緩和」を導入した。これはマイナス金利政策を維持した上で、長期金利水準のコ

12）なおマイナス金利政策は一部論壇等で、中央銀行に準備預金を預けているとマイナス金利分の利息を取られることになるので、営利目的のために銀行はその部分を貸出に回すであろうという、ある種のポートフォリオ・リバランス効果を想定した議論も見受けられた。しかし、日銀の説明としては、その目的はあくまでも「イールドカーブの起点を下げる」ことにあったことは留意されたい。

ントロールを図るための政策であった。この際に操作目標がマネタリーベースから、日銀当座預金の政策金利残高への付利水準及び10年物国債金利へと変更されている。また、マネタリーベースの拡大については目標から目途に格下げされ、フォワード・ガイダンスとして「消費者物価上昇率の実績値が安定的に２%の物価安定の目標を超えるまで」というオーバーシュート型のコミットメントが新たに設定された。この政策は、金利を優先した場合には必然的に量は「内生的」にならざるを得ないとの指摘もあり、金融緩和政策としては立ち位置が難しいが、筆者における分類では、イールドカーブ・コントロール政策（E）に相当する。

図表１-11　日銀によるマイナス金利政策の階層化

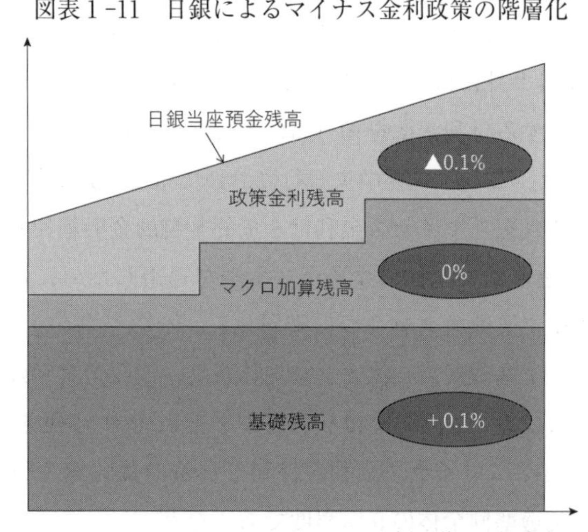

（出所）日銀資料。

日銀は相対型貸出資金供給においても先駆者

ところで筆者は、田中（2018）と同様に、非伝統的金融政策の分類に、相対型貸出資金供給（F）を盛り込んだ。その政策の具体例はすでに述べたようにECBにおけるTLTROであり、BOEにおけるFLSである。この相対型貸出資金供給の目的は、間接金融優位のユーロ圏やイギリスにおいて、中央銀行がより直接的に銀行に対して融資の増加を促そうとするものだ。

非伝統的金融政策のフロントランナーである日銀は、この相対型貸出資金供給も、他の中央銀行に先駆けて導入している。2010年4月の「成長基盤強化支援オペ」がそれにあたる。この政策は希望する銀行に対して日銀が直接、政策金利の誘導目標水準で1行あたり1,500億円まで原則1年、借り換え3回まで最長4年間、成長基盤強化に資する18分野に対して1年以上貸出をする場合にその資金を供給するというものである。この際、資金供給の対象は成長分野向け融資に限られた。

次に日銀は、2012年10月に「貸出増加を支援するための資金供給」を決定する。この政策は、貸出残高を増やした金融機関に対し日銀が直接、希望に応じてその増加額の2倍相当額まで、低利かつ長期で資金を供給する枠組であり、それまでの成長基盤強化支援オペに対して融資の分野に縛りがないことと、その資金供給総額に上限が定められていないことに特徴がある。この政策は、その後「貸出支援基金」と名付けられ、量的・質的金融緩和を開始した黒田総裁下での日銀においても持続されている。

なお繰り返しになるが、ECBとBOEにおいても相対型貸出資金供給（F）の政策は行われているが、FRBにおいては採用されていない。また、相対型貸出資金供給そのものも、ECBはそれを入札形式で行う、BOEは資金ではなく国債を貸出すなど、日銀との相違点もみられる。

「出口」に関しては時期尚早と決め込んだ日銀

すでに述べたように、実際に利上げにまで至ったFRBやBOEと比較して、日銀は「出口」に関しては終始、時期早尚であるとして、そこに言及することすら行わない姿勢を示している。

このような日銀の頑なにもみえる姿勢は、特に量的・質的金融緩和政策で導入した2％という独立的インフレ期待形成がなかなか実現しないなか、インフレ率が2％かそれ以上になるまでは、緩和を続けざるを得ないという罠に陥ったことを示している[13)]。

図表 1-12　日銀の非伝統的金融政策とその分類

	A0：金融システムの安定化を意図した非伝統的金融資産の購入
	A1：総需要調整策としての非伝統的金融資産を含む大規模資産の購入
	A2：マネー指標残高目標政策（当座預金残高 or ベースマネー）
	B3：経済指標ベース型政策金利フォワード・ガイダンス
	C：独立的期待インフレ形成
	D：マイナス金利政策
	E：イールド・カーブ・コントロール
	F：相対型貸出資金供給
1999.4.13	B3：「デフレ懸念の払拭が展望できるまで」ゼロ金利を維持すると発表。
2001.3.19	A2：操作目標を日銀当座預金残高に変更し、その目標額を 4～5 兆円とすると発表。
	B3：生鮮食品を除く CPI（コアの上昇率）が前年比で安定的にゼロ % 以上になるまで潤沢な資金供給を続けると発表。
01.8.14	A2：日銀当座預金残高の目標額を 5～6 兆円とすると発表。
01.9.18	A2：日銀当座預金残高の目標額を 6 兆円を上回る額とすると発表。
01.12.19	A2：日銀当座預金残高の目標額を 10～15 兆円とすると発表。
02.10.30	A2：日銀当座預金残高の目標額を 15～20 兆円とすると発表。
03.3.5	A2：日銀当座預金残高の目標額を 17～22 兆円とすると発表。
03.4.30	A2：日銀当座預金残高の目標額を 22～27 兆円とすると発表。
03.5.20	A2：日銀当座預金残高の目標額を 27～30 兆円とすると発表。
03.10.10	A2：日銀当座預金残高の目標値を 27～32 兆円とすると発表。
	B3：時間軸コミットメントについて、直近のコア CPI の上昇率が数ヶ月均してみてゼロ % 以上、かつその先行きについて再びマイナスとなると見込まれないこと、の 2 つが満たされても継続すると発表。
04.1.20	A2：日銀当座預金残高の目標値を 30～35 兆円とすると発表。
08.12.2	A0：民間企業債務の適格担保を拡大し、金額に制限を設けずに、無担保コール・レートの誘導目標と同水準の金利で、資金を貸付ける資金供給オペレーションである「企業支援特別オペ」を導入。さらに CP オペ、社債オペを導入。
09.12.1	A1：買いオペを固定金利（政策金利と同じ 0.1%）で 3ヶ月間行い、その裏付けに国債や社債、CP など全ての日銀適格担保を用いる流動性供給。
10.4.30	F：成長基盤強化資金オペとして、1 行あたりで原則 1 年、借り換え 3 回まで最長 4 年間、成長基盤強化に資する 18 分野に 1 年以上貸出しする場合にその資金を政策金利で日銀が供給すると発表。
10.10.5	A1：「資産買い入れ等の基金」を設立し、5 兆円程度の資産を購入、その内 3.5 兆円は長期国債、1 兆円は CP 及び社債、0.5 兆円は ETF と J-REIT の購入に充てる。
	B3：「物価の安定が展望できる情勢になったと判断するまで」実質ゼロ金利を継続すると発表。
12.2.14	B3：「当面、消費者物価の前年比上昇率 1% を目指して、それが見通せる情勢になるまで」実質的なゼロ金利と資産買い入れを継続すると発表。
12.10.30	F：銀行の貸出増加を支援するため、貸出残高を増やした金融機関に対し、希望に応じてその増加額の 2 倍相当額まで、低利かつ長期で供給。
13.1.22	B3：今後、日本経済の競争力と成長力強化に向けた幅広い主体の取り組みの進展に伴い、持続可能な物価の安定と整合的な物価上昇率は高まっていくとの認識で、「物価安定の目標を前年比上昇率で 2%」まで実質ゼロ金利政策を継続すると発表。
13.4.4	A2：操作目標をコール・レートからマネタリーベースに変更し、それが年間約 60~70 兆円に相当するペースで増加させ、その内 50 兆円を長期国債に、ETF 及び J-REIT の保有残高がそれぞれ年間約 1 兆円、300 億円に相当するペースで増加するように買入。
	C：2% の物価安定目標を、2 年程度を念頭に置いてできるだけ早期に実現すると発表。
	B3：量的・質的金融緩和を 2% の物価安定の目標の実現を目指し、これを安定的に持続するために必要な時点まで継続すると発表。
14.10.31	A2：マネタリーベースが年間約 80 兆円に相当するペースで増加するような金融調節を行い長期国債の保有残高が年間約 80 兆円（約 30 兆円追加）、ETF 及び J-REIT の保有残高がそれぞれ年間約 3 兆円、900 億円に相当するペースで増加するように買い入れることを発表。
16.1.29	D：金融機関が保有する日銀当座預金の政策金利残高に適応される金利を -0.1% に設定。
16.9.21	E：短期金利目標は -0.1%、10 年物国債金利目標は 0% 程度とする、長短金利目標の設定。
	B3：マネタリーベース残高は、消費者物価指数が前年比上昇率の実績値を安定的に 2% を超えるまで、拡大方針を継続すると発表。

（出所）日銀資料より筆者作成。

1.5　4大中央銀行による非伝統的金融政策の相違点

1.5.1　4大中央銀行は何を行って何を行わなかったのか

上記のように非伝統的金融政策を時系列的にみていくと、4大中央銀行が何を行い、何を行わなかったのかがみえてくる。

まずFRBは、バランスシート政策（A)、政策金利のフォワード・ガイダンス（B）を行った。しかし、独立的インフレ期待の形成（C)、マイナス金利政策（D)、イールドカーブ・コントロール（E)、相対型貸出資金供給（F）は、そのいずれをも行っていない。

Aに関してはまず、金融システムの安定化を意図した非伝統的金融資産の購入（A0）と総需要調整策としての非伝統的金融資産を含む大規模資産の購入（A1）は行ったが、バランスシート政策のうちでもマネー指標残高目標政策（当座預金残高 or マネタリーベース）（A2）は行わなかった。またBに関しては期間ベース型（B1)、カレンダーベース型（B2)、経済指標ベース型（B3）をすべて行った。

ECBは、非伝統的金融政策として、バランスシート政策（A)、政策金利のフォワード・ガイダンス（B)、マイナス金利政策（D)、相対型貸出資金供給（F）は行ったが、独立的インフレ期待の形成（C)、イールドカーブ・コントロール（E）はいずれも行っていない。

Aに関しては、金融システムの安定化を意図した非伝統的金融資産の購入（A0）と総需要調整策としての非伝統的金融資産を含む大規模資産の購入（A1）は行ったが、バランスシート政策のうちでもマネー指標残高目標政策（当座預金残高 or マネタリーベース）（A2）は行わなかった。またBに関して、期間ベース型（B1）とカレンダーベース型（B2)、経済指標ベース型（B3）のいずれのフォワード・ガイダンスも行った。

13)　なお、資産購入額それ自体に関しては、2016年9月の長短金利操作付き量的・質的金融緩和の採用の際に、そのペースは落ちており、これを「ステルス・テーパリング」とみる向きもある。

BOEの非伝統的金融政策は、バランスシート政策（A)、政策金利のフォワード・ガイダンス（B)、相対型貸出資金供給（F）を行った。しかし、独立的インフレ期待の形成（C)、マイナス金利政策（D)、イールドカーブ・コントロール（E）はそのいずれも行っていない。

このうち、Aに関してはまず、金融システムの安定化を意図した非伝統的金融資産の購入（A0）と総需要調整策としてのマネー指標残高目標政策（当座預金残高 or マネタリーベース）（A2）を行い、後者に関して徐々に非伝統的金融資産を含む大規模資産の購入（A1）に軸足が移っていった。またBに関しては、期間ベース型（B1）及び経済指標ベース型（B3）は行ったが、カ

図表1-13　非伝統的金融政策における4大中央銀行の分類別採用状況

		FRB	ECB	BOE	日銀
A:バランスシート政策	0:金融システムの安定化を意図した非伝統的金融資産の購入	○	○	○	○
	1:総需要調整策としての非伝統的金融資産を含む大規模資産の購入	○	○	○	○
	2:マネー指標残高目標政策(当座預金残高 or マネタリーベース)			○	○
B:政策金利のフォワード・ガイダンス	1:期間ベース型	○	○	○	
	2:カレンダーベース型	○	○		
	3:経済指標ベース型	○	○	○	○
C:独立的期待インフレ形成					○
D:マイナス金利政策			○		○
E:イールドカーブ・コントロール政策					○
F:相対型貸出資金供給			○	○	○

（出所）筆者作成。

レンダーベース型（B2）は行っていない。

他国に先駆けて非伝統的金融政策を行ってきた日銀は、非伝統的金融政策に関して、バランスシート政策（A）、政策金利のフォワード・ガイダンス（B）、独立的インフレ期待の形成（C）、マイナス金利政策（D）、イールドカーブ・コントロール（E）、相対型貸出資金供給（F）、のすべての政策を行った唯一の中央銀行である。

Aに関しては、金融システムの安定化を意図した非伝統的金融資産の購入（A0）と総需要調整策としての非伝統的金融資産を含む大規模資産の購入（A1）、さらマネー指標残高目標政策（当座預金残高 or マネタリーベース）（A2）も行った。またBに関しては、期間ベース型（B1）とレンダーベース型（B2）は行われた形跡がなく、経済指標ベース型（B3）のフォワード・ガイダンスを行っている。さらに特筆すべきことに、日銀は中央銀行としては異例の独立的インフレ期待の形成（C）を行い、マイナス金利政策（D）、イールドカーブ・コントロール（E）も行った。

1.5.2　4大中央銀行の非伝統的金融政策の比較

ここまでみてきた、4大中央銀行による非伝統的金融政策を比較すると以下のような整理が可能となる。

第1に、4大中央銀行すべてにおいて、総需要調整策としての非伝統的金融資産を含む大規模資産購入（A1）と政策金利のフォワード・ガイダンス（B1、B2、B3）が採用されている。4大中央銀行において、大規模資産購入とフォワード・ガイダンスが非伝統的金融政策の大きな2本の軸となっていた。

第2に、大規模資産購入のやり方にはバリエーションがあった。FRBは国債だけでなくMBSを大量に購入した。ECBは2015年ユーロ版QEであるPSPPの導入に際して、ABSPP、CBPP3に追加する形でAPPのなかにそれを位置づけた。BOEにおける資産購入は国債一辺倒であった。さらに、日銀は他にはみられないETF、J-REITの購入を行った。

第3に、マイナス金利政策（D）は、ECBと日銀が採用した。しかしECB

はマイナスの付利を超過準備全体に行っており、階層化方式により超過準備の一部にのみマイナス金利付利を課している日銀とは違いがある。

第4に、イールドカーブ・コントロール政策（E）は日銀のみが導入した。

第5に、相対型貸出資金供給（F）はECB、BOE、日銀において行われ、FRBでは行われなかった。また、ECB、BOE、日銀における相対型貸出資金供給の形態には、相違点もあった。ECBのTLTROはあくまでもオペの一環として行われた。また、TLTROにおいては当初から非住宅部門向け融資が対象とされていた。BOEのFLSは直接資金を供給するのではなく、銀行への国債の貸出という形を採った。日銀の成長基盤強化支援オペ及び貸出増加を支援するための資金の供給は、直接銀行に対して行われた。

第6に、日銀のみが独立的インフレ期待の形成（C）を行い、FRB、ECB、BOEはこれを行っていない。

第7に、BOEと日銀においては、マネー指標残高目標政策（当座預金残高orマネタリーベース）（A2）が採用された。なお日銀においては、「元祖」量的緩和政策では日銀当座預金残高が目標とされ、量的・質的金融緩和ではマネタリーベース残高が目標とされた。

第２章　中央銀行によるプルーデンス政策

2.1　プルーデンス政策の一翼担う中央銀行による金融システムの安定化策

2.1.1　プルーデンス政策における事前的措置と事後的措置

本章では特に中央銀行が担うプルーデンス政策の視点から、「最後の貸し手」機能と、非伝統的金融政策のなかで創設された中央銀行の「最後のマーケット・メイカー」機能に着目し、４大中央銀行の政策にフォーカスを当てる。

図表２－１は、経済安定化策を一般化した概念図である。それによれば、中央銀行には総需要調整策としてのマネタリー政策と共にプルーデンス政策がマンデートとして与えられている。プルーデンス政策とは一般に、金融恐慌やバブル崩壊などを防ぎ、金融システムを安定化させるための政策の総称であり、「信用秩序維持政策」ともいわれる。プルーデンス政策とは基本的に、①「事後的」措置と、②「事前的」措置から構成される。まず事後的措置として行われるプルーデンス政策は、個別銀行の経営破綻が銀行間の債権債務関係を通じて金融システム全体へ波及するシステミック・リスクの発生の防止を目的とした流動性対策としての「最後の貸し手」機能と、支払不能対策としての、預金保険制度や金融機関の救済、破綻処理の制度などがある。事前的に行われるプルーデンス政策とは、金融機関の破綻そのものを事前に防ぐための、競争制限規制、自己資本比率規制、所轄省庁による個別金融機関への監督・規制の実施等などがある[14)]。

このように、大きく分けて「事後的」「事前的」の２つの措置から捉えられているプルーデンス政策において中央銀行が担う可能性のある部分は、「最後の貸し手」機能と個別金融機関への監督・規制である。なおこの場合の「最後の貸し手」機能とは、後にみるように、中央銀行が一時的に流動性不足に陥った銀行に対して行うリクイディティー対策を担うものであり、債務超過先の銀行が抱える支払い能力不足に対して行われるソルベンシー対策は含まない。また、政府の責任主体は、日本の例でいえば、預金保険制度は預金保険機構、自己資本比率規制は金融庁がその担い手となる。ただし、後に述べる通りではあるが、個別金融機関への監督・規制は国によって中央銀行と政府（担当省庁及び公的機構）が共同で担当する場合もあり、その細かな割り振りは国によって異なる。

図表2-1　経済安定化策の整理

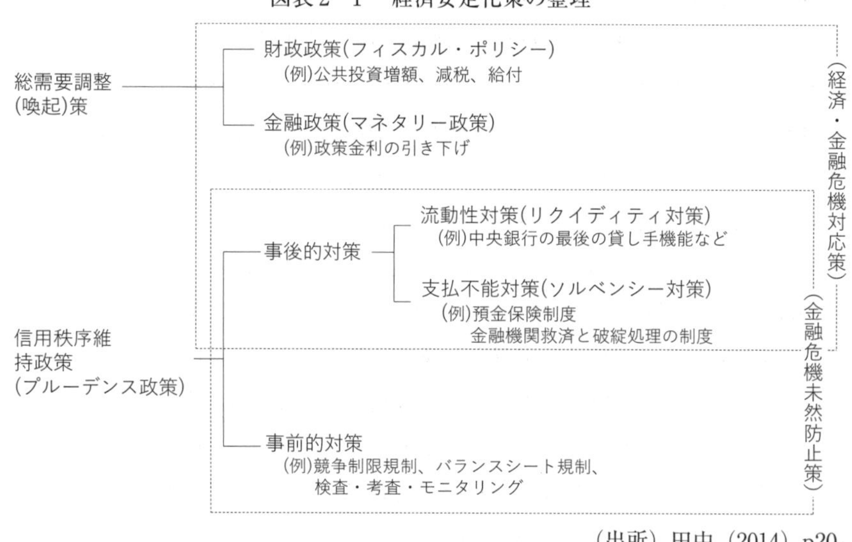

（出所）田中（2014）p20。

14）　このうち預金保険制度については、預金保険の存在をあらかじめ預金者に周知し、取り付け騒ぎによる銀行危機の発生を未然に防ぎ、金融システムの安定を図ろうとする事前的な抑止力効果も併せて持っている。

2.1.2 「最後の貸し手」機能とバジョット・ルール

バジョット・ルールとは

一方で、「最後の貸し手」機能に関しては、概ね中央銀行にのみ委ねられているのが一般的だ。中央銀行の歴史に詳しいキャピー、グッドハートらは、Capie et al.（1994）において、中央銀行が満たすべき属性として、①政府の銀行、②独占的な通貨発行、そして③「最後の貸し手」機能の3点をあげている。

中央銀行が発揮する最後の貸し手機能の概念を確立したともいえるバジョットは、その著書『ロンバード街』（1873年）のなかで、当時のBOEの最後の貸し手機能の特徴を、①危機時の積極的貸付（BOEの財務健全性を確保できる範囲で、ありとあらゆる方法で貸出す）、②事前開示（BOEが積極的に貸出する姿勢を事前に示し、預金者によるパニックの抑止力とする）、③債務超過先の排除（優良担保を提供できる金融機関に対象を限定）、④優良担保付の貸出（平時の基準での適格担保を採用）、⑤懲罰金利（ペナルティ金利によって流動性を必要としない銀行を排除）、とした。

ここでのバジョットの議論を平易に換言すれば、「他に資金調達の道が絶たれている銀行が、事前にBOEから資金提供を得られると預金者に対して情報開示した上で、流動性不足の場合に限り、BOEに担保を差し出して、罰則金利で、BOEから貸出を受けることができる」ということになる。これは「バジョット・ルール」ともいわれるが、その後における最後の貸し手機能を巡っ

図表2-2　『ロンバード街』で示されたバジョット・ルール（5つの原則）

①	危機時の積極的貸付
②	事前開示
③	債務超過先の排除
④	優良担保付の貸出
⑤	懲罰金利

（出所）筆者作成。

ては、その対象が「流動性不足（illiquidity）」の銀行であり「支払い能力不足（insolvent）」では決してない「solvent but illiquidity」という点がとりわけ強調され、「債務超過先への貸出禁止」の原則が１つのあるべきシンボリックな基準として、後々の議論にまで影響を及ぼすこととなった。

なお、木下（2018）によれば、上記のようなバジョット・ルールに関しては、中央銀行が最後の貸し手機能を発揮する個別の具体的な場面でそれが「金科玉条」の様に遵守された歴史的事実はみいだせないとしたうえで、近年の最後の貸し手機能に関する研究の大多数が、バジョット・ルールに則って債務超過機関を対象に中央銀行がそれを行うべきではないとしている一部の議論に対して、歴史的な事例を紹介しこれを疑問視した。つまり、後に詳述するように、４大中央銀行は、その最後の貸し手機能を発揮する場合、時にバジョット・ルールに忠実である反面、時としてはバジョット・ルールに反して債務超過先の金融機関に貸出し、受け皿機関がその営業を引き継ぐまでの「つなぎ融資」として用いるなどの事例もみられた。また、日銀においては、むしろ日銀特融の対象先がほぼすべてのケースで債務超過先となっている。つまり「最後の貸し手」機能の発揮に際して、４大中央銀行の間には相違点がみられるのである。

債務超過先への資金供給を巡る議論

ここで、「最後の貸し手」機能を中央銀行が発揮する場合に、それはあくまでもリクイディティー対策であるべきとし、ソルベンシー対策としての債務超過先への貸出はそれを回避すべきであるという「債務超過先への貸出禁止」の原則にまつわる議論の整理を行いたい。

まず、中央銀行の最後の貸し手機能が債務超過先の銀行に向けて発揮されるべきではないとする議論は、債務超過先への貸出がやがて中央銀行の貸倒れ損失となり、国庫納付金の減少を通して納税者に負担が転嫁されることを問題視する。また、こうした議論は、選挙で国民の審判を経ていない中央銀行の執行部が事実上の財政政策を行う「テクノクラート独裁」として、本来は財政政策であるべき政策が、金融政策で代替されることを疑問視する。

上記の議論に対して、そもそも金融危機において、中央銀行が当該銀行の抱える問題が流動性不足なのか支払い能力不足なのかを、厳密にかつ瞬時に判別することが困難であるという立場もある。日銀前副総裁の中曽は中曽（2014）のなかで、「流動性とソルベンシーの問題を峻別することが極めて困難」であり、最後の貸し手機能に関するバジョット・ルールの命題「債務超過先への貸出禁止」の原則を政策当事者が正確に見極めることは現実的に困難だと述べている。

中曽のこのような認識は、特に世界金融危機の局面で、借り手の財務内容の審査に時間を要しそれが流動性不足によるものなのか支払い能力不足によるものなのかを瞬時に判断することが難しいという実務的な側面と共に、高度に発展した現代の金融市場において、銀行の保有する資産は、非銀行金融機関の発行する従来の小口の預金以外の様々な負債によって構成されており、信用市場の流動性不足が、それらノンバンクの負債である特定の金融資産に対する取り付けや投げ売りを通して、最終的には銀行の支払い能力をも棄損していくという現象に裏打ちされたものである。これは、バジョットの時代にはみられなかった特徴であり、世界金融危機を経て、中央銀行による最後の貸し手機能を超える「最後のマーケット・メイカー」機能の創設に繋がった。

2.1.3 「最後のマーケット・メイカー」機能の創設

マーケット・メイカーとは

2008年の世界金融危機では、発端となったアメリカのサブプライムローン問題の影響が拡がっていくにつれて、特にアメリカの金融市場で、資金に対する予備的需要やカウンターパーティー・リスクが高まり、取引相手が市場からいなくなる市場流動性の枯渇という事態に発展した。例えばリーマン・ブラザーズに関連した証券化証券へのリスクの高まりにより、レポ市場においてノンバンクなどの資金に対する事実上の取り付けが発生し、最終的にはレポ市場全体でリスク資産の市場流動性が大きく低下して、ノンバンクの事実上の資金源であったMMF（Money Market Fund）の解約も相次いだ。

こうした状況下、FRBは機能が著しく低下した信用市場における借り手と貸し手に対し、直接的に流動性を供給する目的でABS保有者に資金を貸出す政策措置を導入し、その流動性の急激な低下に対処するために、CP（Commercial Paper）やABCP（Asset Backed Commercial Paper）、GSE債など特定資産市場の下支えを目的とした買い入れを行った。こうしたFRBの政策は「マーケット・メイカー」に例えられる。

つまり、通常の金融商品の取引におけるオークション方式とは、売り手と買い手の条件が合うものから約定させていくわけであるが、流動性が極めて小さい場合、値は付きにくく取引の成立は困難となる。この時に、常時買値と売値の気配を提示するのがマーケット・メイカーである。マーケット・メイカーの存在によって常に市場で気配値が示されるので、流動性の確保は行われやすくなるわけであるが、世界金融危機へのFRBの対応は、まさにこのマーケット・メイカーとしての役割を担っていた。これは、高度に発展したアメリカの金融市場で起きた世界金融危機を経て中央銀行のプルーデンス政策にもたらされた新たな機能である[15)]。

アメリカの高度に発展した金融市場がもたらした「最後のマーケット・メイカー」機能

それでは、伝統的な「最後の貸し手」機能と、「最後のマーケット・メイカー」機能の差異はどこにあるのであろうか。従来は、バジョットが『ロンバード街』を刊行した19世紀のイギリスにおいて、「最後の貸し手」機能において想定されていたのは、間接金融優位の経済における銀行預金の取り付けか

15) なお日銀も、2010年10月の包括緩和においてCPや社債の市場の流動性の急激な低下に対応する目的でCPやABCP、社債の買い入れを行った。また、後述するように、ECBも2010年から深刻化した欧州債務危機に対応する局面で、当該国の国債市場の流動性対策としてSMP（Securities Markets Programme）を採用し、周辺国の国債を購入した。

らもたらされる金融のシステミック・リスクの発生である。それは基本的に銀行間の債権・債務関係を通じた危機の伝播という側面と、銀行とその預金者の間で情報の非対称性が生じるゆえに、個別銀行の破たんが多くの銀行の破たんに拡がる「伝染効果」によるものであった。

しかし、高度に発達した今日のアメリカでは金融技術の発展の結果、金融機関、金融市場は多様化した。新しい金融技術の発展は、証券化（ストラクチャードファイナンス）と金融派生商品（デリバティブ）において顕著だが、とりわけ証券化技術の進歩により、住宅ローンなどが流動性の高い形で転売可能な金融商品として日常的に取引されている。このことが、世界金融危機が預金取扱金融機関以外のノンバンクを主な舞台として生じる大きな要因となった。

世界金融危機において特徴的なのは、ある特定の資産市場の価格が急落することにより、資産の市場流動性が大幅に低下し、最悪の場合は市場からプレーヤーがいなくなり、流動性が枯渇してしまうというタイプのシステミック・リスクの発生である。小栗（2018）は、古典的な銀行におけるシステミック・リスクを「銀行型システミック・リスク」、今日のノンバンクにおけるシステミック・リスクを「銀行類似型システミック・リスク」、そして、特定の資産の暴落がもたらすシステミック・リスクを「市場型システミック・リスク」と３つに整理する。そして、このうち「銀行類似型システミック・リスク」「市場型システミック・リスク」に対応するためには、中央銀行が「最後の貸し手」としてだけではなく、狭議な意味でのバジョット・ルールを超越し、特に対象先に非預金取扱金融機関であるノンバンクを念頭に置いた「最後のマーケット・メイカー」機能を発揮する必要があるとしている。

では、バジョットは「銀行類似型システミック・リスク」「市場型システミック・リスク」を予想していなかったのであろうか。バジョット・ルールは金融資本市場が未発展な時代のイギリスにおいて打ち出されたものであって、現代のアメリカ金融市場のような、高度に発達した金融市場を想定していなかったのは当然であろう。実際、後にみるように「最後のマーケット・メイカー」機能の事実上の創設者であるバーナンキ元FRB議長も、その回顧録バーナンキ（2015）のなかで、（バジョットの時代には）高度に発展した金融資産市場は存在しなかった。よって、時代背景を加味しないバジョット・ルールを今日の金融・経済環境のなかで議論したとしても水掛け論とならざるを得ず、そのことを加味した上で、バーナンキの世界金融危機時の対応はバジョット本人であっても「かならずやっていた」「わかってもらえた」であろうとしている。

この点に関しては、世界金融危機時にBOE総裁を務めたキングも、その回顧録キング（2016）のなかで、今日の銀行は、とりわけ高度に発達したアメリカ金融市場において、バジョットの時代の銀行や、20世紀のほとんどの期間にあった銀行とはその概観が様変わりしており、規模ははるかに大きく、資産構成も複雑になっているとして、バジョット流の最後の貸し手機能の概念は、アップデートする必要がある旨を述べている。

これらバーナンキやキングの認識を鑑みれば、もし仮にバジョットが今日の世界に、それもイギリスではなくアメリカに生きていたのなら、今日の金融環境を踏まえ最後のマーケット・メイカー機能を含む現代版「新・バジョット・ルール」を提唱していたのかもしれない。

2.1.4 「最後の貸し手」機能と「最後のマーケット・メイカー」機能を巡るバーナンキの整理

危機対応としてのバーナンキの３分類

2008年の世界金融危機に直面し、主要国中央銀行は「最後の貸し手」機能を発動したが、いくつかの中央銀行は「最後のマーケット・メイカー」機能も発動した。４大中央銀行のなかでもその大部分を担ったのは、FRBである。当時FRBの議長であったバーナンキはBernanke（2009）において、世界金融危機の局面でFRBが用いたファシリティを３つのタイプに分けて考察している。

１つ目の政策が、「最後の貸し手」機能である。これはシステミック・リスクを軽減させるためにFRBが行う流動性の供給であるが、ここには預金取扱金融機関のみならずノンバンクへの流動性供給が含まれる。世界金融危機に対応する局面でFRBは、通常の連銀貸出の拡充に続き、預金取扱金融機関に対して入札制で信用供与を行うTAF（Term Auction Facility）、プライマリー・ディーラーへの国債貸出であるTSLF（Term Securities Lending Facility）、プライマリー・ディーラーへの資金供給であるPDCF（Primary Dealer Credit Facility）を設立したが、後2者においては、流動性の供給先に投資銀行などのノンバンクを含めるという意味合いが強かった。

バーナンキが示した2つ目のタイプの政策は、「信用市場における借り手と貸し手に対する資金供給」による最後のマーケット・メイカー機能の発揮である。この背景には、証券化等の手法を通じて本来リスクの高い商品が流動性の高い形で市場取引される高度に発展したアメリカの金融市場の存在があった[16)]。そこでは主に信用を供与しているプレーヤーはノンバンクであり、その資金はCPの発行を通してMMFやレポ市場に依存していた。そうした状況で、信用市場において証券化商品に買い手がつかなくなれば「市場への取り付け」に発展する。バーナンキはそうしたことが起きた場合、FRBが古典的な意味での最後の貸し手機能を駆使して十分な流動性を提供したとしても、各プレーヤーが市場の不安定性や信用力の低下に対処することは出来ないとして、機能が低下した信用市場における借り手と貸し手に対して直接流動性を供給する必要性があるとしている。

FRBの金融危機時に市場における借り手と貸し手に対しての具体的な資金供給策には、MMFの流動性不足を解消するために、金融機関がMMFの投資家から高格付けABCPを買い入れる場合にその金融機関にFRBが融資するAMLF（ABC Money Market Fund Liquidity Facility）、FRBが高格付けCP及びABCPを発行者から購入するCPFF（Commercial paper Funding Fa-

16）池尾（2009）はこうしたアメリカの金融市場でみられた特性を「市場型間接金融」と呼び、とりわけノンバンクとMMFがCPを介して信用的なつながりを持ったことが、危機を深刻化させる大きな要因であったと述べている。

cility)、MMF の投資家から CD 及び高格付け CP を購入する MMIFF（Money Market Investing Funding Facility）がある。

さらにバーナンキは3つ目のタイプの政策として、「期間の長い債券の購入」を通じた最後のマーケット・メイカー機能の発揮をあげている。これは、FRB が自らサブプライム問題を受けて流動性が枯渇した住宅ローン市場において MBS や GSE 債を購入することで、当該市場の安定化を意図するものである。FRB は 2008 年 11 月に LSAP として 5,000 億ドルの MBS と 1,000 億ドルの GSE 債の購入を発表した。バーナンキ自身が、発動当初、「信用緩和(Credit Easing)」と呼んだ政策である。これは特定の金融機関やノンバンクの資金繰りを助けるという性質の政策ではないが、住宅ローン市場の安定化を意図しているという意味では、やはり「最後のマーケット・メイカー」機能として位置づけられる。

図表2－3　Bernanke（2009）における政策3分類と本論考における筆者の理解

<table>
<tr><th>バーナンキの3分類</th><th>FRB の政策</th><th>手段の性質</th><th>筆者の理解</th></tr>
<tr><td>①銀行、ノンバンクへの資金供給、「最後の貸し手」</td><td>連銀貸出の拡充、TAF、TSLF、PDCF</td><td rowspan="2">個別銀行、ノンバンクへの流動性対策</td><td>「最後の貸し手」機能</td></tr>
<tr><td>②信用市場における借り手と貸し手への資金供給</td><td>AMLF、CPFF、MMIFF</td><td rowspan="2">「最後のマーケット・メイカー」機能</td></tr>
<tr><td>③期間の長い債券の購入</td><td>MBS と GSE 債の購入</td><td>市場全体への流動性対策</td></tr>
</table>

（出所）筆者作成。

2.2 「最後の貸し手」機能の歴史と世界金融危機における発動

本節では、伝統的な「最後の貸し手」機能である FRB の連銀貸出、ECB の緊急流動性支援（Emergency Liquidity Assistance、以下、ELA と略称する)、BOE の ELA、日銀の日銀特融における4大中央銀行の政策発動や実務上の差異を、歴史的に概観したうえで、世界金融危機における発動の特色を考察する。

2.2.1　FRBの連銀貸出の変遷と世界金融危機

サフォーク・システム

FRBは金融恐慌への対処として金融システム安定化を目的に設立され、当初から最後の貸し手機能の発揮を期待されていた（第3章で後述）。そもそもアメリカでは、FRB設立以前、連邦単位での中央銀行が存在しないなか、各地において州法銀行が数多く存在し、各州でコアとなる銀行が規模の小さい州法銀行に対して事実上の、最後の貸し手として機能するケースも見受けられた。1810年代の「サフォーク・システム」はその最も代表的な事例である。

当時、マサチューセッツ州の州都ボストンに所在した商業銀行であったサフォーク銀行（Suffolk）は、各銀行の銀行間預金を集中的に保有しており、銀行券の買い取りや発行銀行に対する兌換請求業務を通して、自然発生的にサフォーク・システムとよばれる決済システムが確立していた。この背景には、ボストンの主要地方銀行が個別に遠隔地の銀行に取り立てにいくというコストを、サフォーク銀行に一元的に行わせることで削減し、他方、遠隔地の銀行からみても、金銀正貨準備をサフォーク銀行に預託する見返りとして兌換請求額を発行額面より割り引いてもらえたという実利的な事情があった。

大森（2004）は、1837年の金融危機時において、このサフォーク・システムが、決済業務を継続し、各銀行による預託金の原資として貸付けを増やし、「最後の貸し手」としての流動性供給を安定的に行ったことが、結果としてニューイングランド地方に金融システムの安定をもたらし、その他の地域と比べて危機の影響を軽微に抑えられたことに寄与したと指摘している[17)]。

17）　当時比較安定的な経済状況にあったインディアナ州でも、同様の決済システムによる流動性供給が行われたとの指摘がある。

大恐慌の教訓

FRBは1914年に創設されるわけであるが、後述のようにその設立の目的はそもそも金融システムの安定化、銀行への最後の貸し手機能の発揮のためにあった。FRBの歴史研究の大家であるカールソンとフィーロックはCarlson and Wheelock（2012）において、1914年から1929年の大恐慌まで、アメリカでは深刻な銀行危機は起きておらず、その理由としてFRBが最後の貸し手として弾力的な流動性を供給した点をあげ、少なくとも、FRB設立以前のアメリカでは、農作物の収穫期に関連し、各銀行の資金需要が主に秋のシーズンに高まる傾向が顕著であったが、1914年以降はFRB設立により、この金融市場で起こる季節的な緊張が取り除かれていたと述べている。

FRBにとって1929年の大恐慌の発生は、大いなる教訓となった。大恐慌時に最後の貸し手機能は十分に発揮されず、金融危機の発生と共に実体経済は大きく落ち込んだ。その要因としては、各地区連銀が個別かつ分散的に銀行に対して資金の供給をしたことにより、FRB全体として流動性の供給が統一的に行われなかったことを指摘する議論が多い[18)]。Carlson and Wheelock（2012）は、地区連銀の資金供給の対象先が、数ある州法銀行のなかでもFRB加盟銀行に限られた点が、不十分な流動性の供給に終始する結果をもたらしたと指摘する。さらに、各地区連銀の連銀貸出の担保が短期債券であったことで、貸出期間が短めに抑えられたことや、貸出先にノンバンクなどの金融法人が含まれていなかったことなども指摘している。

こうした事態に対応するため、FRBはその根拠法である連邦準備法の連銀貸出関連規定を改定した。1932年に制定された連邦準備法第10条b項において適格担保要件を緩和し、地区連銀が自ら認めた担保を調達できれば、州法銀行に対しても流動性の供給が行える体制を整えた。また1933年に制定された、連邦準備法第13条3項において、ノンバンクや事業法人に対する手形などの割引を「非常時」の例外として認め、パートナーシップ、または法人に対して

18） 大恐慌研究として著名なFreidman and Schwartz（1963）もこの立場を取っている。

米国債等を担保として90日以内の貸出を認めた。さらに1934年に制定された連邦準備法第13条b項では、事業法人に対して期間5年までの長期資金を貸出すことを認めた。さらに1991年のFDICIAによって、非常時における連銀貸出において、ノンバンクを預金取扱金融機関よりも、担保面で優遇することとなった。その際、連邦準備法第13条3項により、連邦準備制度理事会に参加する7名の理事のうち5名以上の理事の賛成が必要とされた。事実、2007年以降世界金融危機が深刻化するなかで行われたベア・スターンズ（Bear Stearns）やAIG（American International Group）などの非預金取扱金融機関に対する流動性供給の根拠となったのは、この際に連邦準備法第13条3項として定められた「非常時の緊急貸付」によるものである。

なお1991年のFDICIAにおける連銀貸出の規定に、バジョット・ルールにおける原則である「債務超過先への貸出禁止」という命題はみてとれない。事実、FRBによる貸出はケースバイケースで多様に実行されていくことになる。

ケースバイケースだった債務超過先への連銀貸出

木下（2018）によれば、そもそも1960年代までアメリカでは、金融機関が経営に行き詰まることが稀であり、銀行の破綻懸念からFRBが連銀貸出を行うケース自体がほとんどなかったとされている。それが1970年代になるとインフレ率の高まりにより長期金利が上昇し、短期金利が連銀の貸出金利を上回った場合に、「調整貸出（Adjustment Credit）」としてその利用が活発化するとともに、1970年のPenn Central社の倒産に際する連銀貸出や、1974年のFranklin National銀行向けの連銀貸出など、金融システムの安定を目的とした資金供給が行われた。

さらに、1980年代、連銀貸出は、1980年4月のFirst Pennsylvania銀行向け、1984年のContinental Illinois銀行向け、1985年のBank of New York向けに実施された[19)]。このうち後にみるように、特にContinental Illinois銀行に対する連銀貸出はToo big to fail（大きくて潰せない）問題による安易なモラルハザードを助長する前例となったといわれている。

さらに、1980年代後半には、S&L（貯蓄金融機関）の危機に際するFRBによる当該機関への連銀貸出が実施された。1980年代には金利自由化や規制緩和により、S&Lにおいて業務分野の拡大戦略が採られたが、エネルギー価格の下落をきっかけに、S&Lが保有する土地や株などの資産が大幅に劣化した[20]。その結果、多くのS&Lが不良債権を抱えて破綻に追い込まれることとなった。

この際にFRBが、中小S&Lの秩序だった破綻処理、つまり受け皿銀行に対して経営譲渡までの「つなぎ融資」を行ったのが、実質的に破綻した金融機関、すなわち「債務超過先」への連銀貸出であった。この時期の連銀貸出は、破綻処理を前提としたものであり、名目的にS&Lに対する連銀貸出は、それは預金者が営業譲渡まで、預金にアクセスできる状態を確保し、金融システムの安定に寄与するという意味で大いなる意義はあった。しかし、翁（2010）が詳細に説明するように、一方でこの際のS&Lへの対応を巡っては、連邦議会が納税者の支持を背景に、FRBが破綻不可避の債務超過先に数多くの連銀貸出を行ったことが問題となった。このことが、存続の可能性がない銀行を救済したことで破綻コストを拡大し、預金保険基金を危険にさらし、国民負担を増大したとの世論形成にも繋がった。

1991年FDICIA

前述の流れを受けて、1991年にはFDICIA（Federal Deposit Insurance Corporation Improvement Act of 1991（1991年連邦預金保険公社改善法））が制定される。そのポイントを整理すると、以下のように2つの点があげられ

19）なお1987年に発生したブラックマンデーにおいても、FRBは潤沢な資金流動性を供給したが、この時は個別機関向けではなく市場全体に対する流動性の供給であった。その意味で、「最後のマーケット・メイカー」機能のプロトタイプはこの時に生まれたともいえる。

20）また、不動産価格が下落した地域を中心として発生したローンの延滞率の上昇もこれに拍車をかけた。

る。

第1に、債務超過先に対する連銀貸出はFDICIAによって厳格に制限されることとなった。それによるとFRBは、債務超過先の金融機関に対しては、その存続可能性の証明書（certificate of viability）が発行されない限り、60日を超える資金の供給は禁止され、さらに、当該の銀行に対して、自己資本比率がマイナスに落ち込んだ当日から、5日以降も貸付けを継続する場合にはFDIC（Federal Deposit Insurance Corporation）に発生する損失の一部をFRBが負担することとなった。なお、特に後者に関しては、バジョット・ルールによる最後の貸し手機能が、「優良担保付の貸出」において行われるものであるという命題とも関連する。つまり、連銀貸出が全額有担保である場合、原則的にFRBに貸倒れ損失が発生することはない。それを逆手に取ったFRBの連銀貸出にFRB側からみて一種のモラルハザード助長的な心理が生まれ、結果、債務超過先の金融機関への連銀貸出が多発されるため、FDICに貸倒れコストが転嫁されるということを防ぐという狙いもあった。

第2に、FDICIAでは、それまでにノンバンクなど非預金取扱金融機関に求めていた非常時の連銀貸出に関して、それを受ける際の担保の種類と期間に対する「預金取扱金融機関と同等の適格条件を満たさなくてはならない」という文言が削除された。つまり非常時の連銀貸出に際してノンバンクは、預金取扱金融機関に対して担保面で優越的な立場となった。これはウォール街の投資銀行の議会に対するロビー活動が実った形ともいえるが、後に述べるように世界に類をみない高度に発展したアメリカの金融市場においては、ノンバンクのプレーヤーとしての重要度が金融システム安定化の観点からも著しく高くなっており、必然の帰結だったともいえるだろう。いずれにしてもFDICIAにより、ノンバンクへの非常時の連銀貸出は枠組みとしてかなり柔軟的な体制となった。このことはやがて、世界金融危機を巡るファシリティにおいてFRBの流動性の供給がPDCFにより預金取扱銀行以外のプライマリー・ディーラーを含めることを可能にし、ベア・スターンズや本来銀行業務とは無縁であるAIGに対して連銀貸出が行われることへと結びついた。つまりFDICIAは、連銀貸出の債務超過先への厳格な制限、及び非預金取扱金融機関であるノンバンクに対して非常時における連銀貸出に対する担保面での優越性を与えたという2つの面で大きなエポックであった。

FDICIAは、実際にその後のFRBの連銀貸出に対して、債務超過先への貸出を抑制した。例えば、1998年にはLTCM（Long-Term Capital Management）の経営破綻が起き、金融システムへの不安が広がった[21)]。しかしその際、FRBはあくまで民間機関によるLTCMに対する増資をお膳立てはしたものの、破綻したLTCM本体に対して直接資金を供給することはなかった。

ここで、ここまでの連銀貸出の歴史を一通り振り返れば、連銀貸出は大恐慌を教訓にした連邦準備法の制定により最後の貸し手機能として法整備された。しかし、1960年代までは、アメリカではそもそも金融機関の破綻が稀であったため、最後の貸し手機能それ自体のニーズがなかった。それが1970年代から1980年代にかけて起こった、金融機関の破綻に対しては個別機関向けにも発動されるようになった。特に1980年代後半のS&L危機に対応した局面では、あえて債務超過先の銀行に連銀貸出を行うことでそれがつなぎ融資として当該銀行の円滑な破綻処理に寄与した。つまり、FDICIA以前までは「債務超過先への貸出禁止」の原則が厳格に順守されていたという形跡はみられない。

1991年FDICIAが生まれた背景

1991年FDICIAは、連銀貸出に関し以上2つの面で大きなエポックであったが、その背景を、もう少し掘り下げてみたい。

議論の源泉を辿ると1982年に破綻したContinental Illinois銀行の救済を巡る議論に行き着く。木下（2018）によれば、Continental Illinois銀行は1981

21） LTCMは1994年創業のヘッジファンドで、その運営にノーベル経済学賞受賞者が参加していたこともあり、創業時から金融業界では注目されていた。しかしLTCMは、1998年のロシア危機においてロシア国債に絡む裁定取引で巨額の損失を計上した。このことが金融市場を動揺させ、デリバティブ取引への市場流動性が減少し、金融システム不安に繋がった。

年の時点で総資産は452億ドルと全米2位、商工業貸出は143億ドルで全米1位の大銀行であったが、資金調達に占める小口預金の割合は全体の2割程度であり、資金源の大半を大口預金とFF市場から賄っており、流動性リスクには脆弱であった。1982年には7月に破綻したPenn Square銀行が組成したシンジゲート・ローンを10億ドル買い入れていたことや、途上国向け貸出の不良債権化が問題になり、短期資金の借り換えが困難となった。1984年5月に同行は急激な預金流失にさらされ、シカゴ連銀から36億ドルの流動性供給を受けた。

この際に、① Continental Illinois銀行の預金を含む全債務に対するFDICの保証、② Continental Illinois銀行に対する劣後ローンの供与（FDIC15億ドル、大手民間銀行7行5億ドル）、③主要24行によるContinental Illinois銀行に対する55億ドルの無担保流動性支援枠の設定、④不足する流動性に対する連銀貸出、を柱とする支援スキームが実施された。この時、Continental Illinois銀行を破綻させずに再建し、FDICが11億ドルの損失を被ったことが問題となった。

FDICは当時、金融のシステミック・リスクの観点から、破綻の恐れがある銀行であってもその営業の継続が地域コミュニティにとって「不可欠」と判断した場合、その銀行を閉鎖・破綻処理せずに支援する方策を採っていた。Continental Illinois銀行の再建はそのようなFDICの「不可欠性原則」に則ったものであったが、FDIC自身が大きな損失を被ったこと、またToo big to fail問題による安易な救済がモラルハザード問題を助長したことなどが問題となり、やがて1991年のFDICIAにおいて、FDICはそれまでの方針を転換し、「破綻処理費用最小化原則」を導入するに至った。

TAF、TSLF、PDCF

世界金融危機へのFRBの「最後の貸し手」機能は、前述のBernanke (2009) でバーナンキ元議長自身が示した、TAF、TSLF、PDCFがあげられる。なおこの3つのスキームに関しては、連邦準備法第13条3項の「非常時の緊急貸付」が適用されている[22]。

このうち、TAFは入札型ターム物資金供給ファシリティ（Term Auction Facility）であり、金融機関に28日から84日物の長めの流動性を供給しようとする政策である。TAFに際しては、入札が可能であったのは健全な金融機関のみであり、債務超過先は排除されている。また入札方式に関して、その入札額は1行あたり総額の10分の1を上限としていた。この背景には、後に詳術するスティグマ問題を克服するために、最低10行の金融機関をこのファシリティに参加させるという意図があった。

TSLFはターム物証券貸出ファシリティ（Term Securities Lending Facility）であり、投資銀行などノンバンクを含めたプライマリー・ディーラーに28日間、FRBが国債を貸出す制度である。これは資産交換であり、BOEが行ったSLSと同様の政策である。これによりプライマリー・ディーラーが流動性の低い資産と交換にFRBから国債を得ることで、その資金繰りに余裕を持たせることを狙った政策であった。

PDCFはプライマリー・ディーラー向け貸出ファシリティ（Primary Dealer Credit Facility）であり、連銀貸出の対象にノンバンクであるプライマリー・ディーラーを加えるための政策であった。これはノンバンクへの非常時における連銀貸出の枠組みであり、後述するベア・スターンズをFRBが事実上救済すると発表した2日後にPDCFは発表された。

ベア・スターンズへの「最後の貸し手」となったFRB

2008年3月のベア・スターンズへの流動性供給と、2008年9月から11月にかけてのAIGへの流動性供給もFRBの「最後の貸し手」機能の発動であっ

22）　なおFRBはサブプライム問題が顕在化して以降、2007年12月にECBとスイス中央銀行、リーマン・ブラザーズ破綻直後の2008年9月にBOEと日銀、カナダ銀行との間で通貨スワップ協定を結んでいる。伊豆（2016）によれば、これらの施策は協定先の中央銀行が当該国でのドル資金の不足に備えるためのものであり、FRBが外貨を必要としていたわけではなかったとされている。

た。

まずベア・スターンズに関しては投資銀行（investment bank）であり、その時点では前述の新たに設けられた入札方式による資金供給ファシリティであるTAFの対象外となっていた。ただし、2007年夏以降の危機において、サブプライム関連商品の価格下落が続くなかで、ベア・スターンズのような大規模な投資銀行を倒産させると、その影響は計り知れない。そうした場合に通常考えられうる措置として、財政による公的資金の投入があげられる。しかしこの時期は、TARP（the Troubled Asset Relief Program）成立以前に当たり、当時の財務省はベア・スターンズを支援する法的な枠組みを有していなかった。そこで浮上したのが、1991年FDICIAにおいてノンバンクに対し整備されていた、連邦準備法第13条3項における、FRBの「非常時の緊急貸付」である。これにより、まず2008年3月14日、ベア・スターンズ救済の候補であったJPモルガン・チェースに対してFRBがニューヨーク連銀を通じて公定歩合で129億ドルを融資した。さらにJPモルガン・チェースによる買収が正式に決定した際に、JPモルガン・チェースがベア・スターンズの一部の資産の引き取りを拒否したことから、3月24日には買収を支援する目的で受け皿会社（Meiden Lane LLC（LLC Ⅰ））が設立され、ここに総額300億ドルの住宅ローン担保証券を買い取る目的で、FRBがニューヨーク連銀を通じて公定歩合で288億ドルを貸出し、残り12億ドルはJPモルガン・チェースが劣後ローンという形で資金を拠出した。

この際、LLC Ⅰに対する貸付けは、時間をかけて回収が進められ、2012年6月にはFRBからの借り入れが完済し、さらに2012年11月にはJPモルガン・チェースへの返済も終了している。このベア・スターンズの事実上の救済を巡っては、債務が買収先となるJPモルガン・チェースに引き継がれたため、債権者や取引相手が損害を被ることは逃れた。このことは、本来金融システムの安定化をその目的の1つとする中央銀行が、金融危機の発生を未然に防いだ成功例であった。しかしそれは同時に、Too big to fail問題からモラルハザードを助長し、その半年後、大方の予想に反してリーマン・ブラザーズが救済されないという形でショックを増大させ、世界金融危機を招くことにも繋がった。

AIG の救済

AIG はグローバルに展開する生命保険大手であったが、損保や年金、資産運用などそのビジネスモデルは多岐にわたり、その実態は巨大な金融コングロマリットであった。AIG の主要なビジネスの 1 つに子会社である AIG Product 社を通じた、証券化商品に対するデフォルト保証があった。それは CDS（Credit Default Swap）という形で、当該債券がデフォルトを起こした場合に、元本を保証するという保険商品である。危機前には、この CDS の販売によるプレミアム（保険料収入）によって AIG Product に多額の利益が計上されていたが、不動産価格の下落からサブプライムローンの延滞率が高まると、それを証券化した債券のデフォルトが頻発し、保険金支払いの増加による AIG の財務への懸念がささやかれるようになった。なお CDS では売り手方の格付けが低下すれば、追加担保の差し入れが義務付けられていた。そしてリーマン・ブラザーズ破綻の 2008 年 9 月 15 日には、主要な格付け機関が AIG の格付けを引き下げたことにより、AIG は追加担保の負担に応じられずに事実上の破綻に追いこまれた。

巨大金融コングロマリットである AIG が破綻することになれば、CDS によってデフォルトリスクをヘッジしていた様々な金融機関や投資家への影響は免れない。それは連鎖的な混乱を通じて、大きなシステミック・リスクをもたらす。そこで 9 月 16 日には、FRB がニューヨーク連銀を経由して AIG に対して、その資産を担保に最大 850 億ドルのクレジットラインの提供を発表した。この時もやはり根拠となったのは連邦法第 13 条第 3 項における「非常時の緊急貸付」である。これを CDS 関連の追加担保請求に対応する資金とし、同時に AGI Credit Facility Trust が設立され、AIG 発行の優先株 79.9%がクレジットラインを通じて取得され、AIG は事実上国有化された。続いて、10 月 8 日には現金を担保に証券を貸出す業務に対する顧客から解約要請が相次

図表２－４　AIGに対するLLCⅡ及びLLCⅢによる救済スキーム

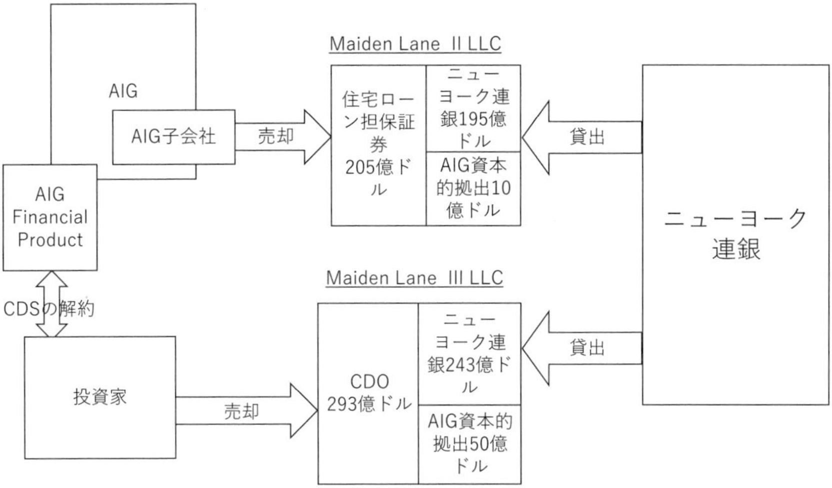

AIG
AIG子会社
売却
Maiden Lane Ⅱ LLC
住宅ローン担保証券
205億ドル
ニューヨーク連銀195億ドル
AIG資本的拠出10億ドル
貸出
ニューヨーク連銀
AIG Financial Product
CDSの解約
Maiden Lane Ⅲ LLC
投資家
売却
CDO
293億ドル
ニューヨーク連銀243億ドル
AIG資本的拠出50億ドル
貸出

（出所）木下（2018）p247。

ぎ、それに対応すべくFRBがSecurities Borrowing Facilityを創設し、AIGに対してさらに378億ドルのクレジットラインを設けることが決められた。

続いてFRBは2008年11月に、AIGが保有する住宅ローン担保証券を買い取る受け皿会社Maiden Lane LLC Ⅱ（LLC Ⅱ）と、AIGが引き受けたCDSが保証の対象とした参照資産であるCDOを買い取る受け皿会社であるMaiden Lane LLC Ⅲ（LLC Ⅲ）を設立した。まずLLC Ⅱに関しては、総額205億ドルに対して、ニューヨーク連銀経由で195億ドルを１ヶ月物のLIBORに１%ポイントを上乗せした金利で６年間貸出し、残りの10億ドルは劣後条件付き延払いローン債権（fixed deferred purchase price）としてAIGが保有した。LLC Ⅲに関しては、総額293億ドルにCDOに対して、FRBがニューヨーク連銀を通じて243億ドルを１ヶ月物のLIBORに１%ポイントを上乗せした金利で６年間貸出し、残りの50億ドルをAIGが出資した[23)]。

この一連のスキームの結果、AIGは子会社であるAIG Productに巨額債務を生んだ600億ドルのCDSの解約が可能となり、AIGの著しい流動性危機は払しょくされた。なお、LLC Ⅱに関するFRBの貸出分は2012年3月に、LLC Ⅲの貸出分に関して2012年6月にそれぞれ完済されている。この際に資金源となったのは、AIG子会社であるALICO（American Life Insurance Company）のメットライフへの売却益とAIG子会社であるAIA（American International Assurance Company）のIPOによって得られた資金であった。

1991年FDICIAがもたらしたインプリケーション

以上のように、ベア・スターンズやAIGに対する非預金取扱金融機関に対する流動性の供給は、まず第1にアメリカにおいてこれら巨大機関が破綻処理されると、ノンバンクであっても金融システムへの大きな影響は避けられないという事実を鑑みたFRBによる金融システムの安定化のための政策であった。これは、FDICIAにより柔軟化された非常時におけるノンバンクへの流動性供給の枠組みが実を結んだ結果ともいえよう。

なお、AIGがもし破綻すれば金融システム的に大きな問題となることはすでに述べたが、その状況はAIGと時を同じくしてその経営に行き詰まっていたリーマン・ブラザーズにもいえることであった。事実、それはリーマン・ショックという形で現実のものとなったのだ。では、AIGとリーマン・ブラザーズを分けたものは何であったのだろう。端的にいえば、リーマン・ブラザーズは債務超過であったのに対して、AIGは連結ベースでは資産超過であったからだ。この縛りによってFRB単体の判断として債務超過先であるリーマン・ブラザーズに貸出できる根拠を見出すことはできなかった。

こうしてみた際、FDICIAで具現化された「債務超過先への貸出禁止」の原則というバジョット・ルールの縛りが逆にリーマン・ブラザーズの破綻を引き起こし、世界金融危機が発生したという皮肉な結果となったようにも映る。な

23）　なお、この時のスキームでは、財政資金も投入され、2008年10月に議会を通過した緊急経済安定化法の下で設立した7,000億ドルの融資枠を持つ不良資産救済プログラム（TARP）の資金のなかから、資本注入としてAIGの優先株取得に250億ドルが捻出され、FRBの融資枠は最終的には約600億ドルに削減された。

お当時のFRBは、政府系住宅金融機関である連邦住宅抵当金庫（ファニーメイ）と連邦住宅抵当貸付公社（フレディマック）に対しても、流動性の供給を見送っているが、バーナンキ元議長はその回顧録バーナンキ（2015）において、両機関が債務超過先であったことをFRBがその決定に至った第一義的な根拠としてあげている[24)]。

2.2.2　ユーロ圏における「最後の貸し手」機能としてのELA

「最後の貸し手」機能を巡る各国中央銀行の立ち位置

ECBは1998年に発足した歴史的には新しい中央銀行であり、その組織はECBと加盟国中央銀行によって組成されるユーロシステムを中核とする。本項ではまずECB設立に深く関与した、主要な中央銀行の歴史と、その「最後の貸し手」機能に対する認識を振り返り、それに続いてECBが稼働した1998年以降のECBにおける「最後の貸し手」機能の変遷を概観していく。

ECBが設立される1998年からさかのぼること1世紀以上前から、ヨーロッパの各国にはそれぞれすでに中央銀行が存在していた。以下では、木下（2018）を参考に、そのなかでも2大主要国となるドイツ、フランスの中央銀行の歴史の変遷と、それぞれの「最後の貸し手」機能についてレビューしていく。

「最後の貸し手」機能に消極的なドイツ連銀の成り立ち

まずECBがその設立に対して最も大きな影響を受けたとされる、ドイツでは、1846年にプロイセン銀行がプロイセン王国から通貨発行機能を与えられた中央銀行として誕生した。一般に、このプロイセン銀行が1857年の金融危機の際、最後の貸し手機能を駆使することによって金融システムの安定化を担ったとされる。このプロイセン銀行を引き継いだのが、1876年に設立され

24）　ファニーメイとフレディマックは財務省による資本注入と政府機関による経営権の把握により2008年9月7日に国有化された。

たライヒスバンクである。ライヒスバンクは、1871年にドイツ帝国が全土を統一し、1883年に金本位制の下で通貨マルクが導入されると、民間銀行が持ち込む手形割引などを通じて、市場に流動性を供給する機能を担った。そして1901年や1907年の金融危機の際に流動性を供給し、最後の貸し手機能を発揮した。

第一次世界大戦の敗戦を契機に1923年にドイツで発生したハイパーインフレは、その後、1957年に設立されたドイツ連邦銀行（ブンデスバンク）の最後の貸し手機能の発揮に対し、大きな影響を与えた。つまり、ハイパーインフレに苦しめられた経験により、ドイツ連銀の政策運営は極端に物価の安定に主眼が置かれ、最後の貸し手機能を通じた金融システムの安定は脇役に追いやられた。ドイツ連銀の根拠法には個別金融機関に対する流動性供給の条項がなく、最後の貸し手機能の発揮には、金融機関のモラルハザードを引き起こす観点からも慎重であった。

なおドイツ連銀は、その代替として、民間金融機関との共同出資で1974年にリコバンク（Liko-Bank（流動性コンソーシャル銀行有限会社））を設立し、流動性不足に陥った金融機関に対処した。リコバンクは民間の出資を得ることで、結果的に発生しうる損失に対して、政府やドイツ連銀が負担の一部を回避できることとなっている[25)]。

このように、物価の安定に極度に重きを置き、金融システムの安定化としての個別金融機関への資金供給を脇役に考えて「最後の貸し手」機能に消極的なドイツ連銀のDNAはECB発足以後の運営でも、脈々と受け継がれることになる。

「最後の貸し手」機能に積極的なフランス銀行

ドイツと共にECB設立の主要メンバーであるフランスでは、1800年にナポ

25） このリコバンクは、1974年に発生したヘルスタット銀行の倒産による金融システム不安に対応する過程で設立された有限会社で、流動性不足の銀行に対して有担保で貸付けを行う機関である。

レオンの命令により設立されたCaisse des Courantsが、２年後にCaisse d'Escomptedu Commerceを吸収合併する形で、中央銀行であるフランス銀行が誕生した。当初、政府の資金調達をバックアップするものの同行は商業銀行であり、銀行業務でその他の銀行と競合する存在であった。ゆえに、ライバル関係にある銀行に対する最後の貸し手機能の発揮にフランス銀行は消極的であったとされる。事実、1847年や1848年の金融危機においてフランス銀行が最後の貸し手として問題金融機関に対して流動性を供給した痕跡はみられない。それどころか、地方銀行をあえて倒産させて、営業網を獲得して銀行としての基盤を強化したという見方すらある[26)]。

その後も有名な話として、Pereire兄弟によるCredit Mobilier銀行が不動産取引に失敗して1867年に経営破綻した時も、フランス銀行が同行に対する流動性支援を行うことはなかった。この背景には、そもそもCredit Mobilier銀行が独自の銀行券を発行し、フランス銀行の通貨発行券の独占を妨げる存在になっていた実情があげられる。

その後、19世紀に、公式にフランス銀行に対する通貨の独占的な発行権が認められるようになると、フランス銀行は最後の貸し手機能を積極的に行う中央銀行に転換した。1889年には、Comptoir d'Escompte銀行に対して、その円滑的な清算と更生を行う目的で、最後の貸し手機能を発揮した。これ以後、フランス銀行は特にドイツ連銀とは対照的に、最後の貸し手機能には積極的な姿勢を取るが、この２大国のイデオロギーの対立は、最終的には2010年以降の欧州債務危機を巡る重債務国の国債購入に関する議論まで続くこととなる。

各国中央銀行によるELA

1998年設立のECBが世界金融危機から欧州債務危機の局面で発揮した、最後の貸し手機能を巡るスキームは主として、①緊急流動性支援としてのELA、②「固定金利金額無制限」付きMROやLTROによる金融調節を通じた流動

26)　例えばKindleberger and Aliber（2005）など。

性の供給があった。①は個別銀行に対する伝統的な最後の貸し手機能、②はユーロ圏市場全体に対する流動性の供給である。

このうち古典的な意味での「最後の貸し手」機能がELAである。ELAは各国中央銀行の裁量で、流動性不足によりその危機がシステミック・リスクに繋がるような国内銀行に対して資金供給を行うものだ。これはユーロ圏の国際ルールの枠組みとして確立しており、その決定にはECBの政策理事会の3分の2の賛成を要する。また、仮に各国中央銀行のELAが貸倒れた場合、その債務保証は当該国の政府が保証すると取り決められている。またELAはECBの通常のオペレーションと異なり、各国の中央銀行が銀行の要請に応じて受動的に資金を供給する枠組みではなく、中央銀行側からみて能動的に個別案件ごとに発動の判断を下すという仕組みである。また各国の政府による債務保証は、仮にELAが貸倒れたとしても、その負担が当該国の政府と中央銀行の内に収まるため、ECB本体の財務が棄損することを回避できるという意味合いも持っている。ただし、ECBの政策理事会での3分の2の賛成という一定の縛りをかけるのは、そもそも各国の中央銀行による資金供給が仮に無制限に行われるとすれば、ユーロ圏における金融政策の一貫性が妨げられるからである。また教科書的な意味合いでは、ELAが乱発されれば資金供給を受ける銀行の側にモラルハザードが発生しかねないので、これに一定の制限を貸すのは理に適っているともいえるだろう。

上記とも関連するが、各国中央銀行によるELAに関しては、その対象先は、支払い能力はあるものの一時的な流動性不足に陥っている銀行に限定され、債務超過先への資金供給は厳格に禁じられた。この条件を満たすために、銀行が当該中央銀行からのELAを望む場合、自己資本比率の規制を満たしていること、24週間以内に資本増強が行える見通しが明確に立っていることについての信頼できる情報を当該中央銀行に対して示すことが条件となっている。

このELAに関しては、ECB設立当初から周到に用意されていた枠組みではあったが、長らく用いられず、欧州債務危機において初めて明示的に活用された。

なお、欧州債務危機のなかで発動されたELAにおいて問題となったのは、特に各国の政府による債務保証の部分である。欧州債務危機とは、そもそも危機国の政府の財政状況が極度に悪化したことに起因するものである。その国の国債を保有しているがゆえに財務内容が悪化し、流動性不足に見舞われた金融機関へのELAが行われる場合、その国の政府が債務保証を行うが、その政府の債務保証能力がそもそも疑われるという矛盾が発生した。そのため、ECBの政策理事会はELAを承認するバーターとして、重債務国に対して、EU・ECB・IMF、いわゆるトロイカ体制による財政改革プログラムの受け入れを要請することとなる。

ギリシャ中央銀行によるELA

ELAは世界金融危機と欧州債務危機において様々な国で発動された[27)]。以下ではそのなかでも欧州債務危機の最初の震源地ともいえるギリシャで発動されたELAの事例についてみていくこととする。欧州債務危機の引き金となったギリシャ危機の発端は、2009年10月の政権交代であった。全ギリシャ社会主義運動が政権を獲得すると、旧政権による財政赤字の隠蔽が明るみに出た[28)]。このことにより、2011年には総額550億ユーロ、2012年には総額1,019億ユーロのELAがギリシャ中央銀行によって発動されている。粉飾財政を契機に、ギリシャ国債が暴落し、それを多数保有していたギリシャ国内の銀行が担保不足に陥り、ギリシャ中央銀行からのELAを通じた流動性の供給に頼った形となった[29)]。

27）　ELAは、ここでみるギリシャの他、ベルギー、オランダ、ドイツ、アイルランド、キプロスで発動された。

28）　財政赤字がGDP比で5％程度とされていたが、実際は12.7%であったと判明し、さらにその後13.6%に修正された。

29）　ELAは、ユーロに参加する中央銀行のバランスシート上では、MROやLTROなどの「金融調節（貸出）」ではなく、「金融機関向けその他債権」に計上される。

ギリシャ危機はその後、紆余曲折を経るが、再び緊張感が高まった2015年6月には、ECBの政策理事会が、ギリシャ中央銀行によるELAの供給額の引き上げを拒否した。その根拠は、当初ギリシャの極左政府が緊縮財政を拒否するなか、ギリシャ国債が事実上デフォルトの状態となっており、ギリシャ中央銀行によるELAに必要な債務保証をギリシャ政府が担えないという判断からだった。ギリシャの情勢は二転三転したが、翌2015年7月にはEU・ECB・IMFによる財政支援プログラムによる財政健全化を受け入れるという合意がなされ、同時にギリシャ中央銀行によるELAは再開された。

これらギリシャ中央銀行のELAを巡る一連の流れは、様々な含意に富む。第1に、特定の国が債務危機に陥り当該国の国債価格が下落すれば、それらを保有する銀行はダメージを受ける。銀行は各所在の中央銀行によるELAの供給に頼るようになるが、ELAの実施にはそもそも当該中央銀行が損失を出した場合に政府による債務保証が条件となっている。それがゆえに、債務危機国のELAに関しては、当該国がトロイカ体制による財政支援プログラムを受け入れて財政緊縮化を目指すのが唯一の選択肢となった[30)]。

第2に後述するように、現実的にはECBではオペであるMROやLTROが銀行への流動性供給という側面も持っており、その際、オペの適格担保に当該国の国債が採用されている場合は、ECBの金融調節による流動性の供給が増大し、それが適格担保から外された局面で各国中央銀行によるELAが増加するという表裏の関係が起きていた[31)]。

30） 現実的ではないが、ユーロそのものから離脱するという潜在的な選択肢はありうる。

31） 2010年5月より、ギリシャ国債は、財政危機による格下げが行われていたにも拘らずECBによる資金供給の適格担保基準の適用を特別に免除されて事実上の適格担保として扱われていたが、2015年2月にECBの政策理事会がこの特別措置を停止すると発表してギリシャ国債が適格担保としての機能を喪失すると、それと同時にギリシャ中央銀行によるELAが急増した。

固定金利金額無制限による MRO と LTRO

世界金融危機後、ECB は当初、通常のオペを通じた金融調節手段であるMRO や LTRO の大枠の形を維持し、それを拡充するという形で、流動性の供給に取り組んだ。まず当初、2007 年 8 月の BNP パリバ証券の危機を契機とし、ECB は、微調整オペにおいて 950 億ユーロの資金を政策金利による固定金利翌日物で供給するという方針を打ち出した。また LTRO に関しても、8 月に 400 億ユーロ、9 月に 750 億ユーロの追加のオペを行った。また 2008 年 3 月には、通常の LTRO が 3 ヶ月物であるのに対して、より長めの 6 ヶ月物LTRO を追加で 500 億ユーロ分導入した。また通常 1 週間物である MRO に関しても、2007 年 12 月にその期限を 2 週間に延長するという措置も導入した[32)]。

2008 年 9 月のリーマン・ブラザーズ破綻を受けて、ECB はより一層の流動性の供給を行った。その特徴は MRO 及び LTRO に「固定金利金額無制限」方式が導入されたことにある。2008 年 10 月 5 日の政策理事会で ECB はまずMRO に「固定金利金額無制限」の方針を適用することを打ち出したが、これに続く 10 月 15 日には、LTRO に関しても固定金利金額無制限の方針を打ち出した。これ以降、MRO と LTRO は固定金利金額無制限で行われている。LTRO に関してはそれまで 3 ヶ月物と 6 ヶ月物がそれぞれ月に 1 回実施されていたところを、1 ヶ月物を月に 1 回、3 ヶ月物を月に 2 回、6 ヶ月物を月に 1 回実施することでその多様化が図られた。また 2009 年 5 月には 1 年物LTRO を導入し、より長めの流動性供給が行われることになった。結果、2009 年末の時点で ECB による MRO と LTRO での資金供給のなかで、固定金利金額無制限の 1 年物 LTRO の割合は 80%を超えており、リーマン・ブラザーズ破綻による世界金融危機に際し、金融機関のより長めの流動性を安定的に調達したいというニーズを満たし、結果的には通常のオペ手段であっても市

---

32)　なお 2007 年 12 月には ECB は FRB と通貨スワップ協定を結び、BNP パリバ証券の危機を受けて懸念されていたユーロ圏におけるドル資金不足に対する備えも講じている。

場全体に対する「最後の貸し手」機能の一翼を担った[33)]。

また2008年10月には適格担保基準も緩和され、最低基準をBBBマイナスにまで引下げ、2008年11月にはドル建ての外貨証券の一部を適格担保として認めるなどの措置を採ってその利用を促した。

3年物LTROの導入

欧州債務危機が深刻化するなか、ECBは2011年12月に3年物のLTROの導入を決定した。そこにはそれまでにも増して、LTROの期限を長期化し、欧州債務危機に対する市場全体の緊張を緩和する目的があった。またこの3年物LTROには1年経過すると期限前に返済できるオプションが付いており、より広範な金融機関に対してその利用を促す工夫がなされていた。まず1回目として2011年12月21日に行われた最初の3年物LTROは、523の機関に対して総額4,892億ユーロが供給された。また2回目として行われた2012年2月29日の3年物LTROでは800の機関に総額5,295億ユーロが供給された。これらはそれまで行われてきたLTROからの振り替えなどを考慮しても、純増ベースで2回合わせて5,206億ユーロの増加となっており、空前の規模となった。

また3年物LTROの導入に合わせる形で、適格担保基準の変更も行われた。2011年12月に、住宅ローン及び中小企業融資を裏付けとしたABSに要求される格付けの基準をAAAからAマイナスまで引き下げた。さらに2012年6月にはABSの適格基準をさらに引き下げ、住宅ローン、中小企業融資、商業用不動産、自動車ローン、リース、消費者ローンを裏付けとしたABSの基準を、BBBマイナスにまで引き下げた。さらに2012年9月には、アメリカドル、イギリスポンド、日本円の外貨建て資産について、これを適格担保として認める方針を示した。このように3年物LTROによって金融市場全体に対す

33） ECBのコンスタンチオ前副総裁は、Constancio（2015）のなかで、「固定金利金額無制限のLTROは他の中央銀行にはみられないユニークな「最後の貸し手」機能であった」と述べている。

るECBの「最後の貸し手」機能の仕組みが強化されていった。

2.2.3　バジョットの母国BOEの「最後の貸し手」機能

商業銀行から中央銀行へ

中央銀行の「最後の貸し手」機能を整理する上で、バジョット・ルールの母国であるBOEの金融危機における経験も示唆に富む。

後述するように、BOEはそもそも1694年に政府への貸付けにビジネスチャンスを見出した商業銀行であった。そのような背景を持つBOEは、元々ライバル関係である他の銀行に対する流動性の供給には消極的であった。BOEが自ら最後の貸し手機能を発揮するようになったのは、シティにおける存在感を高め、法的にも独占的な通貨発行権を付与された以降の時期であるとされる。なお、BOE自身は自らの最後の貸し手機能が確立されたケーススタディとして、1866年と1890年の金融危機に対応した経験をホームページ上で紹介している。木下（2018）は、BOEがその最後の貸し手機能をはじめて発動したのは、1825年の金融危機であるとする。1825年に、イギリスでは金の対外流出や商品市況の下落を通じて銀行の取り付け騒ぎが発生した。当初手形割引を行うことで資金供給を行っていたBOEだが、徐々に手形割引だけでは資金が不足するということに気づく。そこで行われたのが、有価証券と商品在庫を担保にした貸付けであった。なお、この経験は、バジョット『ロンバード街』にも危機における積極的な貸付けが功を奏した例として紹介されている。

1866年の金融危機は、オーバーレンド・ガーニー商会（Overend, Gurney & Co）の業務拡大とその破綻を通じて起こった。元々ガーニー商会はシティで中心的な割引商会であったが、19世紀初頭にSamuel Gurneyが経営権を把握して以降、堅実な経営方針と厳しい審査業務により業績を上げ、やがて融資業務、証券業務、ディーラー業務などに乗り出して大手金融機関となった。ところがIPOのために自らの業績を過大に見積もり、とりわけ1860年代にGurneyから経営権を引き継いだ新経営陣が、無理な業務拡大により鉄道建設や穀物取引、船舶の所有などに乗り出したことが裏目となり、株価の下落と預金流出に直面した。同社に対し、BOE が資産の劣化を理由に資金の供給を拒否したことで、オーバーレンド・ガーニー商会は経営破綻した。しかしこの時、BOE はその破綻の影響がシティ全体に影響することを食い止めるため、オーバーレンド・カーニー商会以外の銀行に対しては手厚い流動性の供給を行った。その総額は、数日間で 1,300 万ポンド、3 ヶ月で 4,500 万ポンドに及んだ。この規模は、BOE の当時の総資産に匹敵し、空前の流動性供給が行われた。この事例は前述のように BOE 自身も最後の貸し手機能となりシティに対する取り付け騒ぎを防いだケーススタディとしてホームページで紹介している。

なお、バジョット自身は著書『ロンバード街』のなかで、オーバーレンド・ガーニー商会の放漫ともいえる業務拡大化路線とその後の破綻を「あまりにも無謀で愚か」であったとする一方、その破綻に際する BOE の他の銀行への流動性供給に関しては、「躊躇しながらの流動性供給は、貸してくれないかもしれないとの不安を引き起こす」とやや手厳しく評価した。そして、BOE の事後による行動だけでは金融危機の発生に対しては不十分であり、事前に最後の貸し手機能発動の条件を預金者に周知させておくことが金融危機を未然に防ぐということに繋がるという、いわゆる「事前開示」の原則の重要性を述べている。

1890 年にアルゼンチンで政府の債務不履行が発生すると、アルゼンチン政府の債務に対して多額の債権を有していた大手ベアリングス銀行（Barings）が経営破綻に追い込まれた。ベアリングス銀行の流動性支援要請に際して BOE は、財務内容の審査を行った。その結果、同行に支払い能力が残っているとの所見を受けて、BOE がベアリングス銀行の信用を補完するためにロスチャイルド銀行（Rothschild）を中心とする民間銀行に働きかけ、1,700 万ポンドの保証基金を民間と共同で設立した上で、1890 年 11 月 15 日時点でベアリングス銀行の全債務の弁済基金を BOE が貸付けて、一旦旧銀行を清算し、10 日後に資本金 100 万ポンドの新ベアリングス銀行を設立した。このような措置の結果、市場の動揺は終息し、取り付け騒ぎによる金融危機の発生は回避された。前述のようにBOEはこの時の行動も自らの最後の貸し手機能の発揮であったとし、1866年の事例と共にホームページ上でも紹介している。しかし、キャピーはCapie（2007）において、このベアリングス恐慌時のBOEは、延命船を形成しただけであり、それを最後の貸し手機能の発揮という見解には懐疑的な立場をとっている。

セカンダリー・バンク危機

1890年のベアリングスに対する措置以降、BOEによる銀行の救済例がないわけではないが、それが金融システムの崩壊につながる危機という意味では、1973年に起きたセカンダリー・バンク危機まで時代を下る。イギリスでは金融自由化を受け、セカンダリー・バンク（secondary bank）と呼ばれる中小金融機関が業務を拡大していたが、これらセカンダリー・バンクは大口預金による市場調達に依存しながら、不動産等に融資を拡大するビジネスモデルを取っていた。イギリスの銀行は長年にわたってシティの紳士協定に依存し、金融業に関する統一的な法律が存在しないなか、セカンダリー・バンクはBOEによる明示的な信用規制業務の管轄外であり、周辺金融機関（fringe institutions）に位置づけられていた。

1973年には国際的な通貨危機と金融引き締めによる不動産価格の下落により、セカンダリー・バンクであるLondon and Country Securitiesが、預金の市場借り換えに失敗し流動性不足に陥った。これを契機に同じように不動産関連融資ビジネスを手掛けるセカンダリー・バンクに次々と信用不安が連鎖し、セカンダリー・バンク危機が発生した。この危機が金融市場全体へ波及することを懸念したBOEは大手銀行と協議し、「ライフボート（life boat）」と呼ばれる枠組みを構築した。これは、BOEが大手銀行と共に協調支援資金団を設立し、市場金利よりも高い金利でセカンダリー・バンクに資金を供給するというものであった。その際、BOEが基金全体の10％を受け持つ設計であった。

しかし1974年になると景気悪化や、原油の高騰、不動産価格のさらなる下落等で、セカンダリー・バンクの経営はさらに悪化し、ライフボートによる流動性供給における民間の受け持ち部分が貸倒れた。この時、それが大手銀行の経営危機に繋がることを懸念したBOEは、資金供給のうち12億ポンドを超過する部分は全額BOEが負担するというスキームの再構築を行って、金融市場の安定化を図ったのであった[34)]。

転機となったノーザンロック銀行への取り付け

以降も、1985年のJMS危機や、1992年の中小銀行危機、1995年のベアリングス銀行の破綻に際して、BOEは最後の貸し手機能として流動性の供給を行い、システミック・リスクを未然に防ぐべく行動した。

ところが、2007年、ノーザンロック銀行に対するBOEによる流動性の供給が事前にメディアにリークされる形で、取り付け騒ぎが発生した。この事件を契機に、BOEの最後の貸し手機能に関する枠組は再構築される。

木下（2018）が詳細に述べるように、ノーザンロック銀行への取り付け騒ぎと、それに続く世界金融危機を経たBOEの最後の貸し手機能は、①通常の常設ファシリティにおける適格担保基準と対象金融機関の拡大、②危機を経て行われた個別金融機関向け緊急流動性支援（ELA : Emergency Liquidity Assistance)、③個別金融機関向け国債貸出（SLS : Special Liquidity Scheme）及びDWF（Discount Windows Facility）の3つのスキームに特徴付けされる

このうち、最後の貸し手機能として、BOEは2007年8月のサブプライム問題の発生と2008年9月のリーマン・ブラザーズ破綻による金融危機発生により、ノーザンロック銀行、HBOS、ロイヤルバンクオブスコットランド（RBS : Royal Bank of Scotland）の3行に対し、ELAを行った[35)]。

ノーザンロック銀行はニューキャッスルに本拠を置く銀行で、住宅ローンを

34） なお、この際のセカンダリー・バンクへの信用規制問題が呼び水となり、1979年に銀行法が成立。シティの紳士協定と自主規制に代わり、預金取扱機関を条文化し、①認定銀行、②免許預金受入機関が公式に定義された。

35） なおBOEはリーマン・ブラザーズ破綻3日後の2008年9月18日にFRBと通貨スワップ協定を結び、イギリス国内におけるドル資金不足に対する備えも講じた。

主要業務に成長し、2006年には同部門で国内4位にまでなる地位を築いていた[36)]。ノーザンロック銀行が資金調達面で依存していたのが住宅ローン担保証券（MBS）の組成・発行であり、2007年8月にサブプライム問題を契機に市場が混乱すると、個人預金の基盤が乏しい同行の資金調達は危機に瀕した。ノーザンロック銀行からの報告を受けたBOEは財務省、金融サービス機構（Financial Services Authority、以下FSAと略称する）と協議の上、2007年9月13日にELAとして政策金利に＋1.5%の金利で貸付けを行うことを決定し、その公表を翌14日に定めた。ところがこれが事前にメディアにリークされると、13日の報道直後から預金者による預金の引き出しが始まった。14日から17日にかけて預金の流失は加速し、ヴィクトリア女王期以来約140年ぶりの取り付け騒ぎとなった。結局、ノーザンロック銀行はその後、2008年2月に政府による公的資金の資本注入を受けて、一時国有化されることとなった。この際にBOEの貸付分は回収され、新会社と債権管理会社に分割された後、2012年に前者がVirgin Money社に売却された。

ノーザンロック危機を巡るELA発動の一連の騒動は、BOEの最後の貸し手機能の制度設計にも大きな課題を残した形となった。当初、イギリスの預金保険は、1口座35,000ポンドまでを対象に2,000ポンドまでは全額、2,000ポンドから35,000ポンドまでは90%が保護される仕組みであり、2,000ポンド超過部分が全額保護の対象ではないと預金者に認知されたことが取り付け騒ぎのトリガーとなった。取り付け騒ぎを受けて、BOEはELAに関して改めて、ノーザンロック銀行向けの貸付けには金額の制限を設けずに行う旨を強調したアナウンスメントを行った。結果として、BOEは総額270億ポンドの資金をノーザンロック銀行に供給し、それは同行のリテール預金の総額を上回る規模となった。また決定と公表のタイミングについても、BOEは厳しい批判にさらされた。そもそもノーザンロック銀行に対するELAの決定がメディア

36)　ノーザンロック銀行は、元々住宅金融組合であったが、1997年に銀行に転換していた。

に漏れたのも、その決定と公表まで不必要にタイムラグを設けたためであり、一旦ELAの決定を下した以上はそれを即座に公表すべきであり、それをしなかったことが取り付け騒ぎの原因であるとする主張は多い[37)]。

HBOSとRBSに対するELA

BOEは2008年10月以降、HBOSとRBSに対してもELAを行った。HBOSはノーザンロック同様に、その資金調達を住宅ローン担保証券やカバードボンドの発行に依存しており、リーマン・ブラザーズ破綻を受けた国際金融市場の混乱により、資金調達力の弱体化が顕著であった。一方、大手のRBSは、2007年に買収したABN Amro銀行の買収に伴う資本規模の小ささが問題視されていた。松浦（2012）が詳細に述べるように、両行に対するELAの供給は、2008年10月に政府とBOEが共同で発表した銀行救済策の骨子に沿ったものであった。具体的には、2008年12月末までにHBOSとRBSを含む大手8行に総額250億ポンドを資本注入し、自己資本の強化を図ることが決められた。その際にBOEは銀行間市場の流動性確保のために2,000億ポンドの特別融資枠を設定し、市場が安定するまでの3ヶ月間のポンド資金と1週間のドル資金の供給を継続するとした[38)]。この枠組みの下、HBOSに対しては、資産交換の形で2008年10月から2009年の1月まで、254億ポンドのTBが流動性として貸出された。またRBSに対しては、まず2008年10月7日から17日の間にドル建てで翌日物から6日物まで250億ドルの貸付けが行われ、さらに資産交換の形で294億ポンドのTBが貸出された。なおELAの担保としてBOEは、資産交換の部分に関しては住宅ローン、個人ローン、中小企業ローンなど平時のオペでは適格担保として受け入れられない幅広い資産を担保として認めたうえで、高めのヘアカット率を設定し、それを保守的に評

37）例えば英国議会財務委員会による報告書 Treasury Committee, House of Commons（2008）など。

38）この際のドル資金は2008年9月にBOEがFRBと締結した1,200億ドルの通貨スワップによるものであった。

価した[39)]。またRBS向けのドル建て資金の供給に対しては、その担保としてBOEは財務省証券を取得した。また手数料に関しては資産交換部分に関しては2％、ドル建て供給部分に関しては金融市場向けドル流動性供給の最高応札金利が用いられた。

またBOEの資金供給が貸倒れた場合の損失負担については、政府と共同で発表した事前の銀行救済策の骨子に基づき、HBOSへの貸付けに関しては231億ポンドを超える部分に、RBSへの貸付けに関してはポンド建てに関しては135億ポンドを超える部分に、ドル建てに関しては250億ドルを超える部分に対して政府の債務保証が付けられた[40)]。供給限度額に関して制限は設けられず、ドル資金の供給に関しては期間に関して6営業日までの供給と定められた。またスティグマ問題によりBOEからの資金援助を利用した金融機関名が市場に露見するという問題を回避するため、ELAはその実行段階ではその相手先名は非公表と取り決められ、HBOSとRBSに対するELAもその対象機関名が公表されたのはそれが実行された14ヶ月後のことであった。

SLSによる流動性の供給

BOEは上記3機関に対するELAと併せて、危機時の流動性支援として銀行に対する国債貸出を行った。これは特別流動性供給スキーム（SLS : Special Liquidity Scheme）を経て、2008年10月にDWF（Discount Window Facility）として恒久化された。このスキームはBernanke（2009）が提示した「最後の貸し手」機能に類する政策で、FRBが行ったTSLFと同様の仕組みの政策であった。

---

39)　HBOSは実際の供給額254億ポンドに対して661億ポンドの資産を差し入れ、RBSは実際の供給額364億ポンド（ドル建てを含む）に対して656億ポンドの資産を差し入れた。

40)　貸倒れに対する一定額を超えた部分に政府が債務保証するという枠組みは、BOEと財務省が締結した「金融管理（MOU : Memorandum of understanding on financial Crisis Management）」で恒久化した。

SLSは2007年のサブプライム問題の表面化を受けて、2008年4月に流動性供給を目的とした時限措置として開始された。具体的には、銀行が抱えていた流動性の低い資産をBOEに担保として差し入れる見返りに、流動性の高い国債をBOEが貸出す仕組みであった。これにより民間銀行は、BOEから得た国債を担保として、新たに金融市場から資金を借り入れることができた。これは結果的にはBOEによる銀行に対する流動性の供給である。

この仕組みの利点としては、民間銀行があくまでも資産の交換という形を採ることにより、BOEから直接的な流動性支援を受けるケースと比べて、準備預金の増加を通じた財務の健全性が市場から疑われるというスティグマ問題を回避できる点があげられる。またBOE側からみても、担保交換方式による国債の貸出であれば、短期金融市場の資金量の増減に影響を及ぼすわけではないので、政策金利のコントロール機能を維持できるというメリットがあった。

最終的にSLSによる国債の貸出は、2009年1月までに32機関が利用し、総額1,850億ポンドに及んだ。その内訳は、全体の5割を住宅ローン担保証券(RMBS)が占め、3割を住宅ローンを裏付けとしたカバードボンドが占めていた。

なお先に、BOEのSLSはFRBのTSLFと同様の仕組みの政策であると述べた。しかしSLSとTSLFには大きな相違点が存在する。それはFRBのTSLFがその対象をプライマリー・ディーラーとして、非預金取扱金融機関であるノンバンクを対象としたのに対して、BOEのSLSの対象は伝統的な預金取扱金融機関であった点である。

SLSの後継スキームとしてのDWF

2008年10月に導入されたDWFは、SLSの後継スキームであり、その後に改良を加えられ、2013年10月に示された改革方針で明文化されている。その内容によれば、DWFを利用できる金融機関はSLS対象であった預金取扱金融機関に非預金取扱金融機関(主に証券会社)が加わった。また、その際非預金取扱金融機関と共に中央清算機関(central counterparties)にもその対象が拡げられている。DWFの利用に際しては、BOEが当該機関の支払い能力（solvency）を審査・確認したうえで、金融機関側には利用するに足る理由をBOEに対して説明することが求められた。DWFの借り入れ期間は、預金取扱金融機関と非預金取扱金融機関が30日間、中央清算機関が5日間とされ、BOEが必要と認めた場合にその延長も可能である。手数料に関しては総額と流動性の種類に応じて決定されることとされ、利用機関の負債額に比してDWFの借り入れが大きいほど、受け入れ対象資産の流動性が低いほど、手数料が逓増していく仕組みである。差し入れる担保に関しては、担保交換に利用出来る資産は適格担保であればよいとされ、このなかには流動性の低いとされるレベルCの自己名義証券も含まれた。

DWFは、本書執筆時点でその利用実績はない。その理由としては当初、2007年のサブプライム問題の顕著化から、それが2008年9月のリーマン・ブラザーズ破綻で市場のストレスがピークに達するなか、前身であるSLSの実績とその残高がまだ残っている段階で、徐々に金融資産市場が落ち着きを取り戻したこと、さらに間接金融主体のイギリス金融システムにおいて担保交換の対象先に非預金取扱金融機関を含めても、アメリカと異なりノンバンクの金融市場でのプレゼンスが低いイギリスにおいてはそのニーズは限定的であったことなどが考えられる。

BOEによる「最後の貸し手」機能の特徴

木下（2018）は、BOEによる「最後の貸し手」機能は、その特徴として、あえて定式化しない個別事案に対するオーダー・メイド型のシステムであり、その利点として柔軟性とモラルハザードを抑制する「建設的な曖昧さ」をあげている。つまり、バジョットの母国においてすら、バジョット・ルールのうち、特に「債務超過先への貸出禁止」の原則に関しては「最後の貸し手」機能の黎明期から今次世界金融危機の局面でも遵守されていない。この点は、FRBがFDICIA（1991年）で債務超過先への連銀貸出を禁止し、ECB（1998年設立）が最後の貸し手機能であるELAで債務超過先への資金供給を禁じるなどの動きとは異なるものである[41]。

またBOEによる最後の貸し手機能の特徴は、とりわけ2007年に顕在化したサブプライム問題を受けても、その対象があくまでも預金取扱金融機関に限られた点にある。ノーザンロック銀行も、HBOSとRBSも、預金取扱金融機関であった。また、SLSにおける担保交換の対象も、預金取扱金融機関であった。この点は、最後の貸し手機能をノンバンクであるベア・スターンズやAIGに対して発揮したFRBとは大きく異なっていた。

2.2.4 日銀の日銀特融の特異性

異彩を放つ日銀特融

木下（2018）にも述べられているように、日銀による「最後の貸し手」機能である日銀特融は、①債務超過の金融機関向け、②預金払い戻し資金等の供給、③破綻以降、④破綻処理を進める目的、⑤無担保、という点で際立った特徴を有するものである[42]。

1920年代、第一次世界大戦によってもたらされた好景気の反動による戦後不況に、関東大震災も重なって金融システムが不安定化する局面で、日銀特融はその機能を発揮した。その詳細は日銀による『日本銀行百年史』（日本銀行（1982））に描かれている。

とりわけ1927年には鈴木商店の倒産により、台湾銀行の不良資産への貸付けが明るみに出る形で、全国的に銀行への取り付け騒ぎが発生し、「昭和金融恐慌」が起こった。高橋是清蔵相による、支払猶予措置（モラトリアム）や片面だけを印刷した急造の200円札を大量に発行して銀行の店頭に積み上げてみ

41） なお、BOEにおいても1993年にジョージ総裁が、債務超過先への貸出の禁止を含めBOEの曖昧であった「最後の貸し手」機能の条件の定式化を試みている（George（1994））。しかし、実際その後もBOEによる「最後の貸し手」機能は債務超過先に対しても行われており、債務超過先への貸出が厳格に禁じられることはなかった。

42） 同様の見解は伊豆（2016）にもみられる。

図表2－5　日銀特融と伝統的LLRの比較

日銀の特融	伝統的な中央銀行のLLR
債務超過の金融機関向け	支払能力のある金融機関向け （債務超過先金融機関向けは禁止）
預金払戻し資金等の供給	一時的に不足する流動性の供給
破綻以降	破綻の前
破綻処理を進める目的	破綻や連鎖破綻の防止が目的
無担保	有担保

（出所）木下（2018）p116。

せ預金者心理を安心させた手法などは、日本の金融史に残る有名なエピソードである。

昭和銀行への日銀特融

上記、木下（2018）が指摘する日銀特融の特異性に照らし合わせる場合、示唆に富むのは昭和金融恐慌を受けてブリッジバンクとして設立された「昭和銀行」への日銀特融である。昭和銀行とは、破綻した銀行の債権債務を日銀が精査した上で引き取り、預金者と取引先を救済するための新銀行で、当時の5大銀行（三井、三菱、住友、安田、第一）を含む国債シンジケート団17機関を発起人として、1929年12月より営業を開始した。その際に日銀は日銀特融により総額1億円をこの昭和銀行に融資している。これを梃に債務を返済する一方、昭和銀行は破綻銀行の査定を厳格に行い、破綻銀行の役員に対しては経営責任の追及や、場合によっては私財提供をも求めた。昭和銀行は、1942年に日銀特融を全額返済してそのブリッジバンクとしての任務を終え、1944年には安田銀行（後の富士銀行）に合併されて現在のみずほ銀行に至る。

ここで重要なことは、木下が図表2－5にて指摘している日銀特融の特徴が、この昭和金融恐慌とそれを受けて設立された昭和銀行を巡る一連のスキームの時点ですでにみてとれることである。これはバジョット・ルールによる最後の貸し手機能が、①支払能力のある金融機関向け、②一時的に不足する流動性の供給、③破綻前の、④破綻や連鎖破綻の防止が目的、⑤有担保、という原則とは著しく逸脱するものである。こうした日銀特融の特徴は戦後に引き継がれ、特にバブル崩壊以降金融機関の破綻が相次いだ1990年代に多発されることとなった。

日銀はホームページで、自らの最後の貸し手機能を、まず日銀法第33条において、通常は手形や国債等を担保として行われるものと説明しているが、その上で日銀法第38条において、内閣総理大臣及び財務大臣からの要請を受けて政策委員会が金融システムの安定のために特に必要があると判断する場合には、「特別の条件による資金の貸付け」を行うことができると説明し、この第38条相当部分を自ら「特融」と呼んでいる。そしてその際の判断基準の原則を、①システミック・リスクが顕現化する懸念があること、②日本銀行の資金供与が必要不可欠であること、③モラルハザード防止の観点から関係者の責任の明確化が図られるなど適切な対応が講じられること、④日銀自身の財務の健全性維持に配慮すること、としている。

戦後初の日銀特融は、昭和40年不況の際に山一證券と大井証券に対して行われた。特に山一證券を巡っては、田中角栄蔵相の肝入で、旧日銀法第25条を根拠とした特融により主要取引銀行3銀行を経由して無担保・無制限での資金供給が行われ、結果的に山一證券は累計で282億円の日銀からの融資を受ける形で破綻を免れ、金融危機は未然に防がれた。

バブル崩壊後に銀行の円滑な破綻を進めるために総動員された日銀特融

1990年代、バブル崩壊を受けた不良債権問題が日本の金融機関の経営を圧迫した。それに伴い、金融システムの安定化を目的とした日銀特融も多数行われることとなった。具体的には、日銀特融は1995年にコスモ信用組合向けに発動されたのを皮切りに、2003年の足利銀行への特融まで、21機関に対して行われた。この1990年代から2000年代にかけて行われた日銀特融の特徴もやはり、21案件のうち19案件までが支払い能力不能（insolvent)、すなわち債務超過先に対する特融であった点である。これは、いわゆる伝統的なバジョット・ルールが規定する原則とは対照的に、日銀特融の場合その基準が流動性不足（illiquidity）か否かにあるのではなく、むしろ借り手が債務超過であるがゆえに、それが行われたとすらいえよう。

以上の点に鑑みれば、日銀特融は事実上、受け皿銀行へ業務が譲渡されるまで、預金払い戻し等の営業を継続するための「つなぎ融資」であった。実際に日銀も、21案件中、みどり銀行向け、山一證券向けの特融を除き19案件でその特融によって供給された資金の使途を「預金払戻し等業務継続資金」に定めている。また当時、日銀の信用機構課長として実務に当たっていた中曽前日銀副総裁も、Nakaso（2001）のなかで、日銀特融の実態を「bridge financing」であると位置づけている。この点で木下（2018）は、当時の日銀特融は、伝統的なバジョット・ルールや実際の各国中央銀行における最後の貸し手機能の発動ケースと比較して、方法の面では逸脱していても、金融システミック・リスクの顕著化の防止という目的の面は同一であると認識したうえで、日銀特融に関しては当初から債務超過金融機関の破綻処理を円滑に進めるためのスキームであったとした。

すなわち、銀行が破綻に陥ったとしても、受け皿銀行に業務が譲渡されるまでには数ヶ月から数年にわたる期間を有するケースが多い。その場合に前述の日銀による「つなぎ融資」がなされない場合、あるいはバジョット・ルールに拘ってその特融先から債務超過金融機関を排した場合、預金の払い戻しや債務の弁済が滞ることを通じて、金融システムの不安は増大されてしまう。つまり日銀は、破綻の防止ではなく、あえて破綻をスムーズに進めるために特融を発動したのであった。

無担保で行われた日銀特融

さらに木下（2018）は、一連の日銀特融が、無担保で行われていたことにも注目する。そしてそれは事実上、特融先となった破綻銀行が通常のオペの適格担保相当の資産をとても差し入れられる状況にはなかったという現実的な側面と、当時は前述 S&L への連銀貸出と納税者負担の観点から成立した 1991 年の FDICIA がアメリカでの連銀貸出を制限して間がない時期であり、中央銀行による最後の貸し手機能の発動に際して名ばかりの限られた優良担保が囲い込まれてしまえば、結果的に預金保険を通じて銀行の破綻コストが納税者にも転嫁されかねないという認識も存在していたと回顧する。

このような状況で発動された 1990 年代から 2000 年代の日銀特融であるが、21 案件中、山一證券向け特融を除く 20 案件は、破綻した機関に対する特融であったにも関わらず後に全額回収されている。この点に関して伊豆（2016）の考察は興味深い。伊豆によれば、20 案件において全額の日銀特融が返済された理由は、最終的な受け皿銀行への預金保険機構からの資金援助の保証にあったとされ、これは 1986 年の預金保険法の改正で可能となっていたものであり、日銀特融にははじめから預金保険機構による全額返済の保証が付いていた。具体的に図表 2－6 のように、①預金保険機構は破綻金融機関には資金援助できず、その援助は受け皿銀行向けに限定されるが、②破綻の認定から事業譲渡には最低でも数ヶ月は必要であり、③しかしその間の預金払い戻し等を停止することは出来ないため、④その期間の資金を日銀が特融としてつなぎ融資し、⑤受け皿銀行に業務譲渡がされた段階で預金保険機構から金銭援助がなされると、⑥破綻金融機関の債権と特融を含む債務を受け継いだ受け皿銀行がそれを原資に日銀特融を返済する、という順序を経る。

この見方は前述の木下の見解とも概ね整合的であるが、そうであればそもそも①において預金保険機構が破綻機関に最初から資金援助していれば日銀特融の出番はないものと思われる。ここで伊豆が重要視するのは、「関係者の責任の明確化」である。これは換言すれば、預金保険機構はあくまで預金者を保護するのであって、破綻機関は救済しないということである。当時は金融整理管財人制度の導入前夜であり、少なくとも法的には破綻機関の旧経営陣はその座に居座り続けることは可能であった。その意味では金融整理管財人制度ができるまでの暫定的スキームとして、表向きは特融の成否の判断の原則「モラルハザード防止の観点から、関係者の責任の明確化が図られるなど適切な対応が講じられること」を謳っている日銀特融が使われたとの見方も可能になろう。

こうした事情に照らし合わせれば、最初から全額の返済が分かりきっている日銀特融に、担保は必要ない。またこの点に立てば、なぜ山一證券向けの日銀特融のみが全額返済されずに貸倒れたのか、その理由も自ずと明らかになる。それは極めてシンプルなことで、21案件中唯一の証券会社である山一證券は、はじめから預金保険の対象外であり、受け皿会社に経営が譲渡された後に預金保険機構から行われる資金援助、つまり日銀特融全額返済の保証に服さない存在であった[43]。

図表２-６　特融とその回収まで（概念図）

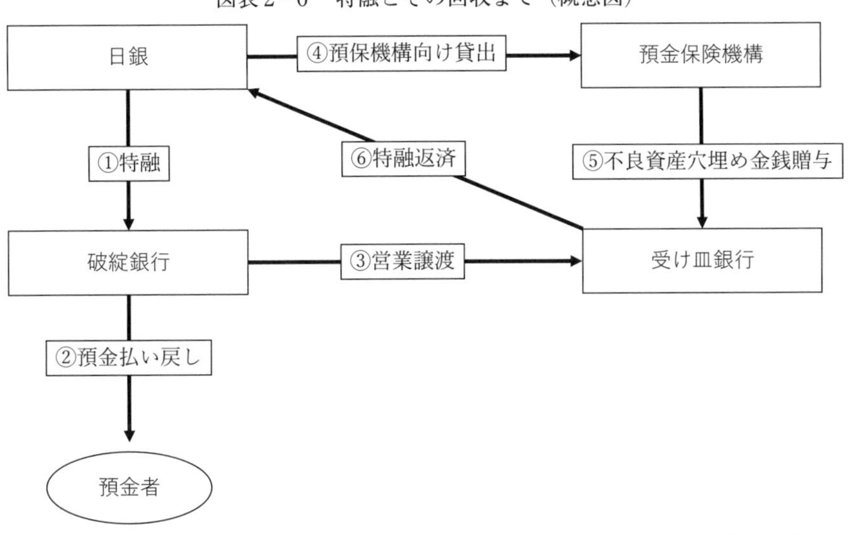

（出所）伊豆（2016）p131より筆者加筆作成。

日銀の預金保険機構向け貸付け

以上のことは、預金保険機構の財務状態とも深くかかわる。預金保険機構の資金源は、本来的には銀行からの保険料で賄われる。当初、護送船団方式とも

43）結果的に山一証券向けの日銀特融では1,111億円が貸倒れとなった。同額は日銀の利益によって吸収されたが、国庫納付金はその分だけ減少した。

いわれた銀行経営体制のなかで、預金保険機構の責任準備金は1971年の設立以来増す一方であったが、1992年に入って銀行の破綻が相次ぐと、そのペイオフや資金援助に関するコストが嵩み、保険料だけでは賄いきれなくなり機構の資金は底をついた。やがて預金保険機構に、破綻銀行の受け皿銀行に対する資金援助に関し、ペイオフを行った場合以上に必要とされる保険料を認め、整理回収銀行、住宅金融債権管理機構に対する資金援助を加えるとともに、1996年には保険料率が従来の0.012%から7倍の水準である0.084%に引き上げられた。さらに1998年には預金保険機構に対して約30兆円の公的資金枠も用意された。

しかしそれでも相次ぐ銀行の破綻に、その資金源は盤石ではなかった。そこで預金保険機構の資金調達面で当時存在感を増したのが、日銀の預金保険機構向け貸付けであった。日銀勘定において預金保険機構向け貸付けは日銀特融が多数発動されるのに合わせる形で1990年代後半に急増し、1998年末にはピークで8.4兆円にまで膨らんでいた。前述のように日銀特融は、受け皿銀行への預金保険機構からの資金援助の入金をもって返済されていた。これは日銀側からみれば、バランスシート上、特融が返済されて、預金保険機構向け貸付けに振り替わる形となる。このような、自己実現的な日銀特融と預金保険機構への貸付けの表裏の関係は、1990年代後半には問題視され、日銀自身も報告書のなかで預金保険機構の資金調達の多様化を求める要請を行った。その結果、預金保険機構の資金調達に関する日銀貸出の依存度は急速に縮小し、2001年にゼロとなっているが、そのころには特融の発動がそもそもピークを過ぎており、必然的に日銀からの借り入れも少なくなった結果としても捉えることができる。

2.2.5　4つの視点でみる4大中央銀行の「最後の貸し手」機能の比較

以上、主要4中央銀行の最後の貸し手としての実際を振り返ってきた。4大中央銀行の「最後の貸し手」機能に関しては、以下の視点から4大中央銀行間における相違点を整理することが可能であろう。

第1は、バジョット・ルールにおける「債務超過先への貸出禁止」の原則からみる「最後の貸し手」機能の比較である。

FRBに関しては、その設立から1980年代まで「債務超過先への貸出禁止」の原則が厳格に順守されてきた形跡はない。それが1991年にFDICIAが施行され、債務超過先への連銀貸出には極めて厳しい制限が設けられた。

ECBのELAは債務超過先への資金の供給は厳格に禁止であり、その意味では「債務超過先への貸出禁止」の原則は遵守されていた。しかし、実体としてはMROやLTROなどの金融調節における適格担保基準で不適格となった当該重債務国において、その時期にELAが増加するという現実もあり、ECBにおいてはELAと金融調節オペである固定金利金額無制限LTROが事実上の代替の関係にあった。

またBOEのELAにおいてもその供給先が流動性不足か支払い能力不足かは事例ごとに異なっており、「債務超過先への貸出禁止」の原則が遵守されてきた形跡はみられない。

日銀は、むしろ積極的に債務超過の金融機関に対する日銀特融を行っている。それは政府と預金保険機構との銀行破綻処理のスキームに組み込まれたからであり、「債務超過先への貸出禁止」の原則はまったく考慮されていない。

第2は、「最後の貸し手」機能の対象としてノンバンクをどう扱うかという視点である。

FRBの連銀貸出は1991年のFDICIA制定の際に、連邦準備法第13条3項による非常時の連銀貸出に関して、ノンバンクへの適用が担保面で優越的となった。

一方で、間接金融が太いとされる、ユーロ圏におけるECBのELAや、イギリスにおけるBOEのELA、日本における日銀の日銀特融の主たる対象先は、伝統的な預金取扱金融機関であり、とりわけ緊急時のノンバンクへの貸出に関する制度的な優越性はみられない。

第3は、「最後の貸し手」機能に対する政府による債務保証の有無からの視点である。

FRBでは、最後の貸し手機能に政府による保証は付されていない。これは、仮に連銀貸出が貸倒れを起こせば、国庫納付金の減少を通じて納税者負担となることを意味する。ただしその場合でも、貸倒れ損失がFRBによる他の業務を通じた黒字の範囲内に留まる限り、FRBそのものが赤字転落することはない[44]。

ECBにおける各国中央銀行によるELAは、それが貸倒れを起こした場合は、当該国中央銀行に対して当該国政府がこれを債務保証するという枠組みであった。しかしこのことは、財政破綻が欧州債務危機の引き金であり、重債務国においてはむしろ逆に、中央銀行の貸倒れに対して財政補填が困難になるという矛盾を含んだ仕組みであった。これは、金融政策は統一されている一方で財政統合がなされていないという経済統合の根本的な問題でもある。

BOEの最後の貸し手機能には一定額を超えた場合に政府の債務保証が付されている。つまり一定額以下のBOEによる銀行への貸出が貸倒れを起こしても納税者負担とはならないが、一定額以上の貸付けが貸倒れを起こした場合、国庫納付金の減少を通じて納税者負担となることを意味する。

日銀の最後の貸し手機能には一見、政府による債務保証は付されていないようにもみえる。しかしそれはすでに述べたように、銀行への日銀特融は最終的には預金保険機構から金銭援助により必ず返済されるという特殊な枠組みであった。そして、預金保険機構を財政資金がバックアップしていることを考えれば、事実上政府による債務保証があったと解釈することもできる。より正確に表現するのであれば、日銀特融には、「中央銀行の最後の貸し手機能に対して、政府が預金保険機構を迂回して債務の保証をする」仕組みが付随していたのである。

第4はスティグマ問題からの視点である。

FRBの連銀貸出に関しては、スティグマ問題が大きな障害となっていた。

---

44) なお、仮にFRBが赤字に転落する期間が発生した場合、連銀法においてFRB自らが会計処理上の「繰延資産（deferred assets）」を計上し、将来の利益を先食する形でこれを乗り切ることとされており、財務省による損失補てんは想定されていない。

平時のオペにおいて、FRBとの取引がプライマリー・ディーラーという限定された金融機関に限られるアメリカにおいて、FRBから直接援助を受ける金融機関は、資金繰りに瀕していると自ら告白するようなものであるとされる。金融危機時に、FRBはそれを克服するために入札制ファシリティであるTAFを設立し、その枠組みの下での、一行当たりの入札可能額をファシリティ全体の総額の10分の1に制限し、最低10銀行をTAFに参加させる仕組みを構築した。

ECB加盟中央銀行によるELAにはスティグマ問題はみられなかった。これはユーロ圏の幅広い金融機関が平時より当座預金を通してオペに参加していたためである。このために危機対応の局面でも、ELAにより中銀当座預金の利用や、ECBによる固定金利金額無制限のLTROの利用に際して、スティグマ問題を理由にその利用を控えようという金融機関の動きはみられなかった。

BOEにおいては、スティグマ問題が存在した。これはイギリスにおける決済システムの二層構造に由来する。それを克服するために、最後の貸し手によるBOEの資金供給に関して、担保交換による国債の貸出という仕組みが採用された。国債の貸出であれば、BOEから直接的な流動性支援を受けるケースと比べて準備預金の増加を通じた財務の健全性が市場から疑われることはなくなるためである。

日銀の日銀特融に、スティグマ問題はみてとれない。従って、日銀が特融に

図表2-7　4大中央銀行の「最後の貸し手」機能を巡る比較

	FRB	ECB	BOE	日銀
債務超過先への貸出禁止の原則	△→○	○	△	×
非常時におけるノンバンクへの優越的な貸出	×→○	×	×	×
政府による債務保証	×	○	△	?
スティグマ問題への対処	○	×	○	×

（出所）筆者作成。

対してスティグマ問題を理由とする枠組みの改善を図った形跡もみられない。

2.3 「最後のマーケット・メイカー」機能の発動

2.3.1 世界金融危機に対応したFRBによる「最後のマーケット・メイカー」機能

「最後のマーケット・メイカー」機能は信用市場における借り手と貸し手に対する資金供給から開始

サブプライムローン問題を契機とした世界金融危機は、FRBの最後の貸し手機能にとって、大きな転換点となった。この時、FRBは新たに「最後のマーケット・メイカー」機能を創設した。

やや繰り返しになるが、そもそも2007年の7月に、BNPパリバ（BNP Paribas S.A）傘下のファンドが保有するサブプライム関連商品の価格下落により顧客が解約を凍結された、いわゆるパリバ・ショック発生時、FRBは従来の「最後の貸し手」機能である連銀貸出の拡充という形で対応を試みた[45)]。またすでに触れたように、スティグマ問題に対処するためのTAFや、ノンバンクへの資金供給のためのTSLFやPDCFを導入したが、これらはあくまでも「最後の貸し手」機能に分類される政策であった。

しかし、FRBは2008年9月15日のリーマン・ブラザーズの経営破綻により「最後のマーケット・メイカー」機能の発動へとより舵を切ることになる。

図表2－3のBernanke（2009）の分類にもあるように、FRBの「最後のマーケット・メイカー」機能は、「信用市場における借り手と貸し手に対する資金供給」から開始された。具体的にはリーマン・ブラザーズ破綻直後の2008年9月17日、FRBはAMLF（ABCP Money Market Fund Liquidity Facility）を発表した。これは金融機関やその持株会社が、その傘下のMMFから高格付けABCPを購入する場合にFRBが無担保で融資する枠組みで、

45） 具体的には公定歩合とFFレートのスプレッドを1％から0.25％に縮小させ、貸出期間を翌日物からとした。

CPの暴落を通じて解約が相次いだMMFからの資金流失を回避するためのCP市場に対する安定化政策であった。つまりこの段階では、実際の信用市場における個別のプレーヤーに対する資金の供給を通じて、最後のマーケット・メイカー機能が発揮され、CP市場の安定化が図られた。

これに続き、2008年10月にはCPFF（Commercial Paper Funding Facility）が発動された。これはCPやABCPを適格発行者から購入するSPV（特別目的事業体）をFRBが設立し、そのSPVに対して融資を行うものであるが、これもCP市場の安定化政策であると同時に、発行者という実際の資金の借り手に対するFRBによる資金供給であった。

さらに同月、MMIFF（Money Market Investing Funding Facility）を導入し、MMFの投資家から残存90日以内のCPを購入するSPVを創設し、その

図表2－8　レポ市場における流動性枯渇プロセス（概念図）

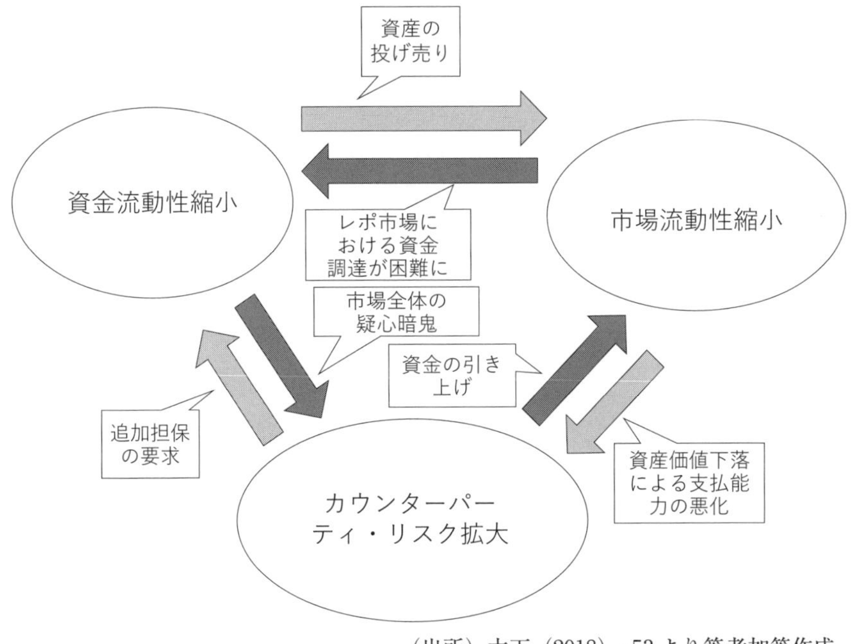

（出所）木下（2018）p53より筆者加筆作成。

SPVに対する融資を行うものであるが、これもノンバンクの資金源として重要なMMFを保護する目的で、そのために重要なCP市場の安定化を意図とし、投資家に直接資金を供給するという政策であった[46]。

さらに2008年11月にはTALF（Term Asset-Backed Securities Loan Facility）を導入し、AAA格の消費者ローン、学生ローン、自動車ローン、カードローン、小企業ローン裏付けABSの投資家に満期3年の融資を行い、各種ローン市場の下支えを行った。この場合も、FRBが直接投資家に資金を供給するという方式を用いている。

SFPをどう理解するか

リーマン・ブラザーズ破綻の2日後からSFP（Supplementary Financing Account Program）が開始されたが、これを以上のようなFRBによる「最後のマーケット・メイカー」機能の発揮に際する、信用市場における借り手と貸し手に対する資金供給という手法と照らし合わせ、それをどのように位置づけるかはやや難解な問題である。この政策はまず第1に財務省とFRBの合作という点で異質である。SFPとは、財務省がTBを発行して、その発行、市中売却によって得た資金をFRBに設けた特別勘定（SFA：Supplementary Financing Account）にそのまま預金し、それを凍結するというものである。これはFRBのバランスシートにおいてTBの発行分だけ民間の当座預金が財務省のSFAに置き換わる形で、2008年10月末の時点でそれが5,600億ドルにのぼっていた。このことは表面上、TBの発行体である財務省に対するFRBの直接的な資金供給にもみえる。実際に、SFPそのものが、やはり当時極端な品薄状態であったTBをFRBが当座預金と交換することでその市場機能を維持したという立場に立った論点整理もみられる[47]。そのなかで伊豆（2016）は、SFPの目的は2つあり、1つは財務省にFRBが資金を供給することで

46） ただSPVは設立されたものの稼働はせず、利用実績はない。

47） 例えば、Santoro（2012）など。

TB市場を安定させ、一連の危機対策で過剰な準備を保有することになった金融機関に対して、金利の付くTBによる資金運用の道を残すこと、もう1つは、当時の短期市場において唯一市場機能が維持されていたTB市場に対してTBを大量に発行することでその市場機能を維持することが目的であったと整理する。伊豆自身は特に後者の効果を強調しているが、もし前者の効果に着目する場合、Bernanke（2009）の論点整理、「信用市場における借り手と貸し手に対する資金供給」に分類できる。つまり、FRBが財務省というTBの発行体に資金を供給することで、TB市場に対してFRBが「最後のマーケット・メイカー」機能を発動したことになる。

「最後のマーケット・メイカー」として期間の長い債券の購入のフェーズへ

FRBは2008年11月にLSAPとして、5,000億ドルのMBSと1,000億ドルのGES債の購入を期間3ヶ月で行うと発表した。この時点を契機にFRBの「最後のマーケット・メイカー」機能に、「信用市場における借り手と貸し手に対する資金の供給」に加え、「期間の長い債券の購入」による市場全体の安定化政策が追加された。

そしてそれは、2009年3月のQE1の採用で強化された。QE1は、FRBが市場から、① MBSを7,500億ドル追加で購入、2009年末までに総額1兆2500ドルを購入する、② GSE債を1,000億ドル購入し2009年末までに総額2,000億ドルまで購入する、③長期国債を6ヶ月間で3,000億ドル購入するというものであった。このうち①と②については2008年11月のLSAPによる購入額を増加させた形である。③についてもFRBはあくまでも「民間信用市場の改善」を強調しており、やはり信用市場の安定化がその主眼にあったことが伺われる。

この点に関しては、バーナンキ元議長はBernanke（2009）のなかで、結果的にQE1（量的緩和第1弾）と呼ばれることになる2009年3月の政策に関して、「信用緩和（credit easing)」いう呼び方にこだわりを持っていたと述べている。これは2000年代前半に日銀が行った元祖・量的緩和との違いを念頭に置き、日銀のそれが総需要調整策として主にバランスシートの負債側を駆使し、日銀当座預金残高を増加させてマネーストックを増やすことに主眼が置かれていた政策であったのに対して、FRB の当該政策は中央銀行の資産サイドを使う、質的な政策であると位置づけている。つまりリーマン・ブラザーズ破綻による世界金融危機の下、金融市場が機能不全に陥っているなかで、その市場全体を安定化させるツールが中央銀行の資産の中身「質」を通じて行われるものとなっており、少なくともこの時点でバーナンキ元議長が第一義的に対応しようとしていたのは、特定の市場、特に住宅ローン市場や住宅市場に対して期間の長い債券の購入による市場全体への安定化政策であり、それを通じて金融システム不安を取り除くことにあったといえる[48]。

なお、リーマン・ブラザーズの破綻を契機にした危機対策の過程で、FRB はそこで供給される流動性を不胎化するという方針は取らず、そのバランスシートの規模は拡大した。このことは、決定プロセスにおいても金融システム安定化のための政策が、マネタリー政策と明確に区別できなくなったことを意味した。とはいえ、2008 年 11 月までの種々の決定は、その決定主体は連邦準備制度理事会であり、少なくともこの時点までは金融システム安定化のためのプルーデンス政策であった。しかし QE1 の決定は FOMC でなされており、また後の QE2 に結びつく要素も大きいので、マネタリー政策の性格も併せ持っているといえる。しかし実態としては、バーナンキ元議長自身が Bernanke（2009）で述べているように、それは期間の長い債券の購入による市場全体の安定化のための政策であった。

2.3.2 欧州債務危機に対応した ECB による「最後のマーケット・メイカー」機能

48) なお、バーナンキ元議長はその後の QE2 や QE3 の局面で、「信用緩和」という呼び方は封印するようになっていく。

カバードボンド購入プログラム

ECBは世界金融危機後に、「最後のマーケット・メイカー」機能に類する政策を打ち出している。2009年5月に発表した期間1年で600億ユーロのカバードボンドを買い入れるプログラム（CBPP）がそれである。カバードボンドとは、銀行が保有する住宅ローンなどの債権を担保として発行される社債であり、特にユーロ圏においてはこれが金融機関の長期資金の調達手段として広範に発行されていた。リーマン・ブラザーズ破綻を契機に、ユーロ圏ではカバードボンド市場が機能不全に陥り、ECBがこの市場の安定化を目的に、同債券を買い入れる方針を打ち出した。ECBのCBPPの特徴は、これを市場からECBが直接買い入れたことにある。これはBernanke（2009）の分類では3番目に当たる、期間の長い債券の購入による市場全体への安定化策である。

欧州債務危機の発生によって導入されたSMP

2010年に発生した欧州債務危機は、ECBの「最後のマーケット・メイカー」機能の強化を必要とした。それは重債務国の国債市場からECBが直接当該国の国債などを購入し、市場の安定化を図ろうとするものであった。この政策は、当初危機がギリシャやポルトガルなどの周辺国に限られるとの見方が、徐々にスペインやイタリアにまで波及する過程で、より大規模なものとなっていく。そして、証券市場プログラム（SMP：Securities Market Programme）が導入された。

すでに述べたように、ECBは、市場全体に対する最後の貸し手機能の発動として、加盟国中央銀行によるELAや、LTROを拡充する形で行われた固定金利金額無制限の3年物LTROで、流動性の供給を行っていた。

2010年5月に導入されたSMPは、市場の機能不全を改善するためにECBがユーロ圏の証券市場から直接、公共・民間の債権を買い入れるという政策であった。しかし、当初からその念頭にあったのは、当時旧政権による粉飾財政が明らかとなり、欧州債務危機の震源地として価格が暴落していたギリシャ国債市場の安定化であった。

SMPが特定の重債務国の国債市場の安定化を目指して行われた政策であることは、それによって発生した流動性がその都度不胎化される枠組みであったことから明らかである[49]。換言すれば、「質」は追うがマネタリーベースなどの「量」は追わない、いわゆるマネタリー政策として総需要の喚起を狙った量的緩和（QE）とは一線を画した純粋な金融システム安定化のためのプルーデンス政策であった。

SMPは当初、2011年3月まで第1弾として約800億ユーロの債権が購入され、主にギリシャ、アイルランド、ポルトガルの国債市場を下支えした。しかしその後、債務危機がスペインとイタリアに及ぶ事態となり、2011年8月にSMPは再開された。2012年末に公開された情報によると、SMPで最も多く購入されたのはイタリア国債で、1,028億ユーロを超える購入が行われ、次いでスペイン国債が443億ユーロ購入されていたことが明らかとなっている。

ここで再び、Bernanke（2009）の分類に立ち返れば、中央銀行による「最後のマーケット・メイカー」機能としてのSMPの採用は、期間の長い債券の購入による市場全体への流動性の供給であった。つまり、サブプライム問題に対応するためのCBPPにはじまり、欧州債務危機の深刻化を受けてSMPで本格化したECBによる最後のマーケット・メイカー機能の発揮は、期間の長い債券の購入による市場全体への安定化策という方法で行われた。そして、FRBにおいてみられたような信用市場における借り手と貸し手に対する資金供給という方法は終始用いられなかった。

条件が不明確であったSMP

なお、先にドイツ連銀は、過去の大規模なインフレの発生のトラウマから物価安定に固執し、金融システムの安定化には消極的であったと述べたが、SMPの採用を巡るドイツの要人の言動は興味深い。まず、2011年2月、第1

49）SMPの実施を巡っては様々に曖昧さが残っていたが、唯一不胎化の方針だけは一貫していた。

弾として最初のSMPが実行されているさなか、ECB政策理事会のメンバーでもあったドイツ連銀のウェーバー総裁が「個人的な理由」として、4月をもってドイツ連銀総裁を辞職すると発表した。これはSMPへの抗議を表すためのものであったとされている。そして、2011年8月にその対象先にスペインやイタリアが含まれてSMPが再び開始された翌月、2011年9月には、ドイツ出身のシュタルクECB理事が、やはり「個人的な理由」としてその職を辞しているが、これも抗議の辞任ではないかとみる向きは多い[50)]。

SMPの制度設計を巡っては、その判断や前提となる条件、根拠などに曖昧さが残った。特に実施条件に関しては、第1弾と第2段の狭間に当たる2011年4月から7月にかけては、むしろその発動が期待されるほど国債市場は危機的状況にあったが、SMPは停止されていた。この点に関しては前例のない政策ゆえに、ECB政策理事会内部でもドイツ人メンバーなどによる意見対立が起きていたとみることも可能だ。一方でマーケット参加者などからは、こうしたECBの政策理事会での意見調整の手間取りが、市場との対話という意味では、どのような時にECBは動くのかといった疑心暗鬼を通じて、逆に市場が混乱してしまうのではないかという指摘もあった。こうした事情もあり、後継スキームであるOMTはより厳格かつ明確な実施条件のもとで発表され、SMPは2012年9月をもって廃止された。

OMTによる重債務国国債購入に対する条件明確化

2012年9月の政策理事会においてECBはSMPに代わる新スキームとしてOMTの導入を決定した。2012年初から年央にかけては、当初ギリシャ国債を巡る民間債権者負担が実施され、債権者が債権放棄を迫られ欧州債務危機はピークに至った。この際にギリシャ国債がECBの定めるオペの適格担保から除外され、ギリシャの国内銀行はギリシャ中央銀行によるELAを利用して何

50）　当時、複数のメディアが、ウェーバードイツ連銀総裁、シュタルクECB理事ともにSMP採用に際した政策理事会では反対票を投じていたと報道した。

とか窮地を逃れている状況であった。政治面においてもギリシャでは5月に総選挙が行われたものの連立政権樹立を巡り協議が難航、6月に再選挙が行われるという事態のなか、左派政権による財政健全化の拒否なども懸念される事態となり混迷を極めた[51]。また大国スペインにおいても、2012年6月に、スペイン国内銀行の資本強化を目的とする資金の支援がEUに対して行われた。このことは、大国スペインの金融のシステミック・リスクを連想させ、ユーロ圏になお一層の緊張をもたらした[52]。

こうした事態のなか、2012年7月26日にロンドンで行われたドラギ総裁の講演で「ECBはユーロを守るためにやれることは何でもする」という有名なフレーズが生まれた。当時は上記ギリシャやスペインを巡る緊張が高まるなかで、SMPの稼働停止で当該国債の購入がなされず、マーケット参加者のなかには「ECBはいつ動いてくれるのか」といった期待が渦巻いていた。そうしたなかでドラギ総裁の「何でもする」発言が市場に伝わると、スペインの国債の利回りが直後に低下するなどのダイレクトな現象にも表れた。事実、OMTの発表をもって、欧州債務危機は沈静化に向かっていくことになるが、それは事前に実施の条件を明確化した短・中期国債の買い切りオペであった。

OMTによる欧州債務危機の鎮静化

OMTとは具体的には、ESM（European Stability Mechanism）/EFSF（European Financial Stability Facility）のプログラムに沿い財政再建を断行することを条件に、ECBが満期1年から3年の国債を無制限に買い取る枠組みのことである。また、その対象国には当該国の国債が格付けに関係なくECBの金融政策の全オペに対して適格担保として容認されることとされた。つまり事実上、厳しい財政再建を自ら身を切って実行しない限りECBによるOMTは採用されないということである。「厳しい財政再建」に定量的な基準はない

51) 再選挙の結果、最終的には財政健全化を目指す連立政権が樹立され、事なきを得た。

52) 最終的には2012年7月にユーロ圏財務相会合で、ESMを通じてスペインに対して1,000億ユーロの資金支援が行われた。

が、実際にはトロイカ体制によりギリシャ、ポルトガル、アイルランドが受け入れた財政支援プログラムによって求められた財政健全化と同じレベルであったことが容易に連想された。

対象の国債の期間を1年から3年としたのは、実体経済に最も効果が大きいとみられる金利が満期3年であること、または同時並行して行われていた固定金利金額無制限によるLTROが3年物であるということへの整合性を配慮したことにもよる。また、SMPと同じく、OMTも当初から不胎化が強調され、やはり総需要調整策としての量的緩和（QE）とは一線を画する金融システム安定化に的を絞った政策であった。

OMTを実際に要請した国はない。しかし、抜かずの宝刀としてOMTは大きなアナウンスメント効果を発揮した。2012年末にはギリシャの財政再建策がまとまり、旧国債と交換の形で、ギリシャの2回目のデフォルトが行われた。同月にはスペインもESMを通じて銀行向けの支援を受けた。こうしたイベントが比較的スムーズに行われた背景には、事前に発表されていたOMTの存在が大きかったと思われる。OMTを契機に南欧諸国の国債市場は安定を取り戻して利回りも安定的に推移するようになった。以降、2013年にキプロス危機、2015年には3度目のギリシャ危機が発生するが、それが債務危機として他の国に波及することはなかった。

唐鎌（2017）ではこうしたOMTのアナウンスメント効果は、それ以前のSMPが様々な曖昧さの下で行われ「どこまでやる気があるのか分からない」システムであったのに比して、OMTは「緊縮姿勢さえ示してくれれば、「無制限」に国債の買い入れを行う」という姿勢が市場の信認を得た結果であると評している。

なお、このOMTもまた、Bernanke（2009）の分類では期間の長い債券の購入に該当する。

ECB の通常のオペにおける適格担保基準の緩和も「最後のマーケット・メイカー」機能か

ECB の「最後のマーケット・メイカー」機能を考察するうえで、上述の CBPP や、SMP、OMT による重債務国の国債市場の安定化と並んで、重要な手段として通常のオペにおける適格担保基準の緩和がある。

非伝統的金融政策局面で、ECB が特に通常オペである LTRO の拡張を通じて資金供給を行ってきたことはすでに述べた。通常、LTRO はあくまで適格担保の範囲内で有担保により行われるのが常である。つまり、ECB が適格担保と認定した資産を差し出さなければ、流動性は供給されない。

世界金融危機から欧州債務危機に至る過程で、ECB は LTRO の年限拡大に合わせて、この適格担保基準を再三にわたって緩和した。2008 年 10 月には適格担保として、市場性金融資産に関して最低基準を BBB マイナスまでを含めた。さらに、2008 年 11 月にはドル建ての外貨証券の一部を適格担保として認めるなどの措置も採っている。欧州債務危機後には、適格担保となる国債の格付けに関し、BBB マイナス以下であっても認めるとした。これは債務危機により格付けが引き下げられた重債務国の国債を念頭に置いた措置であることは明白であった。続いて ECB は、2011 年 12 月に、住宅ローン及び中小企業融資を裏付けとした ABS に要求される格付けの基準を AAA から A マイナスまで引き下げた。2012 年 6 月には ABS の適格基準をさらに引き下げ、住宅ローン、中小企業融資、商業用不動産、自動車ローン、リース、消費者ローンを裏付けとした ABS の基準に関して、BBB マイナスにまで緩和した。

この様な ECB の適格担保の緩和を「最後のマーケット・メイカー」機能の視点から考察すれば、SMP などによる直接的な当該国の国債の購入を伴わずに、ECB が特定の債券にある種のお墨付きを与えるという意味で、当該債券市場の安定化に少なからず寄与し、最後のマーケット・メイカーの役割も果たしているようにもみえる。

なおこの適格担保基準緩和による「最後のマーケット・メイカー」機能の発揮という手法は、Bernanke（2009）の考察には含まれてはいない。しかし特定の債券に中央銀行がお墨付きを与えるという点で、当該債権市場に対する影響は少なくないため、考慮に値する。

2.3.3 BOEによる銀行との担保交換

担保交換は「最後のマーケット・メイカー」機能といえるのか

世界金融危機を受けたBOEの危機対応として、主としてBOEと金融機関との間で、担保の交換が行われた。これは、すでに述べたように2008年4月に発動されたSLSであり、2008年10月にDWFとして恒久化された。このような担保交換の枠組みは、先に「最後の貸し手」機能として既述したが、BOEによる金融市場全体に流動性を供給する仕組みであるとともに「最後のマーケット・メイカー」としても機能した、との見方も存在する。

「最後のマーケット・メイカー」機能を重視する見方は、まずBOE側からみても、資産の交換であれば、短期金融市場の資金量の増減に影響を与えるわけではないので、短期金融市場の機能を維持でき、かつ交換で引き受ける特定市場の債券の安定的な需要者として、金融危機で不安定化していた当該個別債券市場の安定化に寄与できるという立場に立つ。つまり、BOEは金融市場の混乱を受けて流動性を失っている当該債券を、事実上イギリス国債とスワップすることで、流動性の供給と共に「最後のマーケット・メイカー」機能を発揮したという考え方だ。

一方でSLSのような担保交換の仕組みは、あくまでも「最後の貸し手」機能である、という見方も存在する。繰り返しになるが、SLSとは、2007年のサブプライム問題の表面化を受けて、金融機関が抱えていた流動性の低い資産をBOEに担保として差し入れる見返りに、BOEが流動性の高い国債を貸出す仕組みであった。これにより民間銀行は、BOEから得た国債を担保として、新たに金融市場から資金を借り入れることができた。これは結果的にはBOEから銀行に対する流動性の供給となる。特にこの仕組みの利点としては、民間銀行があくまでも資産の交換という形を採ることにより、BOEから直接的な流動性支援を受けるケースと比べて準備預金の増加を通じた財務の健全性が市場から疑われるという、スティグマ問題を回避できる点があげられる。

そこで、担保交換が「最後の貸し手」機能なのか、「最後のマーケット・メイカー」機能であるのかを考える上で、Bernanke（2009）をみると、バーナンキの認識ではそれは「最後の貸し手」機能とされている。SLSは、FRBの担保交換策であるTSLFと同種のファシリティであるが、バーナンキはTSLFをプライマリー・ディーラーに対する「最後の貸し手」機能と位置づけている。そうした認識に立てばBOEのSLSは、民間銀行に対する「最後の貸し手」機能を念頭に置いた政策であった。確かにSLSは金融市場の混乱を受けて流動性低下に陥っている当該債券を事実上イギリス国債とスワップすることで、流動性の供給と共に最後のマーケット・メイカー機能を発揮したという考え方もできなくはない。が、それはあくまでも副産物的な効果であり、第一義的には「最後の貸し手」機能に分類されると考えるのが妥当だろう。

2.3.4 日銀による「最後のマーケット・メイカー」機能

「企業支援特別オペ」、CPオペ、社債オペ

サブプライム問題とリーマン・ブラザーズの破綻に端を発した世界金融危機の際、日本の金融市場はその直撃を逃れた。その理由は諸説あるが、代表的なものとしては、日本の金融機関はそれ以前1990年代から不良債権の問題に悩まされるなかで、欧米の金融機関が投資を増やしていた証券化商品などの新たな金融商品への投資に対しては保守的だったこと、日銀が福井元総裁の下で2006年3月には予防的な利上げをしていたことなどがあげられる。つまり当時の日本の金融システムは極めて安定的に保たれており、世界金融危機に対して日銀はまず金利の調節を第一義的に行い、「最後のマーケット・メイカー」機能は発揮する必要性が相対的に低かった[53)]。

それでも日銀はこの間、まずリーマン・ブラザーズ破綻直後の2008年9月

53） なお、2008年10月には中堅生命保険会社である大和生命が破綻したが、これは世界金融危機とは無関係であり、特異な経営モデル下での旧経営陣による経営が行き詰まったことによる。例えば小藤（2010）。

18日にFRBと通貨スワップ協定を結び、日本国内のドル資金不足に対する備えを講じた[54]。さらに、日銀は2008年11月に金融システムを安定化させる目的で「企業支援特別オペ」を導入し、民間信用を担保に、0.1%の金利で3ヶ月間無制限での資金供給を行った。

そして、日銀は2008年12月にCPオペ、社債オペを導入した。このうちCPオペに関しては、総額3兆円を上限に残存期間3ヶ月以内の高格付けCP、ABCPを入札方式で買い入れる仕組みであった。また社債オペに関しては、残高1兆円を上限に残存期間1年以内の高格付け社債を入札方式で買い入れる仕組みとなっており、日銀が、信用市場における借り手と貸し手に対する資金供給という形で行った「最後のマーケット・メイカー」機能であった。

続いて日銀は2009年2月に総額1兆円を上限とする民間銀行保有株式の買い入れの再開も決めている。これは、世界金融危機の最中、株価が下落する局面で銀行保有の株価の減価が自己資本比率と貸出能力を削ぎ、それが更なる株価の下落につながるという負のスパイラルを回避しようとして行った政策であった。この政策も、信用市場における借り手と貸し手に対する資金供給という形で行われた「最後のマーケット・メイカー」機能の範疇に位置づけることは可能である。

しかしこれら日銀の「最後のマーケット・メイカー」機能に相当する政策は、その金額、年限において極めて限定的な政策であった。

2.3.5　4大中央銀行の「最後のマーケット・メイカー」機能の比較

これまで述べてきたように、「最後のマーケット・メイカー」機能は世界金融危機時に新たに中央銀行に加わった機能である。4大中央銀行の最後のマーケット・メイカー機能の相違点を整理すると、次のようになる。

第1に、信用市場における借り手と貸し手への資金供給はFRBのみが大々的に行っている。ECBは「最後のマーケット・メイカー」に相当する政策は

54)　実際のドル資金の調達先はニューヨーク連銀。

行ったが、信用市場における借り手と貸し手への資金供給という形態は採っていない。なお、日銀もCPオペ、社債オペを行ったものの、その規模は極めて限定されていた。

第2に、期間の長い債券を購入し、市場全体の安定化を図る政策は、とりわけMBSを購入したFRB、重債務国国債やカバードボンドを購入したECBにおいて顕著にみられた。

第3は、BOEは終始「最後のマーケット・メイカー」に相当する政策には無関心であった。SLSによる担保交換は、FRBのTSLFに相当する政策であり、バーナンキの3つの分類では「最後の貸し手」機能の範疇にあたる政策である。BOEにおいては信用市場における借り手と貸し手への資金供給、及び期間の長い債権の購入、双方において、「最後のマーケット・メイカー」機能の発動はみられなかった。

図表2-9　「最後のマーケット・メイカー」機能と4大中央銀行の採用状況

	FRB	ECB	BOE	日銀
信用市場における借り手と貸し手への資金供給	AMLF、CPFF、MMIFF、TALF	実績無し	実績無し	CPオペ、社債オペ、銀行保有株の買入
期間の長い債券の購入	MBSとGSEの購入、QE1	CBPP、SMP、OMT、*適格担保基準の緩和*	実績無し	実績無し

（出所）筆者作成。

第3章　中央銀行の歴史と発展

3.1　4大中央銀行の設立

3.1.1　中央銀行設立の経緯と成り立ち

前章までで、特に非伝統的金融政策における総需要調整策としてのマネタリー政策、プルーデンス政策における「最後の貸し手」機能、「最後のマーケット・メイカー」機能について4大中央銀行間にみられた相違点について整理してきた。本章では、4大中央銀行の政策における相違点について、その源泉を探る手がかりとして4大中央銀行の誕生と、その後の発展過程をみていく。

中央銀行の起源を遡ると、設立当時は中央銀行とはいえないが、法人組織としては現在の中央銀行に繋がっている例もみられる。それらも含めると、古くは17世紀から存在していた中央銀行もある。一般に中央銀行のなかでも世界で最も古い歴史を持つとされるのはスウェーデンのリクスバンク（Riksbank）で、その発祥は1668年である。しかし、このリクスバンクや、後に詳述するBOEなどは、当初は商業銀行として設立され、一定の過程を経て現代における中央銀行に発展したケースとなる。このようなことから、法人としての創立年次をその国の中央銀行の出発点とするのはミスリーディングである。

したがって、当初商業銀行として設立された機関が、何をもって「中央銀行化」したのかを踏まえた整理が望ましい。中央銀行の成り立ちを歴史的側面から研究するキャピー、グッドハートらは、Capie et al.（1994）において、中央銀行の定義を、①政府の銀行、②独占的な通貨発行、③「最後の貸し手」機能の3つを備えた機関であると整理した[55)]。この認識に立てば、1694年設立のBOEが今日的な意味合いで中央銀行としての役割を担ったのは、BOEに「最後の貸し手」機能が備わった1873年ということになる[56)]。

以下では、この視点に立って、4大中央銀行の設立とその後の経緯をみていく。

図表3-1　キャピー、グッドハートらによる中央銀行の3つの機能

①	政府の銀行
②	独占的な通貨発行
③	「最後の貸し手」機能

（出所）筆者作成。

3.1.2　金融システムの安定化のために設立されたFRB

北アメリカ銀行、第一合衆国銀行、第二合衆国銀行

FRBは1913年に、1907年に起きた金融危機に対する反省と教訓から金融システムの安定化を目的とする機関として設立された。

1913年という時期は、19世紀の半ばにはすでに多くの銀行が中央銀行として機能していたことを考えると、歴史的には遅い出発といえる。またアメリカの建国が1776年であることを考えても、遅いといえよう。

多くの国々では、金融の発展にともない、商業銀行がそれぞれに発行していた独自の通貨を一元的に管理させる「発券銀行」として、そして金融危機に対応する最後の貸し手である「銀行の銀行」として中央銀行が誕生した。

アメリカにおいてもその建国からFRB設立までの間に、中央銀行的な組織は存在した。1782～1791年に存在した北アメリカ銀行（Bank of North America）がその最初の機関とされる。フィラデルフィアに設立された北アメリカ銀

55）より一般的な文脈では②は「発券銀行」、③は「銀行の銀行」となる。

56）なおBOEに独占的な通貨発行権が付与されたのは、1844年である。

行は、当初連邦政府から通貨発行に関する独占権を与えられていた。それを引き継ぐ形で1791〜1811年に存在した第一合衆国銀行（The First bank of the United States）も連邦政府による通貨発行に対する独占権を付与されていたが、1811年にはその免許の更新に失敗し、第一合衆国銀行は失効した。さらに、1816〜1836年には第二合衆国銀行（The Second Bank of the United States）が設立されたがこれも1836年をもって延長法案が議会を通過せずに失効している。

この北アメリカ銀行と2つの合衆国銀行は連邦政府の許認可で、政府資金の調達を支援し、政府預金を受け入れる国庫業務を取り扱ったものの、民間出資による民営銀行の形態を採っていた。これらの機関は「政府の銀行」であったともいえなくもないが、「発券銀行」としては、州政府の権限が強かったこの時代、各州政府が許認可した民間銀行の発行する銀行券の流通が認められていたため、連邦政府が通貨発行の独占権を合衆国銀行に与えても、市場には州政府が許可した民間銀行発行券が流通していた。そのため、北アメリカ銀行と2つの合衆国銀行には事実上通貨発行に対する独占権はなかったに等しい。また州政府の強固な権限は、これら3行には連邦レベルでの「最後の貸し手」機能が確立されていなかったことも意味した。

アメリカにおける単一通貨の導入と金融恐慌の発生

建国の過程上、州政府の権限が強いアメリカにおいて、統一的な通貨が導入されるのは、全国通貨法が制定された1863年のことだった。この法律は銀行業務への自由な参入を認める連邦政府の一般銀行法であった。当時、南北戦争の戦費の調達のために成立したこの制度の下で、国法銀行の設立が可能となったが、その際、連邦政府が直接に銀行を設立して運営するのではなく、まず民間銀行に免許を与えてその管理を通じて通貨の安定化を図るという枠組みが構築された。それにより、銀行券の発行は各銀行が信託した国債を担保として連邦財務省が一元的に取り仕切ることとされ、国法銀行券が発行された。

国法銀行券の発行に対して、州法銀行が発行する銀行券については年率

10％の課税をすると定められた。その結果、新たな銀行券発行は州法銀行の経営を困難にさせ、事実上、州法銀行券の流通量は落ち込んだ。そして、州法銀行の相当部分は国法銀行へ転換した。ただし、高木（1987）によれば、この際に一部の銀行が国法銀行券を扱うものの形態としては州法銀行としての立場に留まったため、そのことが後にみられる「二元主義」の源泉となったとされている。

このようにして始まった国法銀行券の一元的な通貨管理は金融市場における激しい季節的・循環的な資金需要の変動にうまく対応できないという問題や、大都市銀行や投資銀行への資金の集中といった問題を引き起こし、これが周期的な金融危機の発生に繋がった。金融危機では、預金の取り付けと銀行閉鎖により、貨幣の供給が不安定化し、国法銀行券の発行制度の硬直性や州法銀行との二元主義が問題視された。このような状況の下で、1907年には金融恐慌が発生、それを機に金融システム安定化のためのより弾力的な貨幣供給が可能な中央機関の必要性の機運が高まり、これがFRBの設立へと繋がった。

FRBの設立

FRBは1913年に国法銀行券に代わって通貨発行権を独占し、金融システムの安定化のために適切かつ弾力的な貨幣（連邦準備券）の供給を目的とする中央銀行制度として設立された[57)]。その際、FRBは国庫業務も担っており、その意味では前述のキャピー、グッドハートらが中央銀行の機能として定義した、①政府の銀行、②独占的な通貨発行、③「最後の貸し手」機能をその設立当初から備えていたといえる。なかでも期待されたのは、「最後の貸し手」として金融危機における弾力的な貨幣の供給であり、今日のマンデートに照らし合わせれば、FRBとは、プルーデンス政策を司る機関として設立されたといってよいだろう。

57） なお、FRBという名称は正式にはワシントンDCに置かれた「連邦準備制度理事会」を指すので、中央銀行制度としての呼称としてはFRS（Federal Reserve System）とする方がより正確である。

FRB 設立にあたっては、その手段として連邦準備制度の加盟銀行に対する預金準備率政策、再割引率政策、そして公開市場操作を有することとされた。12 の地区連銀は加盟する民間銀行の出資をもとに組織され、民間銀行の有力者が役員として地区連銀の運営に参加した。なお、FRB への加盟は銀行の任意とされ、非加盟銀行も存在した。

金融・経済システムは、その国の独自の社会契約や制度・慣行と無関係には存在しえない。アメリカの場合には広く知られているように、州政府の権限が強く、連邦政府レベルでの制度設計には様々な苦心がみられる。FRB の設立に際しても、その在り方を巡ってウォール街の大手金融機関や東部の大企業と、それらに資金が集中することを懸念した西海岸の銀行家や起業家、さらには南部の農業経営者や中小企業者との間に激しい対立が起こった。12 地区連銀を民間で設立し、それを総括する組織としての FRB を設置するという枠組みは、現実的な妥協点、折衷案であったともいえる。なお、こうした特定の地

図表 3 - 2　FRB を構成する 12 地区連銀

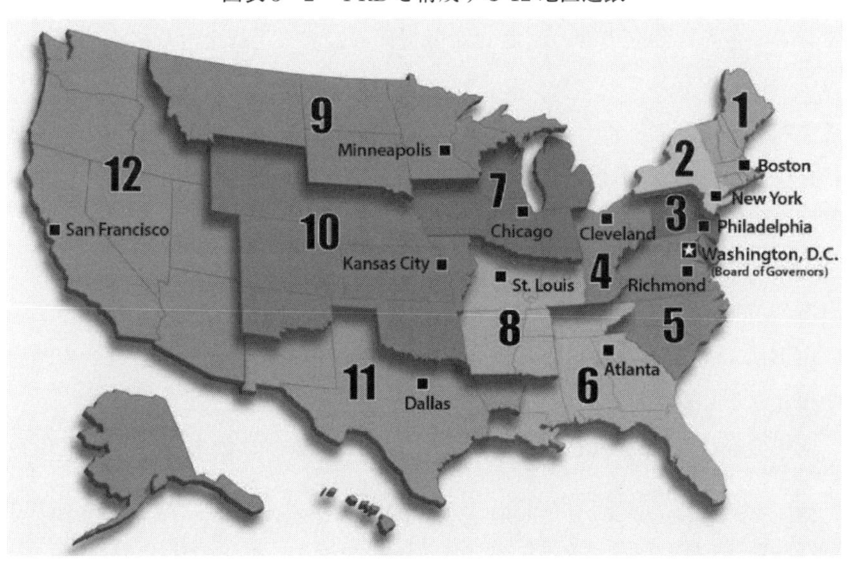

（出所）FRB 資料。

区や地域性を重視したFRBの成り立ちは、地区連銀にもFOMCへの参加と輪番制による議決権の付与、各連銀が公表するデータ等のオリジナリティにもみてとれる[58]。

3.1.3　単一通貨ユーロを担うECB

ECBの使命は物価の安定

ECBは1998年6月に設立されたそれ自体は新しい中央銀行である。ECBは単一通貨ユーロを採用する国々で構成するユーロ圏の金融政策を担う中央銀行で、欧州統合により生まれた主要機関の1つである。その目的は欧州連合の機能に関する条約（TFEU：Treaty on the Functioning of the European Union）が定めるところにより、「物価の安定（maintain price stability）」であるとされた。

ECBは単一通貨を一元的に管理するため、必然的に②独占的な通貨発行権を有している。ただし、キャピー、グッドハートらが定義する中央銀行の3つの機能のうち、①政府の銀行としての国庫業務は、加盟各国の中央銀行が行っている。さらに設立当初、ECBは金融機関の監督・規制を含むプルーデンス政策の権限を有していなかった。しかし、ECB本体としては明示的に金融システム安定化のマンデートを持たないなかで、すでにみたように各国中央銀行によるELAなどの手段が用意されており、欧州債務危機において、特に重債務国の国内銀行に対して、③「最後の貸し手」機能を発揮した。

ECB設立の起源

ECBという組織の設立経緯を知るためには、欧州の経済・通貨統合の歴史を振り返る必要がある。

欧州の経済・通貨の統合の起源をどこに見出すかは諸説ある。唐鎌（2017）

58）例えばフィラデルフィア連銀が発表する毎月の景況感指数はマーケット参加者には注目されている。また、セントルイス連銀のデータベース（FRED）は使い勝手に優れ、アカデミカルな実証研究に利用されるケースが多い。

は、欧州において欧州石炭鉄鋼共同体（ECSC：European Coal and Steel Community）設立に繋がるパリ条約が発効した1952年7月、欧州経済共同体（EEC：European Economic Community）や欧州原子力共同体（EAEC：European Atomic Energy Community）の設立に繋がるEEC設立条約であるローマ条約が発効した1958年1月を欧州の経済・通貨統合の起源として捉えている。しかし、その当時念頭にあったのは経済圏の統一であり、ローマ条約そのものに域内単一通貨という着眼点はみられない。

欧州における単一通貨の構想が初めて議題に上がったのは1962年の欧州委員会が行った提案（「the Marjolin Memorandum」）においてであった。これは、域内の関税同盟をまず先行させ、それに続いて域内での安定的な通貨価値を構築していこうとするものであった。しかし、当時のブレトン=ウッズ体制の下では、固定相場制により各国間の為替レートそのものが安定的に保たれており、単一通貨の議論はこれ以降しばらくの期間棚上げ状態となる。

その後、1960年代後半、ベトナム戦争を背景に生じた経常収支の大幅な赤字等から、アメリカによるドルの兌換の維持可能性に疑念が生まれはじめた。最終的にはニクソン・ショックやスミソニアン協定を経ることになる国際通貨制度の著しい変化は、欧州における単一通貨の構想をより現実的に考える契機となった。1960年代後半、ブレトン=ウッズ体制の維持への疑念が深まるとともに、欧州では経済統合と共に、通貨の統合も必要であるという認識が強まった。1967年7月のブリュッセル条約において、ECSC、EEC、EAECの三機関が統合される形で欧州共同体（EC）が設立された[59)]。その後、1968年7月に域内関税同盟が成立する一方、欧州委員会として単一通貨導入の計画である「European Commission's Barre Plan」が発表された。これを受けて1969年12月のハーグ首脳会議で西ドイツのブラント首相により、経済・通貨統合構想がオーソライズされ、1970年10月ルクセンブルグのウェルナー首相を座長とし

59）発足時の加盟国はフランス、西ドイツ、イタリア、ベルギー、オランダ、ルクセンブルグの6ヵ国。

た「ウェルナー報告（Werner Report）」を公表、向こう10年で、経済統合と合わせて単一通貨の導入も段階的に実現していくこととなった。

スネーク制度

具体的な動きとしては、アメリカのニクソン大統領による金兌換停止発表直後、1971年8月のEC理事会において、まずベルギー、オランダ、ルクセンブルグのベネルクス3国において、為替レートの変動を一定の範囲のバンドのなかに維持させる政策が実行に移された[60]。これをたたき台として、1972年4月、EC加盟6か国が中央銀行間協定であるバーゼル協定に合意し、当該国の為替レートの変動幅を対ドルで上下2.25%に収めるというシステムである「スネーク制度（Snake）」が実施に移された。この際、当時はドルを切り下げた上で再度固定相場制を模索したスミソニアン体制にあり、スミソニアン体制が示した対ドルレート上下4.5%という変動幅に対して、スネーク制度の2.25%という変動幅は狭かった。そのため、スネーク制度は当時「トンネルの中の蛇（snake in the tunnel）」と揶揄された。また、スネーク制度における各国為替レート間の変動幅を示す一覧表が格子（grid）にみえたことなどから、「パリティ・グリッド方式」などとも呼ばれた[61]。

その後、アメリカの経常収支の大幅な赤字はスミソニアン体制をもってしても改善されず、1973年3月に同体制は崩壊、各国為替は管理通貨制度の下で変動相場制の時代に移行する。スネーク制度の参加国も対ドルでのペッグを廃止したが、一方で域内の変動幅を収斂させるスネーク制度の仕組みそのものは維持されたため、今度は「トンネルから出たヘビ」などと呼ばれた。その後、

60）当初はEC加盟6ヵ国による構想であったが、1971年5月にドル売り・マルク買いの大規模為替投機による通貨危機が発生し、対ドル共同フロート制の導入を主張するドイツと、対ドル固定相場制維持を主張するフランスとの間で調整がつかず、ひとまずベネルクス3国のみでの実施となった。

61）その後、イギリス、アイルランド、デンマークが1972年4月、スウェーデンとノルウェーが1972年6月にスネーク制度に参加。

オイルショックによる国際金融市場の混乱のなか、世界的なインフレの進行と不況のなかで、伝統的にインフレ抑制を最優先課題とする西ドイツに対して、インフレ抑制よりも経済成長を優先させようとするフランス、イタリア、イギリスの間で対立が起こり為替レートの維持が困難となった。このため1976年までにフランス、イタリア、イギリスがスネーク制度からの脱退を余儀なくされた[62)]。この結果、最終的にスネーク制度に残ることになったのは、西ドイツ、ベルギー、オランダ、ルクセンブルグ、デンマークの5か国のみとなり、「ミニスネーク」が形成されたが、この時点で欧州全体での単一通貨を導入するという試みは大きな挫折を余儀なくされた。

EMSの設立

スネーク制度は一旦は頓挫したものの、ヨーロッパ経済が停滞する状況で、為替同盟を再建し、域内に安定的な通貨圏を形成しようという機運が1970年代後半に高まる。そのきっかけは第2次オイルショックで、通貨の価値を維持するという形でスネーク制度に留まっていた西ドイツやベネルクス3国において、通貨高が発生。その結果、輸出競争力が低下することを恐れた西ドイツはマルク売りの介入を余儀なくされた。西ドイツにおけるマルク高とインフレ、及びそれ以外のヨーロッパの各国においては不況とインフレが同時に進行する「スタグフレーション」が発生するという懸念が広まった。このことが、為替レートの調整によってヨーロッパ地域が不安定化するという懸念を高め、安定的な通貨圏構築の必要性という点において西ドイツとフランスを再び結び付け、新たな域内通貨制度を模索しようとする動きに繋がった。1978年4月のEC首脳会議において、西ドイツのシュミット首相とフランスのジスカールデスタン大統領により、イギリスを除くEC8ヵ国による欧州通貨制度（EMS：European Monetary System）が設立された。このEMSの下で、経済・通貨

62）EC非加盟国としてスネーク制度に参加していたスウェーデンとノルウェーも1978年に脱退した。

の統合を視野に欧州通貨単位（ECU : European Currency Unit）と欧州為替相場メカニズム（ERM : European Exchange Rate Mechanism）が創設され、これが20年後に導入される域内単一通貨ユーロの直接的な起点となった。ECUとは、参加国の通貨の加重平均をとった通貨バスケットによる単位である。それまでのスネーク制度がドルへの変動幅として設計されていたのに対して、ERMの運営では、ドルの代わりにECUが採用され、その変動幅は中心レートの上下2.25%の合計4.50%に収まるように設計され、それを逸脱した国に対して介入義務を課すというものである。

当初EMS加盟国間のインフレ率の変動を反映し、中心レートの再調整が度々行われたが、その頻度は1980年代になると徐々に減少していくとともに、ECU内でのマルクの存在感が高まっていった。特に1985年のプラザ合意を境にマルクのドルに対する価値が大きく上昇した局面では、ECUで相対的に価値の低い通貨を持つ国が、自動的に自国通貨買い介入を行うために、マルク売りを行わなければならなくなった。つまり事実上マルクがECUのアンカーを果たすことになり、介入は対マルクの中心レートを勘案して行われ、マルクは、さながらヨーロッパの基軸通貨の様相を呈し、その影響は単一通貨ユーロの導入まで残った[63)]。

EUの誕生、「ドロール報告」からECB設立へ

1991年12月、オランダのマーストリヒトで行われた欧州理事会において合意されていた「マーストリヒト条約」が1993年11月に発効される形でEU（European Union）が誕生した。EUの誕生と共にEMU（The Economic and Monetary Union）創設とそれに伴う単一通貨の導入が条文化された。

単一通貨の導入と、その管理に必要な中央銀行であるECBの設立に向けた動きを考えた場合、それから遡る1989年4月に承認された「ドロール報告」はその大きな指針となった。この報告では、最終的な通貨統合は3つのスケ

63) このことはECBの運営におけるドイツ連銀のプレゼンスの大きさにも繋がった。

ジュールの段階を経て完成されるものとされていた。第1段階は、1990年7月から1993年12月まで、各国の経済財政政策の協調の強化と資本移動の自由化を目指し、EC加盟全通貨に対するERMへの参加を実現するとされる時期である[64]。第2段階は、1994年1月から1998年12月まで、欧州中央銀行制度（ESCB : European System of Central Bank）の設置、その準備のために欧州通貨機構（EMI : European Monetary Institute）を創設しERMの変動幅のさらなる収斂が図られることとされる時期であった[65]。第3段階は、1999年1月以降、単一通貨を導入し、ECBが統一的な金融政策を行う時期とされた。

「ドロール報告」で示された3つのスケジュールの段階は、その後紆余曲折を経ることとなった。特に、「国際金融のトリレンマ」理論が教えるように、資本移動を自由化すれば、金融政策が各国中央銀行に独自に委ねられている場合、為替レートのボラティリティは上昇する（固定相場制は維持できない）。そして、外貨準備に限界がある限り、自国通貨の買い支えはいずれ頓挫する。こうした状況下で、1992年にはイギリスがERMからの離脱を発表し、イタリアも介入義務を放棄する事態に至った。また、金融政策を将来的にECBに移行しても、財政政策の権限は各国に残る。その場合の、財政政策の在り方を巡って議論は続いた。そして、1991年12月に「マーストリヒト条約」が合意され、通貨統合参加に対して金融政策以外に財政赤字や政府債務に関しても強い制限が課せられ、統一通貨各国に対して財政面においても条件の平準化が図られることとなった[66]。

第2段階で定められた欧州中央銀行制度の創設に関しては、ECBの前身機

---

64)　この指針に沿う形でイギリスが1990年10月に参加した。

65)　ただし、この段階では金融政策の所管は各国の中央銀行にあるとされていた。

66)　マーストリヒト条約が定めた収斂条件とは、①物価（直近1年の前年比で最低3カ国と1.5%以内の乖離)、②長期金利（直近1年の平均値が物価の低い3ヵ国からの乖離を2%以内)、③財政赤字（単年の政府財政赤字の対名目GDP比が3%以内)、④政府債務（累積債務残高の対名目GDP比が60%以内)、⑤為替相場（最低2年間の切り下げなしにERMノーマルバンドを維持)、の5つの事項に関するものである。

関であるEMIが1994年1月にフランクフルトに設立され、単一通貨導入における円滑な中央銀行機能の移行に向けて、制度面、実務面で様々な準備が進んでいった。1995年12月の欧州理事会では単一通貨の名称が「ユーロ（Euro）」と発表され、その導入に関する具体的なスケジュールも発表された。それは、①ECBの設立と、総裁などの主要な人事が発表されユーロが導入される1998年5月から1999年1月まで、②ユーロが導入され新紙幣・硬貨が流通するまでの1999年1月から2002年1月まで、③新紙幣・硬貨が流通し、各国旧通貨が法定通貨としての立場を失効する2002年1月から2002年7月までの3期間であった。このスケジュールの下で1999年1月、単一通貨ユーロが導入され、初代総裁にオランダ銀行総裁のドイセンベルグ氏を充てる人事が発表された。そして、まず1999年1月に預金通貨についてユーロが導入され、各国旧通貨との併用期間を経て、2002年1月にユーロ紙幣・硬貨が流通し、2002年3月

図表3-3　ECBを構成する国々

（出所）ECB資料。

以降、域内における唯一の法定通貨としてユーロが流通されるに至った。かくして、ECB による統一的な金融政策の運営が開始されたのである。

3.1.4　4 大中央銀行のなかでは最も古い歴史を持つ BOE

政府の資金調達機関として商業銀行として発足した BOE

BOE が設立されたのは 1694 年とされ、世界で２番目に古い中央銀行とされる。しかし設立当時の BOE は、スコットランド人の起業家、ウィリアム・パターソンを中心として開始された商業銀行、より正確には金融会社法人であり、当初の主たる業務は、王室（政府）への貸出をビジネスとする銀行であった。BOE は設立時、資本金の大部分が国庫に貸付けられていたことから、国庫金の出納から国際業務までを引き受けていた。つまり、BOE はキャピー、グッドハートらの３つの機能に関しては、①政府の銀行からスタートしている。

斎藤（2014）によれば、1688 年のイギリス「名誉革命」とそれに続く対フランス戦争により、イギリス王室の財政は窮乏を呈していた。1672〜1697 年の 25 年間に王室の負債は 225 万ポンドから 2,000 万ポンドへと急増した。1672 年にはイングランド国王であったチャールズ２世がゴールドスミス銀行に預けていた国庫を閉鎖し、国債がデフォルトしたが、ウィリアム３世とメリー２世の時代になると財政事情はさらに悪化した。スチュアート朝による政府の信用は低く、政府による多額の借り入れは困難であり、課せられる利率も非常に高かった。こうしたなか、当時ホイッグ党を支持するパターソンらを中心に、政府への資金供給機関として BOE が構想された。パターソンはシティを中心に出資を募り、120 万ポンドのシンジゲートが組まれてイギリス政府へ貸付け、その見返りとして BOE は、ロンドンのシティにおいて開業した[67)]。

---

67)　設立当時の BOE はポールトリー街のグローサーズ・ホール内に所在し、1734 年にスレッドニードル街の現在地へ移転した。

銀行券発行の独占権を獲得から潜在的な「最後の貸し手」へ

こうした政府への貸出業務からスタートしたBOEに1697年に与えられた特権が貨幣の造幣権である。政府への追加的な貸付けの見返りとしてこの年、BOEはイングランド及びウェールズにおける株式組織による銀行券発行の独占権を獲得した[68)]。さらにBOEは、1708年に株式組織の発券銀行の設立を禁止する条例の交付に成功する。当時のイギリスにおいての主流は商業銀行ではなく個人銀行であったため、それら個人銀行が発行する銀行券は依然として流通しており、この時点でBOEがイギリスで流通するすべての銀行券に対する独占権を獲得したわけではない。しかし、BOEの銀行券発行に関する対商業銀行への優越的な地位の確立は、当時銀行券発行が商業銀行の貸付資金を調達する主要な手段であったため、他の商業銀行の発展を阻害するとともに、シティでのBOEの相対的なポジションの向上に大きく寄与した。こうした事情を背景に、BOE以外の商業銀行は次第に自らの銀行券の発行業務から撤退し、顧客の預金の引き出しに対してBOE発行の銀行券を使用するようになった。その過程でBOE以外の商業銀行は、BOEに支払準備の預金勘定を開設してその預金の振替によって商業銀行相互間の決済を行うように変わっていった。そのような決済システムの変遷過程で商業銀行は支払準備を地金で自ら保有する形からBOE銀行券でも保有する形に変えていく。こうしてBOEの「銀行の銀行」としての潜在的な役割の下地が築かれていった。

ピール銀行条例

その後、1797年には対フランス戦争への懸念から、BOEに対して銀行からの兌換要求が相次ぎ、結局兌換の停止に追い込まれる。1821年には兌換が再開されたが、1825年や1836年に恐慌が相次いで発生、「通貨論争」が行われることとなった。これは物価と貨幣量にまつわる論争で、「通貨学派」と「銀

---

68) なお、スコットランドと北アイルランドはその限りではなく、今日まで独自の銀行券が流通している。

行学派」との間で議論が戦わされた。通貨学派は銀行券の過剰な発行がインフレーションを引き起こすとして、BOEの発行銀行券が金準備を超えないように規制するべきであると主張した。対する「銀行学派」は、BOEの発行銀行券が金準備を超えて過剰に発行された場合、インフレ懸念が発生すると預金者はイングランド銀行券の償還（金への交換）を行おうとするため、過剰に発行された通貨は自然にBOEに還流すると主張した。この論争は激しさを極めたが、最終的には通貨学派が勝利し、1844年に「ピール銀行条例」が成立した。これは当時の首相であったロバート・ピール首相がそれを支持したことによる[69)]。

「ピール銀行条例」はBOEを発券業務を行う発行部と商業銀行業務を行う銀行部に分けた上で、発行部による発行銀行券に関しては1,400万ポンドの政府証券引当を上限とし、それを超過した部分のイングランド銀行券に関しては金準備が要請されることとなった。また同法では、銀行による新規の銀行券の発券を禁止し、イングランド銀行券以外の既存の銀行券についても1844年4月27日以前の12週間の平均を上回ってはならないとされ、イングランド銀行券以外の銀行券への漸進的な排除政策が行われた。つまり、BOEはピール銀行条例により、通貨の量を制限する役目を果たすとともに、唯一の発券銀行として、キャピー、グッドハートらによる3つの機能のうち、②「独占的な通貨発行」を明確に付与された[70)]。

---

69)　なお「通貨学派」と「銀行学派」論争は最終的には通貨学派の勝利となったが、その後もイギリスでは1847年、1857年、1866年と循環的な恐慌が発生し、その都度「ピール銀行条例」が停止されて発行銀行券の増発が行われており、銀行券と金準備をリンクさせるという「通貨学派」の主張が、現実の事態で万能に機能したとはいい難い。

70)　春井（2013）は、第一次世界大戦の際には政府が戦費調達として自前のカレンシーノートを発行し、これがBOEにおいて額面と等価の金貨との兌換が可能になっていた点に着目し、BOEが銀行券発行の独占権を名実共に獲得したのは1928年の「カレンシーノート及びイングランド銀行法」が制定され、カレンシーノートが市中から姿を消した後であると主張する。

バジョットによる「最後の貸し手」機能の明示的な付随

BOE に関してキャピー、グッドハートらがあげた３つの機能のうち、③「最後の貸し手」機能に関しては、1873 年に出版されたウォルター・バジョットの『ロンバード街』が大きく関与した。この著作は第２章で触れたように、中央銀行の「最後の貸し手」機能に対して象徴的なメルクマールとなる「バジョット・ルール」を生み出したことで知られる。そのなかでバジョットは BOE に対して、金融危機においては支払能力に問題がない銀行であっても、取り付け騒ぎから一時的な流動性不足に陥った銀行に対しては BOE が担保を取ったうえで、より高い金利であれば資金の供給を行うべきであることへの正当性を説いた。

1847 年、1857 年、そして 1866 年にはイギリスにおいて金融危機が発生したが、その際の BOE は最後の貸し手機能を発動している。これらを分析した『ロンバード街』が出版された 1870 年代には、概ね BOE 自身にも商業銀行としての利潤最大化を放棄し、公共機関としての「最後の貸し手」機能を発揮する意識が高まっていたといわれている。ここに、①政府の銀行、②独占的な通貨発行、③「最後の貸し手」機能というキャピー、グッドハートらが指摘するところの中央銀行としての３つの機能を備えた BOE が確立したと考えてよいだろう。

3.1.5　政府として銀行券の一元的な管理が出発だった日銀

不換紙幣と日銀の必要性

日銀設立の経緯は、明治維新と新政府の樹立にその起源をみることができる。その設立目的は、キャピー、グッドハートらの３つの機能においては第一義的に、②独占的な通貨発行を行うための機関であり、また付随して、①政府の銀行として国庫業務も担った。

元々明治維新後、日本が独立国家として欧米諸国から認識されるための単一通貨として、明治新政府によって 1871 年に「新貨条例」が制定されて「円」は誕生した。また、1872 年には「国立銀行条例」により民間銀行の設立が認められたが、当初は金保有の少なさなどから国立銀行券の普及は進まなかった。そこで、明治政府は1876年に国立銀行条例を改訂し、国立銀行券の金兌換義務を解いて、民間銀行による「国立銀行」不換紙幣の発行を認めた。この際の不換紙幣の発行は、特に1877年の西南戦争の戦費調達のための発行急増を経てインフレを引き起こした。この際、当時の大蔵卿であった大隈重信と松方正義との間で論争が起こった。大隈は主に拡張的な財政政策を維持し、外債を発行して不足している金銀正貨を獲得すれば通貨価値を安定化できると主張した。これに対して松方は、維新以来の拡張的な財政運営と西南戦争による戦費拡大による不換紙幣の急増こそがインフレ発生の主な要因であり、不換紙幣の整理が唯一のインフレ対策であると考えた。

最終的に、1881年に松方が大蔵卿に就任すると、不換紙幣整理のための日銀の設立の必要性が議論され、1882年6月に「日本銀行条例」を制定、一元的な通貨管理を目的とし、②「独占的な通貨発行権」を持った機関として日銀は設立された。また設立と同時に日銀は、大蔵省金庫局から、現金の出納・保管の業務を委託され、1890年には政府が日銀内に金庫を設置し、日銀総裁を国の機関出納官吏である金庫出納役とし、政府から国庫金の出納・保管を全面的に委託され、日銀は正式に①「政府の銀行」となった。

なお、日銀に関して、キャピー、グッドハートらの3つの機能のうち、③「最後の貸し手」機能に関しては、第2章でみた1927年の昭和銀行に対する日銀特融の発動が、その最初のケースである。

3.1.6　4大中央銀行の設置の目的の違い、成り立ちを比較する

以上でみてきた4大中央銀行の歴史について、設立目的や成り立ちの違いを整理すると以下のようになる。

第1にFRBは金融恐慌への対応としての金融システムの安定（最後の貸し手）、ECBは欧州通貨統合に伴う単一通貨の安定的な運営（物価の安定）、BOEは政府への資金の貸出を目的とした商業銀行業務（政府の銀行）、日銀は不換紙幣の整理のための独占的通貨発行機関（独占的な通貨発行）、からその

歴史をスタートさせている。

第2に、各行とも次第に中央銀行の要件を備え、キャピー、グッドハートらによる3つの機能がすべて備わった段階で「中央銀行化」した。

4大中央銀行が中央銀行化したとされる年限を比較すると、第1に、FRBは、設立当初の1913年に①政府の銀行、②独占的な通貨発行、③「最後の貸し手」機能を兼ね備えていた。第2に、ECBは設立時の1998年に、②独占的な通貨発行は確立されていたが、①政府の銀行、③「最後の貸し手」機能に関しては、加盟国の中央銀行がECB設立以降も担っており、特に③に関してECBのマンデートは曖昧である。

第3に、BOEに関しては、設立年である1694年に、①政府の銀行、1844年のピール銀行条例により、②独占的な通貨発行権を、そしてバジョットによる『ロンバード街』が発行された1873年に、③「最後の貸し手」機能が備わり、漸進的な発展過程を経た。

第4に、日銀は、設立年である1882年に、①政府の銀行、②独占的な通貨発行権が与えられ、昭和金融恐慌が発生した1927年に、③「最後の貸し手」機能を備えたといえる。

図表3-4　4大中央銀行の設立から中央銀行としての機能確立年次

	設立(年)	①政府の銀行(年)	②独占的な通貨発行(年)	③「最後の貸し手」機能(年)
FRB	1913	1913	1913	1913
ECB	1998	×	1998	×
BOE	1694	1694	1844	1873
日銀	1882	1882	1882	1927

（出所）筆者作成。

3.2　マネタリー政策の登場と短期金利誘導型金融政策への収斂過程

次に上記中央銀行の成立過程で生まれてきたキャピー、グッドハートらの3

つの機能と、今日、中央銀行による金融政策のマンデートとされている、㋐金融システムの安定、㋑物価の安定の位置関係を整理しておきたい。まずキャピー、グッドハートらが提示した中央銀行の３つの機能には、物価の安定も、それを実現するための総需要調整策も含まれていない。実際、総需要調整策としてのマネタリー政策は多くの中央銀行の設立後に、新たに加わった機能であるといえる。本節では、中央銀行にマネタリー政策の機能が加わり、それが各中央銀行において世界金融危機前夜までに短期政策金利誘導型のスタイルに収斂していく過程を跡付ける。

なお現代では、国庫管理業務として、①政府の銀行、法定通貨制度を前提として、②独占的な通貨発行は、中央銀行の機能としては所与となっており、③「最後の貸し手」機能は、㋐金融システムの安定のための具体的な手段となっている。

以上のように、前節でみたキャピー、グッドハートらが示した機能と今日的な中央銀行のマンデートを考え合わせると、①政府の銀行、②独占的な通貨発行、③「最後の貸し手」機能による、㋐金融システムの安定、④総需要の調整を通じた、㋑物価の安定が、中央銀行の４つの役割であるということができる。以上を概念的に示したのが図表３-５である。

図表３-５　キャピー、グッドハートによる中央銀行の３つの機能と今日におけるマンデートの関係（概念図）

キャピー、グッドハートらによる３機	① 政府の銀行	
	② 独占的な通貨発行	
	③「最後の貸し手」機能	←プルーデンス政策
今日におけるマンデート	㋐ 金融システムの安定	
	④ 総需要の調整	←マネタリー政策
	㋑ 物価の安定	

（出所）筆者作成。

3.2.1　マネタリー政策はいつ中央銀行に備わったのか

中央銀行による総需要の調整はいつ意識され、マネタリー政策はいつ中央銀行のマンデートに加わったのだろうか。

FRBに関しては、すでに述べたように、その設立の目的が金融危機における弾力的な通貨の供給にあり、物価の安定というマンデートも、総需要調整策としてのマネタリー政策も、FRBの設立時にはみられない。田中（2014）によれば、マネタリー政策としてのFRBの役割は、後から発見されたものである。設立以来のFRBは、各地区連銀が独立採算制の下、その収入は当初銀行が地区連銀に持ち込む手形割引を主要業務としていたが、第一次世界大戦の戦後不況期に手形割引が減少したことから、新たな収入源を確保したい各地区連銀が1922年に国債の購入を増加させた。結果、この国債購入により、市中銀行に大量の準備預金が供給され、これが不況対策に役立つということがこの時点で発見された。なお、金本位制の下では、貨幣供給量は金準備に縛られるため、1922年の段階ではFRBが物価や景気を自在にコントロールすることはできなかったと考えられる。しかし機能としての総需要調整策の下地はこのころ築かれつつあったといえる。

第二次大戦中に金本位制が崩壊し、戦後、ブレトン=ウッズ体制が築かれるなかで、マネタリー政策（金融政策）への自由度が高まった。これは固定相場制が維持されるなかで、先進諸国で資本移動の規制が行われるようになったことによる。1970年代初めにはブレトン=ウッズ体制が崩壊して変動相場制に移行する一方、1980年にかけて各国で資本移動に関する為替管理が自由化されたので、金融政策の自由度が失われることはなかった（次項に詳述）。

この間、各国の中央銀行は、様々な金融政策の手法を展開するが、FRBの手法をスタンダードとして収斂していく傾向がみられた。FRB自体の政策手法が、1990年代に短期金利の誘導を中心とするスタイルに洗練されていくと、各国の中央銀行の手法もそれに倣って改革が進み、2008年の世界金融危機後に非伝統的金融政策に突入する前夜には、かなり似通った形に収斂していた。

ECBに関しては設立自体が1998年と遅いこともあり、当初から総需要をコントロールするためのマネタリー政策を行う機関として設立され、物価の安定がマンデートとして掲げられているのは当然のことである。

BOE と日銀に関しては、マネタリー政策がいつ政策目的に加わったのか、必ずしも明確ではない。イギリスにおいて物価と貨幣量に関する議論は古くから行われており、「通貨論争」を経て BOE に唯一の発券銀行として貨幣量のコントロールが名実ともに認められたピール銀行条例の制定された 1844 年を１つの起点とすることは可能ではあるものの、明示的な総需要のコントロールという視点からは今ひとつ決め手に欠ける印象はぬぐえない。日銀に関しても、実情はよく分かっておらず、マネタリー政策がいつ開始されたかの、具体的な年次を規定することは困難である。

3.2.2　トリレンマ理論とマネタリー政策

以上のように、中央銀行の制度上、明示的にマネタリー政策がいつ備わったのかを探ろうとすると、それは明確にいつとは必ずしも断言できない。しかし、国際金融の「トリレンマ理論」から、中央銀行のマネタリー政策について考察すると、全幅の形で各国中央銀行がこれを発動することができるようになったのは、先にも述べたように、第二次世界大戦以降のことといえよう。

国際金融のトリレンマ理論は、「不整合な三角形（Impossible trinity）」として知られており、①固定的な為替レート、②資本移動の自由、③自主的なマネタリー政策、このすべてを同時に達成することはできないとされるもので、ロバート・マンデルによって確立された理論体系である。

まず第１に、固定的な為替レートの下で資本移動の自由を認める場合、自主的なマネタリー政策は放棄せざるを得なくなる。固定相場を維持する場合、通貨当局は為替介入によって対外通貨価値を一定に保つ必要がある。その際、中央銀行が市場で自国の通貨を購入（売却）、他国の通貨を売却（購入）し、それによって通貨価値を一定に保つ必要があるので、自主的なマネタリー政策の実行は不可能となる。

第２に、固定的な為替レートと自主的なマネタリー政策を両立させたい場合、資本移動の自由を制限する必要がある。自主的なマネタリー政策により各国に金利差が生じる場合、資本移動の自由が認められてしまえば、自国通貨と他国通貨の交換が行われ、対外的な通貨価値の固定はできないために、資本移動の自由は認められない。

第3に、資本移動の自由と自主的なマネタリー政策を認めれば、通貨の価値は市場の需給によって変動することになるので、固定相場制の維持は不可能になる。マネタリー政策によって国内外に金利差が生じれば、自由な資本移動によって、国際間の資金の移動のために為替相場が変動する。

3.2.3 トリレンマ理論から考える、金本位制、ブレトン=ウッズ体制、変動相場制

以上のようなトリレンマ理論を現実の通貨制度に照らし合わせて考えると、中央銀行のマネタリー政策を大きく3つのフェーズから考察することが可能となる。

1つ目のフェーズは金本位制である。金本位制の下では、各国が金の量に対して自国通貨の交換レートを定めた。その場合、例えば、日本で金1グラム＝1円、アメリカで金1グラム＝2ドルであれば、為替レートは1ドル＝0.5円に固定される。この枠組みの下で、各国の中央銀行が金との交換を保証した兌換紙幣を発行し、それが市場で流通していた。つまり、資本移動の自由は認められていた。しかし、トリレンマ理論の帰結でもあるように、各国による自主的なマネタリー政策は失われていた。

2つ目のフェーズは、金為替本位制としてのブレトン=ウッズ体制である[71)]。戦後の国際経済の枠組みであるブレトン=ウッズ体制の下では、資本移

71） ただし、実際には、金本位制の崩壊から第一次世界大戦後の再建金本位制が確立されるまでの時代と、再建金本位制の崩壊後からブレトン=ウッズ体制が成立するまでに戦間期と呼ばれる時代が存在し、1932年の日本などでは金本位制の離脱（金輸出の再禁止）によって一時的にマネタリー政策の自由度が確保されていた。例えば、岩田編（2004）。

動を制限しながら、ドルと金との交換比率が1オンス＝35ドルに固定され、その上で例えば1ドル=360円というように、ドルに対する各国通貨の固定相場制が導入されていた。ただし、加盟国のファンダメンタルズの弱体化のために国際収支の赤字が解消できなくなった場合には、当該国の為替レートの調整が可能な釘付け（adjustable peg）が行われた。だが、いずれにしても資本移動が制限されることで、自主的なマネタリー政策が可能となった。

3つ目のフェーズは、ブレトン=ウッズ体制が崩壊した後に各国が採用した、変動相場制である。この局面で、主要国では、資本移動の自由化が進められ、自主的なマネタリー政策を維持しつつ、変動相場制への移行が行われた。

このように国際金融のトリレンマ理論を当てはめるなら、各国の中央銀行各々に明示的な意味でのマネタリー政策が与えられたのは、ブレトン=ウッズ体制が事実上稼働した1946年であるといえる。つまり、仕組みとして用意されたマネタリー政策が中央銀行の手で総需要のコントロールとして各国で実際に駆使されたという意味では、ブレトン=ウッズ体制成立後のマネタリー政策により注目するのが賢明である。そして、1970年代にニクソン・ショックを経て変動相場制の時代になると、トリレンマ理論による固定相場という縛りが取り払われた中央銀行に対する新たな「ルール」としてフリードマンに代表されるマネタリズムが台頭することとなった。

図表3－6　トリレンマ理論と通貨制度

	金本位制	ブレトン＝ウッズ体制	変動相場制
固定的な為替レート	○	○	×
資本移動の自由	○	×	○
自主的なマネタリー政策	×	○	○

（出所）筆者作成。

3.3　4大中央銀行のマネタリー政策の変遷

3.3.1　FRB のマネタリー政策の変遷

FRB と大恐慌

これまでみてきたように、1907年に起きた金融恐慌を教訓として FRB は設立された。「金融恐慌対策」機関としての FRB をみた場合、少なくとも設立の1913年から1929年の大恐慌発生まで、アメリカでは深刻な金融危機は発生していない。FRB 設立以前のアメリカでは、農作物の収穫期に関連して銀行における資金需要が主に秋のシーズンに高まっていた。しかし、FRB 設立により、この金融市場で起こる季節的な緊張は取り除かれていたのである。これを FRB の創設目的が成果を上げ、弾力的な通貨供給が行われていたと捉える歴史研究も多い[72)]。

1929年に起きた世界大恐慌は、その後の FRB の在り方に大きな課題を投げかけた。1929年の時点では FRB はれっきとして存在し、金融システム安定化のための種々の機能がすでに備わっていたはずであった。では、なぜ大恐慌が発生し、FRB 創設の本来の使命であった金融システムの安定化が果たされず、金融危機から大恐慌という大きな経済の落ち込みに繋がってしまったのかという疑問に行き着く。これに対する有力な見解は、マネタリストとして名高いフリードマンとシュワルツによる研究であろう。フリードマンらは有名な Freidman and Schwartz（1963）において、1928年まで緩和政策を採っていた FRB が、1929年から1933年までの間にその「最後の貸し手」機能を十分に発揮できず、必要なマネーストックが供給されなかったために金融システムが崩壊したと主張した。当時の FRB が積極的な金融緩和をしなければならない局面でマネーストックが極端に少なくなっていた点に着目し、そのために物価が下落し、生産水準が落ち込んだと結論付けた[73)]。この点に関して、中央銀行の

72)　例えば、Bernstein, Hughson and Weidenmier（2010）など。

73)　マネーストックは1929年から1933年の間に31%低下、物価も25%下落している。

「最後の貸し手」機能を重視する立場の木下（2018）は、その要因として、①FRBの流動性供給が、連邦政府の許認可であった国法銀行と、各州政府に許認可された州法銀行のうちでもFRB加盟銀行に限定されたことにより、FRB非加盟の州法銀行に流動性が十分に行き渡らなかったこと、②その当時のFRBのオペレーションは短期債務を担保に取った貸出及び再割引であり、民間銀行が長めの資金需要に対応する場合、その不足する資金をFRBから調達することが不可能であったこと、③FRBの流動性供給の対象先が預金取扱銀行に限られ、投資銀行などのノンバンクに対する直接的資金供給手段を持っていなかったこと、以上の3つをあげている[74]。

その後、ルーズベスト大統領による大規模な財政拡大政策である「ニューディール政策」や、第二次世界大戦の戦費の調達など、基本的に財政支出の資金をFRBがサポートするフェーズとなる。こうした流れのなかで雇用確保を目的として1946年に雇用法が成立し、1951年のアコードを経ることによって、FRBが財政からの独立性を確保した上で、物価安定の目標実現に向けてのマネタリー政策に本格的に着手できるようになった。これは、最終的には1978年のハンフリー=ホーキンス法の成立をもって、FRBの「物価の安定」と「雇用の最大化」という今日的な意味でのデュアル・マンデートの確立に結びついた。

2段階アプローチ

FRBの具体的な政策決定や提供している決済システムについては、後の章でみていく。以下では、デュアル・マンデートが与えられて以降、世界金融危機による非伝統的金融政策の前夜までのFRBの政策について、時系列的に振り返る。

1978年のハンフリー=ホーキンス法で条文上の「物価の安定」と「雇用の最

74）当時FRB非加盟の州法銀行は商業銀行全体の65%であった。最終的にアメリカの預金取扱金融機関すべてがFRBに準備預金を持つようになるのは、1980年の金融制度改革法の施行による。

大化」というデュアル・マンデートが与えられたFRBであったが、その当初は「物価の安定」に重点を置いた金融政策運営がなされた。そもそも唯一の基軸通貨ドルを国内でも流通させるアメリカは、いわゆる「n−1問題」における「n番目の国」であり、為替レートの水準が国際収支の動きに対して受動的にならざるを得なかった。こうしたなか、ベトナム戦争の戦費拡大などによるドルの過剰発行が、国際的なドルの不信に繋がり、ドルへの金兌換請求を通じてアメリカの金準備は減少した。

ニクソン・ショックを経て変動相場制の時代となった1970年代、FRBは「2段階アプローチ」を採用した。2段階アプローチの下で、FRBはFFレートを誘導目標に、中間目標にマネーストックを置いていたが、これには当時の経済学におけるマネタリスト・ケインジアン論争のなかでも、マネタリズムに影響されたもので、それは同時に、トリレンマ理論が教えるところの固定相場の縛りが外された金融政策に、新たな「ルール」をもたらすことともなった。その際、フリードマンなどのマネタリストは、主として物価の不安定化を貨幣的な要因に求めたのに対し、ケインジアンは資源やコモディティなどの供給ショック、名目賃金の硬直性など、非貨幣的な要因を重視した。こうしたなかでマネタリストのルールによる発想が重視され、何らかの貨幣数量を目標とした金融政策が検討された結果、FFレートを操作目標、マネーストックを中間目標とする2段階アプローチが採用された。

田中（2014）によれば、2段階アプローチとは、具体的にはFOMCの指令所のなかで「短期金融市場の状態」を表現する形でFFレートの水準を緩やかに調整し、中間目標であるマネーストックを目標水準に導こうというものであった。この際、当初は定性的な表現で示されていたFFレートとマネーストックが、1974年1月より幅をもって数値で発表されるようになった。そして1978年のハンフリー=ホーキンス法で、法律によってもマネーストックの目標値の設定が義務付けられた。

新金融調節方式

1970年代に二度のオイルショックを経て、FRBはインフレの抑制に失敗した。これは2段階アプローチの頓挫を意味した。そしてインフレの抑制こそがアメリカ経済の最大の課題として認識される時代となる[75]。1979年8月にFRB議長に就任したポール・ボルカーはより強力な、「新金融調節方式」を採用し、操作目標がFFレートから非借入準備に移行された。非借入準備とは、預金取扱金融機関が連銀に持つ準備預金と手元銀行券の和から連銀貸出を控除したものであり、FRBが技術的に確実に操作できる量的指標である。この場合、マネーストックが想定を上回って増加した場合、法定準備は増加するが、あらかじめ非借入準備を一定に設定しておけば、資金の需給をタイトにしてFFレートが上昇し、結果としてマネーストックの上昇が抑えられる仕組みとなっていた。

1979年10月から1982年10月まで、この新金融調節方式の下で、非借入準備の目標額自体は公表されなかったが、その代わりにFFレートの変動幅の許容範囲がガイドラインとして公表される形となっていた。この元で1979年10月のFOMCでは、前回のFOMCのFFレートの誘導目標水準が、11.25〜11.75%であったのに対して、11.5〜15.5%と大幅に引き上げられ、強力な金融引き締めスキームが実施に移され、高インフレには歯止めがかかった。しかし、このボルカーによる引き締め政策は、インフレの抑制という当初の目的は果たしたが、それと引き換えにアメリカ経済の減速というコストももたらした[76]。

歳入準備目標と2段階アプローチへの復帰

このようにボルカーによる引き締め政策は、インフレ率の安定化に成功したが実体経済をオーバーキルするという代償も払った。この結果を受けてFRB

75)　1980年に、アメリカのインフレ率は13.5%と戦後最高となった。

76)　もっとも、この時のインフレの抑制が後の1990年代のアメリカ経済の繁栄をもたらしたという見方も強い。

は1982年10月より新たな金融政策の枠組みを導入した。

田中（2014）によると、それは従来の操作目標をそれまでの非借入準備から借入準備に変更することにより、上記非借入準備による受動的なFFレートの上昇からのマネーストックの伸びの縮小を回避しようとするものだ。

通常、銀行は所要準備をFF市場で調達するが、調達できない場合はFRBからの借入れを行う。この枠組みの下では、FRBが仮に引き締めを行いたい場合、借入準備の目標額を引き上げ、その達成のために公開市場操作で売りオペを行って非借入準備を減少させれば、銀行を連銀借り入れに向かわせることができる。逆に、緩和の場合は非借入準備の供給を増やせばよい。

これは、資金の需給にFRBが影響を与え短期金利のコントロールを行うという意味で、事実上のFFレート・ターゲティングであった。事実、FOMCの指令書においてもFFレートのガイドラインとマネーストックの年間伸び率の目標値が示されていたが、FFレートに関しては、事実上その文言から市場参加者がその誘導水準を推測できるようになっており、田中はこの時期にはすでに2段階アプローチが再機能していたとの立場を取っている。

このスキームは、1980年代末にはインフレ率とマネーストックの安定的な相関関係が崩れてきたことにより次第に曖昧化されていくことになるが、スキーム自体は1994年2月まで続いた。

誘導型アプローチ

1994年2月のFOMCから、決定事項が直後に公表されることになった。これに合わせてFFレートの操作目標が、FOMC後に直ちにアナウンスされる慣行となった。このことは、FRBが従来FFレートをインプリシットな操作目標と位置づけていることが自明の理であった状態を、誰の目にも分かるように明示化したものだ。それと引き換えに、2段階アプローチ以降、金融政策で参照されてきたマネーストックの存在感は薄れた。当初、マネーストックの年間増加率が目標の幅から離れても、FRBは操作幅の設定自体は継続していたが、1993年2月の議会証言でグリーンスパン議長がマネーストックを重視しないと表明したことによりマネーストックの操作幅の設定は完全に形骸化した[77)]。かくして、FRBによる操作目標をFFレートに置き、中間目標を置かない「短期金利誘導型アプローチ」によるマネタリー政策が確立した。

3.3.2　新しい中央銀行であるECBによるマネタリー政策

設立当初からマネタリー政策の手法を充実させていたECB

ECBは「物価の安定」を第1の目標とし、金融政策を行う。ECBは設立当初からマネタリー政策を行うための中央銀行であり、金融システムの安定化は当初明確にはマンデートとして与えられていなかった。その分、当初から短期金利のコントロールに関してはコリドーによる上限と下限が厳密に設定されており、政策金利のコントロールという意味では4大中央銀行のなかでも極めて整備された仕組みを持った中央銀行であった。そもそもトリレンマ理論によれば、ECBが設立された1998年には、すでに各国の中央銀行にマネタリー政策の自主性が与えられて久しかった。ECBは当初からユーロ圏経済の総需要の調整のために、自主的なマネタリー政策を実施するための機関であった。

ECBの金融政策においては、ECBが金融機関に対して能動的に行う政策と、金融機関の求めに応じて受動的に行われる政策があるが、政策金利の誘導は能動的な資金供給を通じたオペ（公開市場操作）により行われ、政策金利のコントロールを通じてユーロ圏無担保翌日物平均金利（EONIA）のコントロールが行われる。具体的には①主要リファイナンシングオペレーション(MRO : Main Refinancing Operations)、②長期リファイナンシングオペレーション（LTRO : Long-Term Refinancing Operation)、③微調整オペレーション(FTO : Fine-Tuning Operation)、④構造オペレーションの4つのツールを通じて、ECBはEONIAの調整を図ることとなる。ECBの公開市場操作は、レポ付きオペであり、事前に決められた適格担保と引き換えに資金を貸出す形態

---

77)　その後、最終的にFRBは2000年7月のFOMCにおいて操作幅の設定そのものを廃止した。

を採る。そこでは通常最も短いオペであるMRO金利の目標水準が政策金利となる。

また金融機関からの要請に対してECBが受動的に行う政策として、スタンディング・ファシリティとして貸出ファシリティと預金ファシリティが常設されており、事実上前者が短期金利水準の上限、後者がその下限の役割を持っており、両金利の間にEONIAが誘導されるため、この幅がコリドーと呼ばれる。

3.3.3 BOEの政策の変遷

対外通貨価値の維持

前述のように、『ロンバード街』が発刊された1870年代に、①政府の銀行、②独占的な通貨発行、③「最後の貸し手」機能を備えたBOEはその後、19世紀後半、ロンドンのシティが世界の金融の中心地になるとその存在感は巨大なものとなった。そして、19世紀末には、国際金本位制の下で基軸通貨としてのポンドの地位も確立し、BOEは「パクス・ブリタニカ」の一端を担った。

しかし、第一次世界大戦後はイギリスが世界経済をリードする時代は終わり、アメリカが覇権を握ることとなる。1929年に大恐慌が発生した際、ヨーロッパにも金融危機がもたらされて混乱が拡大して金の流出が起こったため、イギリスは1931年9月に金本位制の停止に踏み切り、基軸通貨としてのポンドはここに役目を終えた。

ブレトン=ウッズ体制が成立し、各国で自主的なマネタリー政策が可能になった時期、BOEは1946年に国有化され、事実上財務省の一部となった。戦後のBOEの金融政策は、アメリカに対して弱体化するイギリス経済と、ウォール街に対して相対的に弱まるシティの国際金融市場での支配力の低下を背景に、ブレトン=ウッズ体制における固定相場の維持に追われることとなった。1949年と1967年にはポンドの切り下げが行われ、ニクソン・ショック、スミソニアン体制を経た変動相場制の時代まで、主に固定相場の維持のためのBOEの腐心は続いた。

1970年代に入って管理通貨制度による変動相場制の時代となると、経済学においては短期的な景気変動と長期的なインフレの基調に対して、裁量的な財政政策への傾斜を強めていたケインズ経済学が凋落し、新古典派経済学のなかでもフリードマンを代表とするマネタリズムが台頭した。結果としてそれはトリレンマ理論による固定相場の縛りが外された中央銀行に新たなルールをもたらしたが、イギリスにおいても小さな政府と新自由主義を志向するマーガレット・サッチャーが首相となり、BOEの政策も大きくマネタリズムへと傾斜した。1980年には預金の増額に無利子の追加特別資金を求める「コルセット法」が廃止され、マネーサプライ・ターゲティング重視のBOEの政策運営が明示化された。1984年にM3に加えてマネタリーベース（M0）もターゲットに追加することでそれは強化されたが、1987年にM3の目標を撤廃し、マネタリーベースが目標の時代となった。マネーサプライ・ターゲティングが放棄された背景には、BOEがマネーストックの管理に失敗したこと、及び次第にマネーストックと物価の安定的な相関関係が薄れていったことがあげられる。前者に関しては1980年から1987年のイギリスにおけるマネーストックの伸び率は10%を超えていたが、物価は二度のオイルショックを経て以降は北海油田による安定的なエネルギー供給などにより資源価格が落ち着き、高金利によるポンド相場の上昇などを通じて安定的に推移していた。そのような状況下、1990年にイギリスは欧州為替相場メカニズム（ERM）への参加を表明、再び金融政策の主眼が為替レートの維持へとシフトする。

ERM参加に対するサッチャーの懐疑的な姿勢はよく知られているが、欧州通貨統合の流れのなかで、「ドロール報告」など半ば外圧によってイギリスもERMへの参加を迫られ、サッチャー政権としてもこれに応じた形となった。このことはBOEの政策の大きな転換を意味した。それまでのマネーストック重視の姿勢は放棄され、「為替レートを重視した総合判断による金融政策」が実行に移され、事実上ポンド相場の対外的維持が再びマンデートとなった。しかし、トリレンマ理論が教えるように、資本の移動の自由を前提とすれば、自主的なマネタリー政策と為替レート目標とは両立し得ない。外貨準備に限りがある中、自国通貨の防衛はいずれ限界に達する。これを先取したジョージ・ソロスは、ポンドの価値が過大に評価されているとして、激しいポンド売りを仕掛けた。1992年9月にはポンド相場はERMが許容している上下2.25%を超えて激しく下落した。BOEは当初、これに対応すべくポンド買い介入を行ったものの、介入資金はやがて枯渇、イギリスはERMからの撤退を余儀なくされた。

インフレ・ターゲット

ERMからの撤退は、BOEに新たな政策枠組みをもたらした。1992年10月のインフレ・ターゲットの採用である。インフレ・ターゲットは当時、マネーストックを目標とした政策に変わり、1987年のニュージーランドを皮切りに採用された新たな金融政策の運営方法で、自国通貨の減価や物価の上昇に対応する有効な手段として広まりつつあった。インフレ・ターゲットは事実上、後に本書で扱う4大中央銀行すべてにおいて導入されたといってよいが、そのうちBOEの採用が一番早期であった。

BOEが採用したインフレ・ターゲットの下では、CPIの前年比を1～4%以内に収めることを目標とし、これが達成できない場合にはBOE総裁が財務大臣に対してその理由、対応策、達成できる見込みまでの期間を公開文書の形で提出しなければならない。

すなわちBOEのマネタリー政策は、ブレトン=ウッズ体制が崩壊し、固定相場という縛りが外れて以降、マネーサプライ・ターゲティングという新たな「ルール」の導入、ERM参加という実質的な固定相場への復帰、さらにはインフレ・ターゲットによる再「ルール」化というフェーズを経た。

ブレア政権によるBOE改革

1997年、久々に政権の座についた労働党のトニー・ブレア首相は、BOEの改革に着手する。この時、金融政策の決定権限が財務省から完全に切り離され、BOEに新設されたMPCに委ねられた。これは金融機関の監督・規制権限を政府やFSAに分け渡すバーターとして実現したことであったが、少なくともBOEはマネタリー政策に関する「独立性」を得た。なお中央銀行の独立性という場合、それは「目的の独立性」か「手段の独立性」か、という観点から議論されることが多いが、この時BOEが得た独立性は後者であった。目的であるインフレ率は、ブレア改革の下で政府側がBOEに提示するという枠組みが採られた。その際、RPI（Retail Price Index）年比を1～4％というインフレ・ターゲットが、中心を2.25％とした上下1％というターゲットゾーンへ変更された。

こうしたインフレ・ターゲットの枠組みの下でのBOEの独立性獲得は、1990年代以降、イギリスにおける物価の安定に大きく寄与した。そのことは世界的なインフレ・ターゲット採用の機運を高め、多くの国々でインフレ・ターゲットが採用されることにも繋がった。

ところで、2006年の6月の「金融調節方式の変更」以前、そもそもBOEには準備預金制度そのものが存在しなかった。その代わりに以前のBOEには、対象債務の一部をBOEに無利息で預け入れる制度であるCRD（Cash Ratio Deposit）という制度が存在し、これが事実上のBOEの活動資金の捻出に使われていた。そしてこれとは別建てで、CRD参加の決済銀行（clearing bank）には決済のために必要となる資金の残高をBOEに積む必要があった。この元で、決済銀行がBOEに保有する資金の規模は、法定準備という概念が存在しないなか、決済銀行自身の予測する決済の必要額に依存していた。ここでBOEは短期資金市場の需給に影響を与えることはせず、もっぱら預金ファシリティ金利であるバンク・レートを通じて政策金利に影響を及ぼしていた。翁（1993）ではこうした状況を、事実上の同時積み制度として、銀行が日々「積み最終日」に置かれているモデルとして説明している。

準備預金制度の導入

2006年6月の「金融調節方式の変更」においてBOEは事実上、完全後積み方式による準備預金制度を導入した。これは、それまでの方式では、決済資金の需要が金利非弾力的であること、仕組みが複雑すぎること、事実上決済銀行に毎営業日ごとに積み最終日が到来し、金利のボラティリティが高まることなどの問題があったことによる[78]。こうした問題を解決し、少なくとも短期金利についてはBOEがしっかりとコントロールできるような制度設計として、準備預金制度が導入されたのだ。

2006年6月から採用されたBOEの準備預金制度は、決済銀行と準備預金制度の対象銀行が、BOEに口座を持ち、MPC終了日から次回MPC開始日までの必要準備金額を事前にBOEに報告し、事実上、最終日にピンポイントでその必要準備額を達成した場合に付利がなされるという方式だ[79]。この枠組みの特徴は、金融機関の任意でその必要準備額が決定されること、そしてその額を不足しても、さらに重要なことに超過しても、付利金利がもらえないという事実上のペナルティが課せられることにあった。つまり、BOEに超過準備をコントロールしようとする思惑は、少なくとも2006年6月の制度改正時には想定されていなかったといえる。ただしこの状況は間もなく、サブプライム問題に端を発した世界金融危機における非伝統的金融政策を巡る局面で大きく変更を余儀なくされる。いずれにしても、この2006年6月準備預金制度の導入をもってBOEにおいても短期金利誘導型アプローチの枠組みが整った。

3.3.4　日銀公定歩合操作からコール・レート操作まで

金本位制を巡る政策レジーム

前述のように、1881年に松方正義が大蔵卿に就任すると、不換紙幣整理のための日銀の設立の必要性が議論され、1882年6月、日銀は設立された。松方は、政府発行紙幣の全廃と兌換紙幣である日銀券の発行に着手した。これにより財政規律は保たれて国際社会での日本の地位向上に多いに貢献したが、景気をオーバーキルすることによってデフレが発生、「松方デフレ」と呼ばれる

78)　詳しくはBank of England（2004）を参照されたい。

79)　正確には1,000万ポンド刻みのターゲットレンジ。

ことになる。

国際的な金本位制の時代になると、日本もその参加に向けて着手し、1897年、金本位制が導入された[80)]。しかし第一次世界大戦が発生すると欧米諸国は金兌換を停止した。そして日本も1917年9月に金本位制からの離脱を宣言した。第一次世界大戦が終結すると、1919年にはアメリカが金を解禁し、各国も旧平価でこれに追随したが、関東大震災による未曽有の混乱や1927年に発生した昭和金融恐慌のため、日本の金本位制復帰は大きく遅れた。その後、1929年に金本位制への復帰を大々的に掲げた浜口雄幸内閣が誕生し、井上準之助大蔵大臣の下、1930年1月に日本は旧平価での金本位制復帰を果たした。岩田編（2004）によれば、この際に行われた過大なレートでの金本位制への復帰は、日本に深刻なデフレをもたらしたとされる。大量の金が海外に流出した結果、緊縮的な金融政策によって景気が悪化して、日本の経済が大きなダメージを受けたのだった。

1931年、大蔵大臣に就任した高橋是清は、1932年1月に金本位制離脱を決定、日銀券の兌換の停止と日銀による国債引き受けを軸とした拡張的な財政金融政策、「高橋財政」を展開した[81)]。この一連の政策過程は後年、前述の岩田を代表とする日本の経済学者の研究対象となり、高橋の政策は「レジーム・チェンジ」として称賛されている[82)]。

その後、第二次世界大戦の足音が迫るなか、日銀の姿も変化していく。1941年3月、日中戦争の戦費を賄うため、銀行券の発行が金の準備量に制約を受けない「兌換銀行券条例臨時特例法」が施行され、日銀券の発行上限を事実上大

80）　この際、日清戦争勝利で獲得した賠償金をポンドで受け取り、それを元手に金が購入された。

81）　ただし、実際には、高橋財政下では当初、一旦日銀に引き受けられた国債は、その後85％以上が民間に売却されていた。

82）　正確には「レジーム・チェンジ」に先行して起きた、「インフレ期待」の形成を通じて企業や家計の行動に働きかけることによりデフレが克服されたケーススタディとして、1990年代後半からの日本のデフレ深刻化の時期に、岩田を代表とするリフレ派がこれを高く評価した。

蔵大臣が決定することとなった。1942年には日本銀行法が制定され、「日本銀行ハ国家経済総力ノ適切ナル発揮ヲ図ル為…」からなる条文で、その立場は完全に国家の戦費を賄うものになった。この旧日銀法は、戦後も1997年の改正（新日銀法施行）まで施行されていた。この際に、日銀は資本金を1億円とし、そのうち過半以上の55％の5,500万円を政府出資、残りの4,500万円を民間からの出資とした。この政府の出資比率は今日まで受け継がれている。また、政府が日銀総裁を解任できる条項もこの時に盛り込まれた。

戦後復興と日銀貸出

1945年8月のポツダム宣言受諾により敗戦した日本は、激しいインフレに見舞われた。ブレトン=ウッズ体制の下で、自主的なマネタリー政策が中央銀行に可能となる時期、1946年2月、インフレを抑えこむことを目的として、「新円切り替え」が行われた。現金保有を制限させるために預金を封鎖し、従来の銀行券（旧円）を強制的に銀行へ預金させる一方、旧円の市場流通を差し止め、一世帯の1ヶ月の引き出し額を500円以内に制限し、生活費に限って新銀行券による払い出しを認めるなどの措置が行われた。さらに1949年2月にはジョゼフ・ドッジが来日し、均衡財政による財政の健全化と、固定相場（1ドル=360円）の導入を軸とした、緊縮政策「ドッジ・ライン」が実施され、激しいインフレには終止符が打たれた。

1949年6月には日銀に政策委員会が設置され、組織上も大蔵省から分離され、公定歩合政策の大蔵大臣許認可制が廃止された。以降日銀は、貸付先によって一定の標準額を設定し、それを超過する部分については公定歩合よりも高い利率に基づいて貸出を行う、高率適用制度を実施した。この制度の下で行われた裁量的な日銀貸出は、成長資金の供給という形でその後の高度経済成長の源泉となった。

戦後、順調にキャッチアップを果たしてきた日本経済に昭和40年不況が襲う。大手企業の破綻が相次ぎ、株価も下落した。折からの信用不安を受けて、無担保無制限の「日銀特融」が山一證券等に対して行われた。

1971年8月、ニクソン・ショックによってドルに対する金の兌換が停止されると、固定相場制は停止され、円の切り上げが不可避となったが、その国内経済への影響を最小限に食い止めるため、1971年12月と1972年6月に日銀は公定歩合の引き下げを行った。

その後、1973年10月には第4次中東戦争が勃発、OPECのカルテルによる石油価格の大幅な引き上げにより、国内の物価も急騰、日本の消費者物価指数は1974年には23%上昇し、狂乱物価と共に第1次オイル・ショックが発生した。この事態に対応するため日銀は1973年半ばから1974年半ばにかけて公定歩合を4.25%から9.00%に引き上げて、緊縮的な金融政策を実施した。これにより国内は総需要不足となり、コストプッシュによる物価の上昇と不況が同時に発生する「スタグフレーション」が発生した[83)]。その後1975年以降、物価の落ち着きをみながら、日銀は徐々に緩和的な政策へと転じていくこととなる[84)]。

プラザ合意

1985年9月、国際収支の赤字、財政赤字という「双子の赤字」問題に悩まされたアメリカは先進5か国（G5）会合を開き、国際マクロ政策協調を模索した。その結果、行き過ぎたドル高の是正のための協調介入と、日本と西ドイツの内需拡大が約束されたのがプラザ合意である[85)]。この合意を受けて、当初日本では急速な円高が進行した。円高の是正と国際公約ともいえる内需拡大のため、日銀は1986年からルーブル合意の成立した1987年にかけて5回にわたり公定歩合を5％から2.5%にまで引き下げ、さらにその水準を2年以上に

83)　なお、不況の発生は1975年以降に日本国債が大量に発行される契機となり、やがてそれはシンジケート団が引き受けきれないほどの規模となった。1977年には発行後1年以上経過した日本国債は市中売却が許可され、これが国債の流通市場の形成へと繋がった。

84)　1979年には第2次オイル・ショックが発生したが、第1次オイルショックでの学習効果、省エネルギー政策の浸透、企業の合理化効果などによって、日本ではその影響は比較的軽微なものに抑えられた。

わたり据え置いた。この政策に、拡張的な財政政策や都心の国際金融市場としての価値の上昇期待なども重なり、バブルが発生した。

1989年になって日銀の金融政策は引き締めに転じたが、バブル崩壊の影響が実体経済に及び始めた1991年6月、日銀は再び金融緩和に転じた。1991年7月には公定歩合が2年ぶりに引き下げられて5.5%となり、1995年にかけて9回の利下げが行われて政策金利は0.5%まで低下した。

戦後の日銀によるマネタリー政策の手法

戦後の日銀のマネタリー政策は、1947年に臨時金利調整法で預金金利が規制されるなかで、公定歩合に預金金利、貸出金利が連動して動く金利体系の下で、公定歩合が変更されると、他の金利も連動して変更される仕組みになっていた。このため公定歩合は金融政策の基本的なスタンスを示す代表的な政策金利であり、公定歩合の上げ下げによって金融引き締めと金融緩和が行われた。

また、当時は金融政策スタンスを示す副次的な金利として位置づけられていたコール・レートは、日銀貸出の量の増減によって日銀貸出を減らせば（増やせば）コール・レートが上昇（下落）する仕組みとなっていた。

さらに、窓口規制により、銀行の貸出の総額は規制されていた。窓口規制の下では、日銀が銀行の貸出を景気動向など状況に応じて適正な規模に抑制するために銀行に対して貸出枠を指示し、それを守らせるように指導を行っていた。この窓口規制が公定歩合操作による金利のコントロールを補完する手段として大きな意味を持っていた。

---

85) このプラザ合意の際にアメリカ側の政策提言を理論面でサポートしたのが、当時レーガン政権で大統領経済諮問委員会の委員を務めていたポール・クルーグマンである（Krugman（1985）を参照）。なお、クルーグマンは後にみるように、1990年代に日銀に対するリフレ政策の提言を行い、再び日本経済に大きく関与することとなる。

コール・レートのコントロールへ

日銀の金融政策は、1990年代前半までは、その資金供給方法を主に「日銀貸出」によって行っていた。日銀貸出は、①特定の金融機関に、②公定歩合で、③有担保で資金を貸出すという点に特徴があり、貸出先金融機関は日銀が裁量によって決めていた。その際、公定歩合の水準が金融政策の基本的なスタンスを示す代表的な政策金利となっていた。

1962年「新金融調節方式」による手形オペレーションが導入されて以来オペ方式によるマネタリーベースの供給の方法が活用され、1988年に「短期金融市場運営の見直し」が行われて以降、オープン市場を対象としたTBオペ(FBオペ)、CDオペ、国債現先オペ、CPオペ、レポオペ（債券貸借オペ）などが順次導入された。これらの短期金融市場が徐々に整備された後、1994年に金利の自由化が完了すると、1995年に公定歩合とコール・レートの水準が逆転した。政策金利は公定歩合からコール・レートへ変更され、公定歩合は貸出ファシリティ創設（ロンバート型貸出）の役割を担うことになり、「基準貸付利率」へと名称が変更された。

以降、日銀の金利誘導は公開市場で、買いオペ、売りオペを通じたマネタリーベースの供給で短期金融市場の資金の需給に影響を与え、政策金利であるコール・レートを誘導水準に導く方式となった。かくして、日銀においても短期政策金利誘導型のマネタリー政策の枠組みがここに整った。

3.3.5　4大中央銀行における短期金利誘導型金融政策への収斂過程

以上のように、誕生以来の4大中央銀行の総需要調整策としてのマネタリー政策は、それぞれに変遷してきたが、整理すると以下のようになる。

第1に、総需要調整策としてのマネタリー政策そのものは、ECBを除いて、中央銀行の設立時に必ずしも第一義的に与えられていた役割とはいえない。なお、そもそも国際金融のトリレンマ理論によれば、金本位制の下では中央銀行によるマネタリー政策は自主的に運営できない。

第2に、それがブレトン=ウッズ体制が始まった1946年に、固定相場制の下で資本の自由な移動が制限され、中央銀行による自主的なマネタリー政策が可能となった。ただ、固定相場を維持するための外貨準備を確保するため、国際収支の経常赤字が増えると金融引き締めが必要になるという形で、国際収支が金融政策発動のメルクマールとして機能した。

第3に、ニクソン・ショック、スミソニアン体制を経て変動相場制の時代になると、固定相場制に変わる新たな「ルール」としてフリードマンによるマネタリズムが台頭し、FRBやBOEにおいてマネーストックを目標、または中間目標に据える政策が導入された。その意味では1992年のBOEによるインフレ・ターゲットの導入も、ERMへの参加が頓挫し、変動相場制となったBOEが選択した管理通貨制度における1つのルールであると捉えることができる。

第4に、その後、1990年代以降、FRBを先頭に、4大中央銀行における世界金融危機の直前までのマネタリー政策における政策金利の調節方法は、短期金利誘導型という共通の方法に収斂していった。すなわち、公開市場操作の買いオペ、売りオペによる金融調節によって短期金融市場の資金需要に影響を与え、銀行間貸借の翌日物金利などの短期政策金利を誘導し、市場の裁定によってより長めの短期金利や中長期金利の水準に影響を及ぼすスタイルだ。場合によっては、スタンディング・ファシリティの設定によって上限・下限を画することで、政策金利の乱高下を抑制するように設計されている。この政策手法は「非伝統的金融政策」に対して「伝統的金融政策」と表現される場合がある。しかしすでに述べたように伝統的（historical）にはマネタリー政策は様々な変遷を遂げた。よって、短期金利誘導型の金融政策を「通常の（conventional）」のマネタリー政策と呼称する論者もいる。いずれにしても世界金融危機前夜のこの時期までに4大中央銀行のすべてが、短期金利誘導型という同一の方式を用いていたといってよい。

第4章　4大中央銀行の現在における制度的側面

非伝統的金融政策と金融システム安定化における4大中央銀行の政策の相違点を考察するため、4大中央銀行の、現在における金融政策に関する制度的な側面を比較することにする。

その際、イ）総需要調整策としての金融政策を決定する委員会制度、ロ）政策金利を中心とする短期金利誘導型金融政策の仕組み、ハ）民間銀行と中央銀行の関係を顕現し、金融システム安定化策との関係が密接である決済制度を順次比較検討することとする。

4.1　金融政策の決定方法

4.1.1　FRBの連邦公開市場委員会（FOMC）

FRBの金融政策は、連邦公開市場委員会FOMCによって決定される。そのメンバーとして、連邦準備制度理事会の議長1名、副議長2名を含む理事7名と、ニューヨーク連銀総裁1名、残り4名は、11地区連銀の総裁が毎年輪番で務め、計12名の採決により決定される[86)]。FRB議長が唯一の議案提案者たる委員長になり、ニューヨーク連銀総裁が副委員長となる。この際、政府からの出席は認められない。

連邦準備制度理事会の理事の任期は14年とし、FOMCの委員長となるFRB議長と副議長はそのなかから選出され、大統領の指名により上院銀行委

86）　輪番制により非番である7地区連銀の総裁も、投票権は有さないがFOMCそのものには参加する。

員会の承認を経て任命される。議長と副議長の任期は4年とされ、再任は可能である。また、各地区連銀総裁は任期5年で、再任は可能である。FOMCは年8回、2日間での開催となる。また、緊急の際は臨時の会合や電話会議なども行われる。

FOMCの決定事項は、ニューヨーク連銀の公開市場操作担当支配人に指令書（directive）という形式で伝えられる。午後2時過ぎにはその結果が公表文（Policy Statement）として発表される。議事要旨は3週間後、議事録（Minutes）の公表は5年後である。この公表スタイルは1994年2月に開始され、当初変更事項があったFOMCの場合のみに公表が行われていたが、2000年以降、変更がない場合でも毎回のFOMCにおいて公表されることとなった。また現在では、3、6、9、12月のFOMCにおいて、参加メンバーによる政策金利見通しが公表され、FOMCが予想するFFレートの水準が、ドット・チャートという形で公表され、市場関係者を中心に多くの関心を集めている。

議長の記者会見は、毎回のFOMCでその終了後に行われる。記者会見そのものはバーナンキ議長の時代に始められたことであり、当初2011年には年4回であったものが2019年から毎回のFOMCで記者会見が行われることとなった。これは議長の記者会見付きのFOMCと記者会見がないFOMCに関して、市場による無用の憶測を呼ぶことを防ぐためであった。

FOMCの参照資料としては、地区連銀スタッフが作成する通称「ベージュブック」があり、12地区連銀が管轄下の地域の金融・経済情報を分析し、FOMCに提出する。これは当該FOMCが開催される2週前の水曜日に出席メンバーに添付され、それと同時に公表される。このベージュブックの公表がFOMCの判断材料となることから、FOMCの決定の予測などに役立つ。こうしたFRBの情報発信は、時を経て多岐に及ぶようになってきている。特に世界金融危機以降、市場とのコミュニケーション戦略はFOMCの重要な議題ともなっており、今後もそのスタイルの深化が予想される。なお、金融政策の決定を委員会制度による多数の同意で決定するという意味で、FOMCは1933年に現在の体制を整えている。今や標準的ともいえるこの委員会制度による多数決方式は、他の中央銀行では1990年代後半に定着したもので、FOMCは先駆的であった[87]。

4.1.2　ECBの政策理事会

ECBの金融政策は、政策理事会によって決定される。これは、ECBの正副総裁2名と、4名の理事計6名（役員会委員）と、ユーロ圏19ヵ国の中央銀行総裁による輪番制で行われる。任期は、総裁を含む役員会委員は8年までで再任は不可能、各国の中央銀行総裁は任期5年で再任は可能となっている。なお政策理事会には、EUから閣僚理事会議長と欧州委員会委員長がオブザーバーとして投票権はないものの会議には参加する。そして前者に限って議案提出権のみが与えられている。各国の中央銀行総裁による輪番制については、名目GDPと金融機関の保有する総資産を加重平均で計算し、19ヵ国をドイツ、フランス、スペイン、イタリア、オランダの5大国グループと、それ以外の14か国にグループ分けし、前者は開催5回につき4回という輪番制、後者については開催14回につき11回という輪番制を敷いている。なおこの輪番制は、2015年、19番目の加盟国としてリトアニアのユーロに参加した際に導入されたが、それまでは輪番制は敷いておらず、加盟18か国すべての中央銀行総裁に各回の政策理事会で投票権が与えられており、6＋18という計24名での投票となっていた。これは、加盟国が16ヵ国から18ヵ国までの間は、5大国グループにおいて投票頻度が80%（4/5）に固定される一方で、加盟が16ヵ国では100%（11/11）、17ヵ国では91.6%（11/12）、18ヵ国では84.6%（11/13）と、それ以外の国のグループが5大国グループの投票頻度を上回るために、輪番制が見送られてきたことによる。しかし、19ヵ国の加盟となった時点で、5大国以外のグループの投票頻度78.6%（11/14）が5大国グループの投票頻度80%を下回ったために輪番制が開始された[88]。また同時に輪番制の

87）現在は4大中央銀行以外でも委員会制度による多数決方式を敷いていない国は、先進国においては唯一のニュージーランド準備銀行で、その金融政策の決定は準備銀行総裁の1人の単独の判断によって決められる。

開始は、ECB構想から設立、業務開始に至る間に大きな影響を与えてきたドイツ連銀の総裁に投票権が与えられない政策理事会が5回の内1回は行われることを意味した[89)]。

2015年からECBはそれまでの月1回年間12回行われていた政策理事会の開催から6週間ごとに年間8回にその開催回数を減らした。この際にドラギ総裁からは政策理事会の開催回数の減少に関して、ECBの物価見通しは短期ではなく中長期をみており月1回の開催では期間が短すぎるとの説明がなされた。なお、唐鎌（2017）は開催頻度の減少と議事要旨の公表がセットで検討されてきたとして、開催頻度の減少により不必要に市場と付き合う回数を減らしたいという思惑と、頻度と開催時期をFRBのFOMCに合わせることにより、FRBが緩和的な姿勢を示しても直後の政策理事会でECBが臨機応変に対応できるという意図があったとしている。

議事要旨の公表は現在4週間後に行われているが、2014年まで政策理事会の議事要旨は非公表であった。2015年1月開催の政策理事会からECBが議事要旨の公表に踏み切った背景には、市場が勝手に期待して勝手に失望する回数を減らし、情報の透明度を上げるためとされる[90)]。

ただし議事要旨の内容に関して、他の中央銀行にみられるような具体的なメンバーの氏名や投票記録までは公開されていない。また、議事録については30年後の公表と、大きく遅れての公表となる。このことは、投票権を有するメンバーが、それぞれの出身国の利害に忖度することなく投票できるようにという、国際機関でもあるECBの政策理事会運営への環境整備の一環といえる

88）ただし、輪番制により投票権を持たない非番の中央銀行総裁も政策理事会には毎回全員が参加する。

89）しかし、常時投票権を有するECBの役員会委員6名のうち、ECB発足から現在まで少なくとも1人以上のドイツ人がその職に就いており、完全な意味でのドイツ抜きでの政策理事会はまだ行われていない。

90）なお議事要旨が公開される1回目の政策理事会が奇しくも欧州版QEであるPSPPの採用が決定された回（2015年1月）と結果的に重なったため、その公開はより注目を集めることとなった。

だろう。

また政策理事会の参照資料としては、ECB スタッフが作成する「スタッフ経済予測」があり、これが 4 半期に一度公表される。スタッフ経済予測はユーロ圏における経済状況を、物価、実物経済、その他マクロ変数によって分析するものである。年 4 回の内、2 回は ECB 専属スタッフのみにより、2 回は ECB 専属スタッフと各国の中央銀行スタッフの共同により作成される。これが政策理事会前に、参加メンバーに添付され、それと同時に公表される。このスタッフ経済予測は、政策理事会の決定に対しては中立的に作成されるが、事実上は政策理事会の大きな判断材料となるため、マーケットでは注目されている。

4.1.3　BOE の金融政策委員会（MPC）

BOE の金融政策は、金融政策委員会 MPC によって決定される。1997 年までの BOE の金融政策の決定は財務省が行っていたが、ブレア労働党政権下における「BOE 法の枠組みの指針」により 1998 年に MPC が財務省から独立して新設された。MPC は、BOE 総裁 1 名、副総裁 2 名、金融政策担当理事 1 名、金融調節担当理事 1 名の内部委員 5 名と、財務大臣に任命された外部委員 4 名の計 9 名による投票によって決定される。総裁を含めた内部委員の任期は最低 5 年をベースに設定された期間となり、再任は可能である。また外部委員の任期は 3 年で、再選は可能である。

MPC は通常水曜日と木曜日の 2 日間にわたって開催され、開催は当初月 1 回であったが、2016 年 10 月から FRB の FOMC や ECB の政策理事会と歩調を合わせる形で 6 週間に 1 回の年間 8 回の開催となった。

MPC の決定事項の公表は、最終日である木曜日に議事要旨として公表される。また、2015 年 8 月の MPC より終了後に総裁による記者会見が行われることとなった。

「インフレ・レポート」は、BOE が 4 半期毎（2 月、5 月、8 月、11 月）に発表する BOE スタッフによるインフレ報告書である。インフレ・レポートでは、GDPやインフレ、賃金、金利などの見通しがファンチャートとして示され、その内容はマーケットの関心を集めている。とりわけ、インフレ・レポートが公表される回のMPCの最終日に当たる木曜日は「スーパー・サーズデー」などと称される。

発足間もないMPCの委員会制度の特徴の1つは完全多数決制にあった。完全多数決においては、特に重要な総裁票も、平等な1票としてカウントされる。つまり総裁が少数派に回り、意見が否決されるケースがみられ、特にキング総裁時代、総裁票が5回連続で否決に回ったケースもあった。しかし、後任のカーニー総裁の下でのMPCでは総裁票は常に可決されており、カーニー総裁によるMPC進行におけるリーダーシップの強化がみてとれた。また、MPCには財務省から代表者が参加し、投票権を持たないオブザーバーとして会議に参加する。また、外部委員4名に関しては、学者等が兼務している場合があり、後にみる日銀の審議委員に対する身分の縛りはみられない。

インフレ・ターゲットを巡っては、その目標から上方に1%以上乖離した場合、その原因、対応策、目標が達成できる見込みまでの期間を公開文書の形で財務大臣に提出することが決められている。この制度により、2007年4月には、インフレ率が目標である2%を超えて3.1%に達したため、規定に従いキング総裁は当時のブラウン財務大臣宛に公開書簡を送っている。

4.1.4　日銀の金融政策決定会合

日銀の金融政策は、金融政策決定会合によって決定される。これは1998年施行の新日銀法により日銀が得た独立性であるとされ、それまで政策決定が正副総裁と理事らで構成される役員会（通称:マル卓）で行われ、政策委員会はそれを追認するのが一般的であり、「スリーピングボード」と揶揄されてきたが、新日銀法により金融政策決定会合の決定機能がはっきりとした形でオーソライズされた格好だ。

金融政策決定会合のメンバーは、日銀総裁1名、副総裁2名、審議委員6名の計9名で、国会の同意人事を経て内閣が任命、任期は共に5年で再任は可能である。その際、すべてのメンバーは日銀の常勤となり、学者等との兼務は認められない。なお、金融政策決定会合には9名の委員会メンバーのほかに政府の代表として財務省から財務大臣かその代理、内閣府から経済行政政策担当大臣かその代理が参加する。この政府からの代表2名は、投票権は持たないが、議案提出権と議決延期請求権を持っており、2000年8月にはこれを行使している。

金融政策決定会合は通常2日間の日程で開催される。開催頻度は、2015年までは4月と10月は2回、その他の月は1回と年14回の開催であったが、2016年以降は年8回の開催となり、FRBのFOMCとその開催の頻度を合わせた格好になった。

金融政策決定会合終了後、日銀は直ちに、当該会合における決定内容を各委員の実名入りで賛否を公表し、ホームページでリリース、当日には総裁の記者会見が行われる。議事要旨は、次回の決定会合で承認のうえ、その3営業日以内に公表される。議事録は、各会合から10年を経過した後に公表される。

FRBのベージュブックに相当する金融政策の判断材料となる重要資料に、日銀の各支店スタッフによる通称「さくらレポート」がある。さくらレポートは日銀が4半期ごとに開く支店長会議に向けて、日銀の支店の地域経済担当部署が、日頃のヒアリング等を通じて収集している地域の金融・経済情勢に関する報告書である。その際、3ヶ月前と比べた地域ごとの景気情勢の変化が分かることから、支店長会議当日に公表され、金融政策決定会合においても金融政策の判断材料として活用されている。

4.1.5　4大中央銀行の金融政策決定の比較

以上でみてきたように4大中央銀行における金融政策の決定方法を整理すると以下のようになる。

第1に、委員会制度そのものは現在4大中央銀行すべてに共通の政策決定システムである。しかし、導入時期に関してはFRBが大きくフロントランナーであり、設立から歴史が浅いECBは無論のこと、BOEや日銀においても、独

図表4－1　4大中央銀行の金融政策決定の仕組み

	FRB	ECB	BOE	日銀
会合の名称	FOMC	政策理事会	MPC	金融政策決定会合
メンバー構成	総裁 副総裁(2) 審議委員(4) ニューヨーク連銀総裁(1) 各地区連銀総裁(4(輪番制))	総裁 副総裁(1) 理事(4) 各国中央銀行総裁(15(輪番制))	総裁 副総裁(2) 理事(2) 外部委員(4)	総裁 副総裁(2) 審議委員(6)
委員会制度の導入	1933年	1998年	1998年	1998年
開催回数	年8回	年8回	年8回	年8回
議事要旨の公表	3週間後	4週間後	当日	次回会合の3営業日以内
議事録の公表	5年後	30年後	8年後	10年後
重要スタッフ報告書	ベージュブック	スタッフ経済予測	インフレ・レポート	さくらレポート
政府からの参加者	(政府はFOMCに参加不可)	・出席権(閣僚理事会議長及び欧州委員会委員長) ・議案提出権(閣僚理事会議長)	・出席権(財務省代表)	・出席権(財務省と内閣府からそれぞれ代表者) ・議案提出権と議決延期請求権(財務省と内閣府からそれぞれ代表者)

（出所）河村（2015a）p90、p91より筆者加筆作成。

立した政策決定機関としての委員会制度が導入されたのは1990年代末のことだった。

第2に、開催頻度や日時についてはその他の3中央銀行が事実上FRBに歩調を合わせるような形で、近年は年8回の開催がスタンダードとなっている。

第3に、議事要旨はFRBが3週間後、ECBが4週間後、BOEが即日、日銀が次回の金融政策決定会合の3営業日以内の公表となっている。議事録の公表は、FRBは5年後、ECBは30年後、BOEは8年後、日銀は10年後の公表となっている。総裁記者会見は現在4大中央銀行すべてで行われる。

第4に、金融政策の判断材料として用いられるスタッフによる報告書として、FRBはベージュブック、ECBはスタッフ経済予測、BOEはインフレ・レポート、日銀はさくらレポートが作成され、いずれも公表されてマーケット関係者などにも注目されている。

第5に、政府からの参加メンバーに関して、FRBのFOMCには政府からの出席は認められていない。ECBの政策理事会にはEUから閣僚理事会議長及び欧州委員会委員長が参加し、前者のみに議案提出権がある。BOEのMPCに関しては、政府側から大臣やその代理がオブザーバーとして会議に参加するがいかなる権限も与えられていない。日銀の金融政策決定会合に出席する政府の代表者には、議案提出権と議決延期請求権が与えられていて、実際に行使したこともある。

4.2　4大中央銀行における短期金利誘導型金融政策の仕組み

4.2.1　FRBのFFレート誘導型金融政策の仕組み

公開市場操作とFFレート

FRBの金融政策は、インターバンク、つまり銀行間貸借市場における、FFレート（the Federal Funds Rate）の目標の誘導を通じて行われる。FOMCでFFレートの誘導目標の変更が行われれば、ニューヨーク連銀が新たな目標水準を達成すべく、公開市場操作を通じて資金の需給の調節を行う。もともとFFレートは最も短い金利なので、これに変更が加われば、中長期金利やイールドカーブの形状の変化、住宅ローン金利や為替レート、株価などのチャネルを通じて実体経済に影響を及ぼす。

FF レートの形成過程に関して、やや詳しくみていくと、それは銀行間のFRB 準備預金に対する需給関係によって決められる。すでに述べたが、1980年の銀行法の施行以後、アメリカではすべての預金取扱金融機関がFRB に準備預金口座を持っている。この元で、法定準備が課されると、個別の銀行には最低これだけは保有しなくてはならないという「法定準備需要」が生まれる。この際に、各行が自らの準備預金を多すぎると判断した場合、それを他の銀行に貸出、足りなければ借り入れるという行動をとる。その最も短く無担保の市場がFF 市場であり、それに適応する金利がFF レートである。

FRB の公開市場操作は、FRB が米国債を売買し、保有する証券の量が変化することに合わせて同額の準備預金が変化することによって行われる。ややテクニカルにいえば、FRB が銀行から米国債を購入すると、FRB のバランスシートの資産側で米国債の保有が増加し、負債サイドで準備預金が同額分増加する。これを個別の銀行の側からみると、資産サイドでFRB 購入分の米国債が準備預金に置き換わることになる。このような動きを金融政策の目的で行うのが公開市場操作であり、条件付きオペとアウトライトオペを通じて行われる。

なおFRB の政策金利であるFF レートに対しては、連銀貸出に適用される金利である公定歩合がその上限として設けられている。これは、仮にFF レートが公定歩合に対して上方に振れた場合、金融機関が短期金融市場ではなくFRB から借り入れる方が有利であるために、コリドーの上限として機能するものだ。ただし、政策金利の下限に関しては、FRB は長きにわたりその設定を行っていなかった。FRB が、付利金利制度の開始によって事実上のFF レートの下限を設けたのは、世界金融危機発生後の2008 年10 月のことであった。

公開市場操作はプライマリー・ディーラーが対象

このような短期金融市場における基本的なメカニズムは後にみる日本のコール市場と日銀によるコール・レートの操作とも基本的には共通しているが、FRBならではの特徴もある。それは、公開市場操作の実行部隊がニューヨーク連銀1行に限られていることと、そのオペの対象がプライマリー・ディーラーという非常に狭い範囲の金融機関に限られていることである[91)]。この点は、アメリカにおける国債市場の形成が主にニューヨーク（ウォール街）の店頭市場取引を背景に形成されてきたという歴史と密接に関係する。

伊豆（2016）によれば、公衆の注文を証券取引所に集中させるオークション型に対して、ディーラーが売り買いの気配を判断して顧客に提示した金額を自己勘定で取引約定を行う店頭市場においては、規模の経済によって一部の大手ディーラーに取引が集約されていく傾向がある。このようななかでアメリカの国債市場は、中小ディーラーが淘汰され、金額ベースでも件数ベースでも、ニューヨークの大手投資銀行にその取引が集中した。この結果、利便性や安全性、コストパフォーマンスなどの面で、FRBの公開市場操作も、少数のプライマリー・ディーラーに対して、ニューヨーク所在のニューヨーク連銀による公開市場操作が選択されたのであった。このことは、換言すれば、元々FRBによる公開市場操作はマクロ的な資金の需給を満たすものであると同時に、国債市場のマーケット・メイカーに対する流動性の供給という側面も持ち合わせることになる。店頭において巨額の国債発行を消化し、機関投資家の売買を円滑に進めるには、小規模ディーラーが多数に存在するよりも、限られた大手ディーラーによるマーケット・メイクが効率的になるが、FRBのオペはその

91）対照的なオペの枠組みとして日銀の全支店による「全店オペ」があげられる。また、日本でも2004年から、日本型「プライマリー・ディーラー制度」として「国債市場特別参加制度」が導入された。しかし、これは財務省による国債の発行市場への参加の条件に縛りを課すための制度で、日銀のオペとは直接関係はない。名称のみをみて日米のプライマリー・ディーラー制度を同一視するのはミスリーディングである。

ファイナンスを支える役割も担っていたのである。

なお、先にも述べたようにFRBはプライマリー・ディーラー以外の銀行に対しても、貸付けを行うことができる。いわゆる連銀貸出であり、その適用金利が「公定歩合」となる。しかし、日本における高度経済成長期の日銀貸出とは異なり、FRBが意図的に公定歩合操作を行っていた形跡はみられない。FRBは公定歩合をFFレートよりも低く設定していた時期もあったが、その利用は厳格に管理しており、これを利用する銀行には公然と健全性に欠けるという烙印（stigma）が押されるため、銀行は連銀貸出を避けていた。これがスティグマ問題であり、先に触れたように世界金融危機においてさえ、流動性の不足した金融機関が連銀貸出を拒むという事態を招くに至る。

また、FRBのオペレーションの元では、金融緩和そのものが、プライマリー・ディーラーが保有する国債の上限額に限定されてしまう。このこともすでにみたような、世界金融危機の局面でPDCFなどのファシリティを創設する原因となった。

4.2.2 ECBによる短期金利誘導型金融政策の仕組み

MRO金利によるEONIAの誘導

ECBの通常時における金融政策は、公開市場操作として、有担保貸付であるMRO（主要リファイナシングオペレーション）により、そこで示された金利水準を経由してユーロ圏無担保翌日物平均金利であるEONIA（Euro Over Night Index Average）が誘導され、金融政策のスタンスとなってきた。MROに関しては、取引頻度週1回、満期1週間のオペであり、実行部隊は各国の中央銀行となる。

MROによるオペには、固定金利方式で行われるものと変動金利方式で行われるものの2種類がある。このうち、固定金利方式の場合は、ECBの政策理事会で決定された金利水準に対して、まず金融機関が希望金額を入札する。それを供給される流動性総額について入札者に流動性の比例配分が行われる。他方、変動金利方式の場合は、金融機関が希望金額と共に希望金利を入札し、最も高い金利での入札から予定額を満たすまでが順次落札される仕組みである。

ECBはMROに関して、ユーロが導入された1999年1月から2000年6月まで、それを固定金利方式で実施し、2000年6月から世界金融危機を受けて導入された2008年9月の「固定金利金額無制限」方式までの期間には変動金利方式で行われていた。唐鎌（2017）が詳しく説明するところではあるが、ユーロ導入当初、特に金利上昇局面で、市場での金利水準が上昇している場合でもMRO金利が低く抑えられている場合に、ECBへの過剰入札が多発していた。つまり、金融機関からみれば、市場の資金の需給から成り立つEONIAよりも割安でECBから資金を調達できていた。こうした事態の常態化を避けるため、2000年6月以降のMROは変動金利方式となった。

しかし変動金利方式は逆に金利低下局面では入札の札割れという事態を招く。つまり、市場の資金の需給から成り立つEONIAがMRO金利よりも低い場合、金融機関はECBから資金を調達する必要はなくなる。こうしたことから、2004年以降、MROは積み期間に対してそれまで1ヶ月としていたものを、政策理事会終了後初のMRO決済日から次の政策理事会終了後初のMRO決済日の前日まで、またその満期も2週間から1週間に短縮された。これによりECBは政策金利をよりコントロール可能な枠組みとした。

1週間の資金供給オペであるMROに加え、ECBは長期資金供給であるLTRO（長期リファイナシングオペレーション）も実施する。LTROは、月1回行われていた、3ヶ月物を対象とした有担保貸付である。これは政策理事会で総供給額が事前に示され、変動金利方式の形で提供されるが、その金利水準はMROが示す金利水準と整合的な形となっていた。

当初からコリドーを設けて政策金利に上限と下限を設定

このようにECBにおける金融政策は、公開市場操作としてのMROとLTROが軸となっている。その他の手段としてECBは、スタンディング・ファシリティとして、貸出ファシリティと預金ファシリティの2つの枠組みを持っている。これは、他に手段がない場合に限って適格担保基準の下で金融機関がECBから直接資金の貸借を受けるというものである。このようなスタンディング・ファシリティは、金融機関にとっては不利な金利水準になっており、平時においてこれを利用しようとするインセンティブはない。ただし、これらは、貸出ファシリティが上限、預金ファシリティが下限として、政策金利の変動幅を抑制する機能を持っている。やや繰り返しになるが、それがコリドーといわれるもので、ECBにおいては、本来最も重要な政策金利であるMRO金利とユーロ圏無担保翌日物平均金利であるEONIAが、このコリドーのなかに収まる形で政策運営がなされてきた。この際、特にECBが当初から政策金利の下限を設けていたことは、先駆的な仕組みであった。

なお、その後、世界金融危機を巡って導入された固定金利金額無制限方式でのMRO及びLTROの採用以降、EONIAが常にMRO金利を下回り、政策金利の下限である預金ファシリティ金利との連動性を強めた。そのため、以降は預金ファシリティ金利の方がECBにとってより重要な政策スタンスを示す金利となった[92]。

ECBのオペ対象機関

先に、FRBに関してその公開市場操作の対象先が、少数のプライマリー・ディーラーに限られていると述べた。対するECBのオペ対象先機関に関しては、より幅広い機関が参加できるような枠組みが構築されている。ユーロ圏の金融機関がECBのオペに参加するためには、オペの遂行能力と財務上の信用力を元にした「適格水準」がECBによりユーロ圏全域にわたる統一基準として設けられており、これを満たしたユーロ圏の金融機関がECBのオペに参加できる。

河村（2015a）が解説するように、その「適格水準」とは、①ユーロシステムの準備預金制度の対象先であること、②EUもしくはEEA（European Eco-

92）実際に、2014年9月に行われたマイナス金利政策は、預金ファシリティに対する付利水準をマイナスにすることで実行された。

nomic Area）内で統一された監督・規制機関に、少なくとも 1 ヵ国でその監督・規制に服していること、③ ECB もしくは自国の中央銀行がオペ遂行のために定めている基準を満たすこと、の 3 つから構成されている。そしてこの基準を満たした金融機関であれば、ECB において平等・公平に扱われることとなっている。つまり一旦適格水準を満たした金融機関であれば、ECB のオペの実行段階において、規模や所在国により選別をされることはない。

4.2.3　BOE による短期金利誘導型金融政策の仕組み

OMO とバンク・レート

BOE の公開市場操作は、短期の資金供給オペとして短期オペ（Short-term Repo OMO）と、期間 1 年までの長期オペ（Long-term Repo OMO）によって行われる。この両者はともにレポ取引で、資金供給オペにおいて受け入れる適格担保は、イギリス国債やヨーロッパ諸国の国債などの金融資産が対象となっている。特に、Short-term Repo OMO は、マクロ的な資金過不足に対する主たる調整手段として、毎週 1 回、期間 1 週間で実施される。この際に BOE が対象金融機関に対してあらかじめ金利を定め、応札者は金額のみを応札する固定金利入札方式によって行われる。この際に MPC によって決定される金利がバンク・レートであるとされる。すなわちバンク・レートとは、準備預金に対する付利金利である。つまり BOE は準備預金への付利金利が資金供給オペとして短期オペの適応金利と整合的になるように操作している。その意味で BOE の枠組みでは預金ファシリティ金利が事実上の政策金利であり、コリドーの下限を BOE が直接コントロールしているという点に大きな特徴がある。

ところで、2006 年の 6 月の「金融調節方式の変更」以前、そもそも BOE には預金準備制度そのものが存在しなかったことはすでに述べた。法定準備という概念が存在しないなか、資金の必要額は事前に決済銀行が予測する決済の金額に依存し、それに対する BOE の与信姿勢によってバンク・レートが決定されていた。つまり BOE はそれまで、短期金融市場の資金の需給に影響を与えるという形での金利の誘導は行ってこなかった。そうしたなか、2006年の準備預金制度の導入は、短期金利については積み期間における資金の需給を調節するという手段を通じてBOEがしっかりと金利のコントロールをするための制度設計であった。その際、決済銀行がその必要量を事前にBOEに申告し、それに対するピンポイントの準備預金を積み期間最終日に積む点など、枠組み自体はそれ以前のものを踏襲した部分もあった。しかし、この方式も、すでに述べたノーザンロック銀行への取り付け騒ぎを契機として見直されている。

BOEのオペ対象機関

なお、BOEのオペの実行部隊はBOE本体であり、オペ参加対象金融機関には準備預金制度の対象となる決済銀行と共に、それ以外にBOEがOMOカウンターパーティーとして認可した預金取扱金融機関や証券会社、ブローカー・ディーラーも含まれる。

BOEのオペ対象先機関は長らくCRD対象機関である決済銀行に限定されてきたが、1997年のブレア政権によるBOE改革時、その対象に、証券会社をはじめとした、より多くの金融機関を含むこととなった。図表4-2が示すように、BOEにおける種々の対象機関の設定の特徴は、後にみるCHAPSによる決済システムを利用する決済銀行、準備預金制度において対象となった準備預金制度対象機関、BOEに当座預金口座を持ち預金ファシリティの利用対象となる預金取扱金融機関、そしてOMOによるオペのカウンターパーティーとなる金融機関など設定範囲にかなりの違いが存在する点にある。特に、準備預金制度に参加しているにもかかわらずOMOカウンターパーティーの対象から外れている金融機関が、逆にOMOカウンターパーティー対象機関であるにも関わらず準備預金制度には参加していない金融機関がそれぞれ存在する。これは、先にみたオペ参加の条件としてすべてのオペ対象先が準備預金制度に参加していることを条件としているECBの制度との大きな違いである。またBOEの決済システムであるCHAPSを利用する決済銀行以外に対してもOMOカウンターパーティーが解放されている点は、後にみるすべてのオペ対象先が日銀ネット利用機関でならなければならないという日銀との制度の違いである。

図表4-2　BOEの対象金融機関（概念図）

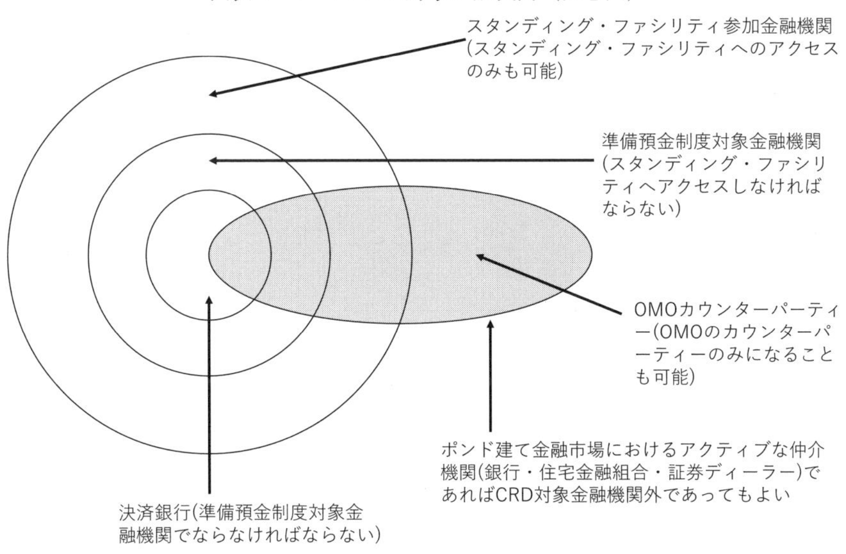

（出所）斎藤（2014）p70。

4.2.4　日銀によるコール・レート操作の仕組み

買いオペ、売りオペ

日銀の公開市場操作は、買いオペ、売りオペによって短期金融市場の資金の需給に影響を与え、その政策金利であるコール・レートを誘導水準に導くというものだ。買いオペは、市中銀行が保有している資産を日銀が購入し、市中銀行に資金を供給する。売りオペは日銀が保有する資産を市中銀行に売却し、資金を市中銀行から回収する。こうした操作により、金融市場における資金の需要と供給のバランスを変化させ、金利水準を上下にコントロールすることができる。その際、市場で形成される無担保翌日物コール市場に適応される金利がコール・レートとなる。

コリドーに関して日銀は、2001年3月より補完貸付制度を設け、事実上コール・レートが一定以上は上昇しないためのコリドーの上限を設けたが、下限は長らく設けていなかった。しかし、2008月10月には超過準備に対する付利制度を導入し、コリドーの下限が設けられた。

オペ参加金融機関

日銀のオペ対象機関は預金取扱金融機関、金融商品取引業者、証券会社、短資会社を含む金融機関のうち、日銀本店の当座預金取引先であること、当座勘定取引について日銀ネットを利用していることが前提となる。さらに、国債振替決済制度の参加者であること、また国債資金同時受渡関係事務について日銀ネットを利用していることも条件となる。それらを満たした金融機関のなかで、日銀が自己資本の状況及び考査等から得られた情報に照らし、信用力が十分であると認めた機関が日銀オペの対象機関として選定される。

4.2.5　4大中央銀行における短期金利誘導型金融政策の仕組みの比較

以上、世界金融危機直前に行われていた短期金利誘導型の金融政策をみてみると、以下の点に整理できる。

第1に、すでに述べたように、世界金融危機直前の4大中央銀行の金融政策は、短期金利誘導型に収斂されていたが、誘導する短期金利とは、より具体的には、FRBはFFレート、ECBはMRO金利、BOEはバンク・レート、日銀はコール・レートであった。

第2に、ECBは設立当初、すなわち非伝統的金融政策を行う以前から、すでにコリドーによる政策金利の下限と上限を設定していた。それに対して、当初はコリドーの上限しか設定していなかったFRBと日銀がコリドーの下限を設定したのは、世界金融危機を受けて非伝統的金融政策が遂行された後のことであった。

第3に、BOEのバンク・レートは、事実上の準備預金に対する付利金利となっており、中央銀行の政策金利が当初からコリドーの下限を直接コントロールしていた点に特徴がある。

第4に、オペレーションの対象機関は、FRBにおいてはプライマリー・ディーラー、ECBにおいては適格基準を満たしたユーロ圏内の金融機関、BOEにおいてはBOEがOMOカウンターパーティーとして認定した非決済銀行を含む民間金融機関、日銀においては日銀ネット利用機関のうち日銀が信用力を満たしたと認める金融機関がその対象となっている。

図表4-3　4大中央銀行の短期金利誘導型金融政策の仕組み

	FRB	ECB	BOE	日銀
政策金利	FFレート	MRO金利	バンク・レート	コール・レート
公開市場操作	短期オペ 長期オペ	MRO	Short-term OMOs Long-term OMOs	買いオペ 売りオペ
オペの実施機関	ニューヨーク 連銀	各国中央銀行	BOE	日銀
オペの対象機関	プライマリー ・ディーラー	「適格水準」 金融機関	OMO カウン ターパーティー	日銀ネット利用 の国内金融機関

（出所）筆者作成。

4.3　4大中央銀行が提供する決済システム

4.3.1　FRBのFed Wire

上記のように、金融政策に関する概要を眺めると、4大中央銀行間でも、その細部においては違いがみられる。そこで次に、4大中央銀行が提供している決済システムについてその特徴をみていく。

アメリカでは、すべての預金取扱金融機関がその管轄地域の地区連銀に当座預金口座を持っている。FRBが提供する銀行間資金決済システムであるFed Wire（Federal Reserve's Wire Transfer System）により各銀行は各地区連銀に開設している当座勘定間の振替によってフェデラルファンド取引や国債取引に関わる決済が行われる。アメリカでは1980年の「金融制度改革法（DI

DMCA）」によりすべての預金取扱金融機関に連銀への口座開設が義務付けられ、それまでは無料でFRB加盟銀行に対して提供されていた決済システムを、有料で非加盟を含むすべての金融機関に開放することで、Fed Wireの利用が普及した。すべての決済は現在、即時グロス決済（RTGS : Real-Time Gross Settlement）で行われる。このFed Wireにより、FRBの金融政策オペレーションが行われているため、金融調節にとってもFed Wireは欠かせない。

しかし、アメリカにはFRBが提供する決済システムはFed Wireと競合する民間の決済システムとしてCHIPS（Clearing House Interbank Payments System）がある。中央銀行が提供する決済システムと競合するシステムが民間にも存在する理由として、伊豆（2016）はアメリカ固有の「コルレス決済」の慣行をあげている。元々、州制度と連邦制度という「二元主義」を背景としたアメリカ銀行間の資金決済は、地方の中小銀行が州都にある中堅銀行に、中堅銀行がニューヨークの大銀行に、ニューヨークの大銀行がFRBに口座を持ち、各段階でそれぞれに振替を行うというツリー上の決済システム体系に特徴がある。すなわちアメリカではFRBの当座預金口座の振替を伴わずに、民間のみで完結する決済が多数存在し、これに共存する形で民間レベルでの資金決済システムが現在も提供されているために、FRBが提供するFed Wireも独占的な決済システムとはなっていない。

4.3.2　ECBのTARGET

ユーロ圏においては、すべての預金取扱金融機関がその所在国の中央銀行に当座預金口座を持っている。中央銀行間の決済や民間銀行間の国境を越えたユーロ域内決済のために、ECBは各国中央銀行に対して即時グロス決済システムであるTARGET（Trans-European Automated Real time Gross Settlement Express transfer System）を提供し、その管理・運営を行っている。このECBによるTARGETの構築によってユーロ圏の決済は事実上、相互間の為替取引契約を伴わない銀行間における国境を越えた取引であっても、それまでの国内決済と同等の手続きで可能となった。TARGET参加の金融機関は、流動性が不足する場合、ECBから有担保貸出（MRO及びLTRO）を受けることができ、これがECBの金融政策の主なツールとなっている。

ECB設立以前に各国が持っていた時点ネット決済システムを即時グロス決済システムに変更する意味合いもあり、TARGETは単一通貨ユーロの導入と同時に稼働したが、当初は分散型システムとなっていた。それに対して共同プラットフォーム（SSP : Single Shared Platform）が構築され、各国の中央銀行が持っていた即時グロス決済システムをSSPに移行させる形で現在の第2世代であるTARGET2が2008年5月から稼働した。

このTARGET2に関しては、特に2010年以降の欧州債務危機に対応する局面で、健全国のTARGET2債権が増加し、重債務国のTARGET2債務が増加するという現象が顕著となった。平時には例えば、A国の輸出企業からB国の輸入企業への輸出代金の支払いに関して、B国の中央銀行が持つTARGET2からA国の中央銀行が持つTARGET2に送金された資金が、B国の国債への再投資という形でB国の中央銀行のTAGET2に再還流する。ところが、欧州債務危機によって金融市場が不安定化する場合にはこのような資金の再投資を通じた還流が起きず、結果的に資金が特定国のTRAGET2にそのまま残留することとなり、債権債務残高に不均衡が生じた。これは多国間の国際決済サービスであるTARGET2ならではの問題である。

木下（2018）によれば、TARGET2の債権債務に関する不均衡問題は、すでにみた各国中央銀行によるELAによっても生じるとされている。図表4－4は木下が示した概念図であるが、例えばここでA国をギリシャ、B国をドイツに見立てるとする。まず、ギリシャ国債の価格下落によりギリシャ国内銀行が流動性不足に陥って、ドイツ国内銀行に輸入資金等を送金できない場合、ギリシャ中央銀行がギリシャ国内銀行の破綻を防ぐためにELAを行う。この場合、ギリシャ国内銀行は破綻を免れるが、ELA相当分のTARGET2債務がギリシャ中央銀行の負債側に発生する。そしてギリシャ国内銀行のドイツ国内銀行への送金額（ギリシャ中央銀行によるELA相当額）分の、TARGET2債権がドイツ連銀の資産側に発生することとなる。

図表 4 - 4　ELA による TARGET2 残高の不均衡発生（概念図）

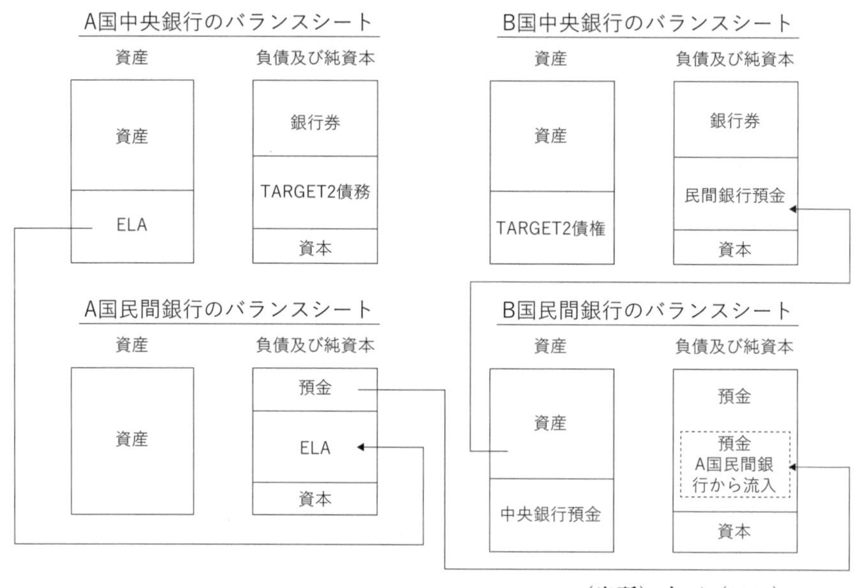

（出所）木下（2018）p361。

4.3.3　BOE の CHAPS

BOE の提供する決済システムにおいては、まず 16 の決済銀行（clearing bank）が BOE に持つ当座預金口座の振替を行う CHAPS（The Clearing House Automated Payment System）という即時グロスの決済システムが稼働している。その下で、決済銀行とそれ以外の銀行が契約を結んで間接的にシステムに参加している二重構造の形態が採られている。その際、CHAPS にみられる大きな特徴は、これに参加する決済銀行の数が 16 機関に限られているという点にある [93]。

93）現在、CHAPS に参加しているのは 16 の決済銀行に加え、BOE に運営費捻出のための凍結勘定（CRD）を有している 6 銀行の計 22 行となっている。

なお、イギリスではバークレイズ銀行が中心となって設立した民間小口決済システム、Faster Payments も稼働している。ただし決済額には上限があり、銀行同士の大規模決済には利用できないため BOE の金融政策に与える影響は無視できるものであり、CHAPS とは競合しない。

4.3.4　日銀の日銀ネット

日銀が提供している、「全国銀行金融ネットワークシステム（日銀ネット）」は、金融機関同士が行う資金の決済や国債の取引等による代金の決済を、すべての金融機関が日銀に持つ当座預金口座の振替で行う即時グロス決済システムである。日銀と金融機関は日銀電算センターの回線で接続され（全国銀行データ通信システム（全銀システム））、手形交換制度、国債費取引の決済と合わせて、国債の入札にも日銀ネットが使われる。

なお、BOE の CHAPS が二重構造になっているのと比べて、日銀の日銀ネットは一層構造であり、また FRB の Fed Wire と比べても、民間に競合する決済サービスは存在しない。そのため日銀ネットは日本の決済システム上、独占的なシステムとなっている。

4.3.5　４大中央銀行決済サービスの比較

４大中央銀行が提供する決済システムとその特徴を整理すると以下のようになる。

第１に、そのすべては、即時グロス決済で行われる。即時グロス決済においては、時点ネット決済とは異なり、特定の金融機関の不払いがどの金融機関への支払いの失敗であるかが個別に特定できる。そのため、その他の金融機関の決済を直ちに停止させることはない。これはシステミック・リスクの視点から優れている。

第２に、二元主義という固有の事情を抱えるアメリカでは、民間銀行間で完結する決済が多くあり、形式上は FRB に当座預金口座を保持していても、Fed Wire を利用した決済数はそれほど多くはない。

第3に、ECBのTARGET2は国境を越えた決済をあたかも国内金融機関の決済に等しくできるように運営されている点と、欧州債務危機における債権債務残高の不均衡問題の発生という特徴的な事情を抱えている。

第4に、BOEのCHAPSはそれに参加する決済銀行と、決済銀行と契約する民間銀行という二重構造からなっている。中央銀行が提供する決済システムの利用が限られた決済機関に限定される点に大きな特徴がある。

第5に、日銀の日銀ネットはすべての銀行に対して一層構造の独占的なシステムである点に特徴があり、すべての銀行がこれに参加し、すべての銀行間の決済は日銀当座預金口座の振替を通じて行われる。

図表4-5　4大中央銀行提供の決済システム

	FRB	ECB	BOE	日銀
決済システム	FedWire	TARGET	CHAPS	日銀ネット
決済方法	即時グロス決済	即時グロス決済	即時グロス決済	即時グロス決済
参加金融機関数	1987	555	22	555

（出所）久保田（2019）p89より筆者加筆作成。

第5章　4大中央銀行が置かれた各国、各地域固有の金融・経済環境、及びそれとの関わり方

第3章、第4章において、非伝統的金融政策においてみられたマネタリー政策の相違点や、「最後の貸し手」機能及び「最後のマーケット・メイカー」機能においてみられた4大中央銀行の政策の相違点の源泉を探るべく、中央銀行の歴史的側面、現在における制度的側面をみてきた。

本章では、4大中央銀行が置かれた環境、すなわちそれぞれの国や地域の金融・経済構造、慣行に視点を広げて考察してみることとしたい。

5.1　分権主義と「二元主義」のなかに置かれたFRB

5.1.1　銀行制度の「二元主義」

アメリカの銀行制度における固有の特徴として「二元主義」があげられる。アメリカにおいては、各州がその州の論拠法に基づいて管轄する「州法銀行」（state bank）と、連邦銀行法に基づいて根拠される「国法銀行」（national bank）の、2つの種類の商業銀行（commercial bank）が存在している。また貯蓄金融組合（thrift）には、貯蓄銀行（savings bank）と貯蓄貸付組合（savings and loan association（S&L））が存在するが、この貯蓄金融組合に関しても、州法貯蓄銀行と国法貯蓄銀行、州法貯蓄貸付組合と国法貯蓄貸付組合が存在し、二元主義が敷かれている。これは、合衆国建国以前は、その州がいわば1つの国家として各々の州ごとにガバナンスを行っていたためである。また、もともとアメリカにおいては地域に多くの小銀行が点在し、「単一銀行主義」として銀行に対して支店の出店を許可しない州も多かった。

伊豆（2016）が詳細に説明するように、合衆国建国以前のアメリカでは、こ

うした多くの小規模ローカル銀行がその州都にある中堅銀行に口座を持ち、その振替によって州内における資金決済を行っていた。その後に、合衆国が建国された段階で、徐々に連邦レベルでの資金決済の必要性が生じることとなった。ここから、州に所在する中堅銀行がウォール街の大銀行に口座を持ち、さらにウォール街の銀行がFRBに口座を持ってその振替を通じて行う決済システムの構築がなされた。つまり、アメリカでは、州の小規模ローカル銀行、州の中堅銀行、ウォール街の大銀行、FRBと、ツリー上の決済システム網が確立されている。この点は、アメリカにおいては民間銀行間で相当程度決済が完結していることを意味し、先に述べたFRBが提供する決済システムFed Wireに対して競合する民間決済システムが存在することにも繋がっている。ゆえにアメリカでは通常業務においてFRBと相対で取引することに馴染みのない銀行が数多く存在する。アメリカの金融システムではこのように中央集権的な枠組みに関する依存度が低く、金融システム決済上、民間銀行が重要な役割を担うため、仮に信用不安が起きた場合に発生する金融のシステミック・リスクがより大きくなる可能性がある。

5.1.2　分権的で複雑な監督・規制体制

こうした二元主義的な銀行制度の上に立つアメリカでは、金融機関に対する監督・規制体制は、さらに複雑なものとなっている。田中（2014）に詳細に述べられているように、FRBに与えられている銀行への監督・規制業務は、様々な監督・規制機関とこれを分かち合っている。州法銀行と国法銀行が存在しているのに加え、前者についてはFRBへの加盟、および預金保険への加入が任意となっていることも、当局による監督・規制の権限をさらに複雑なものにしている。

FRBへの加盟に関して国法銀行は強制加盟である。一方で州法銀行に関して加盟は任意となっている。他方、1933年にFDIC（Federal Deposit Insurance Corporation）によって導入された預金保険制度は、他国の制度と同じく、銀行がFDICに対して日ごろから保険料を支払い、銀行が破綻した際には預金者に一程の保険金が下りるという仕組みである。この際、FRB加盟銀行は預金保険制度に強制的に参加することとなるが、FRB非加盟銀行は預金保険制度には任意での加入となる。

上記のようなアメリカにおける二元主義と複雑で分権的な監督・規制体制を踏まえるとアメリカには、①国法銀行・FRB加盟・FDIC加入、②州法銀行・FRB加盟・FDIC加入、③州法銀行・FRB非加盟・FDIC加入、④州法銀行・FRB非加盟・FDIC非加入、という4つのタイプの銀行が存在する。また、商業銀行以外の預金取扱金融機関である貯蓄銀行と貯蓄貸付組合に関しても同様に4つのタイプが存在する。

このうち、国法銀行に対する監督・規制業務は、OCC（通貨監督庁）が担っている。州法銀行は州の銀行局が監督するが、これに加え、FRBはFRB加盟銀行、FDICはFDIC参加銀行の監督・規制を行う。この場合、アメリカにおける上記4つのタイプの預金取扱金融機関のうち、①と②のタイプは州またはOCC、FRBとFDICの三重の監督・規制に服することとなり、③は州とFDICの2重の監督・規制に服することになる。

このうち、アメリカで特に特徴的なのは、FDICによる監督・規制である。FDICは預金保険に加入している銀行に対して、独立した監督・規制の権限を与えられている。預金保険の当局に単独で権限を与えることは、非効率性を生み、また当局同士の権限争いを招くとの批判もあり、多くの国では預金保険機関に独自に銀行に対する監督・規制権限は与えられていない。

例えば日本における預金保険機構は、それ自体に監督・規制権限は与えられておらず、とりわけ、不良債権問題により銀行破綻が相次いだ1990年代の日本において、預金保険機構は日銀特融をサポートするため資金源に活用され、あたかも政府・日銀・預保機構がワンチームとして足並みを揃えて機能していた。

しかし、アメリカにおけるFDICに与えられた強い監督・規制の権限は、銀行の財務内容によって預金に対する保険料が変わる可変預金保険料制度を可能にし、それを通じて銀行に対して規律付けを行う手段にもなっている。ただし同時に、強い権限はFDICの組織としての独立性確立と権力拡大との表裏一体でもあった。通常、金融危機が起きた場合、金融のシステミック・リスクが起きないようにするため各々の当局が共通の問題意識を共有し、足並みを揃えて対応に当たることが望ましい。しかし、世界金融危機発生とその後の金融機関救済スキームにおいて、当時のFDICシーラ・ベア総裁がFDICそのものの財務内容の健全性に過度に固執し、FRB主導の金融機関の適切な救済策に常に非協力的な態度を取り続けたことは、スキームの遂行の足かせとなった。金融システム全体ではなく自らの財務内容で立場を決めるベア総裁の身勝手で場当たり的な姿勢は、バーナンキ元議長による回顧録バーナンキ（2015）のなかでも批判の対象となった。

5.1.3　分権主義に起因するウォール街アレルギー

ウォール街に対する異常なまでの嫌悪感も、アメリカの議会や国民世論にみられる特異性であろう。州ごとの独自色が強く、反連邦主義的な気風の強いアメリカにおいて、巨大資本の資金調達の場であるウォール街に地元資本が吸い上げられることへの反発の結果、半ば折衷案として12地区連銀による分権的なFRBが設立されたことはすでに述べた。アメリカにおけるウォール街への根強い嫌悪感は、世界金融危機に当事者として対応したガイトナー元ニューヨーク連銀総裁の『ガイトナー回顧録』（ガイトナー（2015））にも描写されている。それによると民間勤務経験に乏しく、一貫して公職畑を歩んできたガイトナーにも当初から「金融エスタブリッシュメントのしもべ」として、ニューヨーク連銀に対してはウォール街の手先であるというレッテルが張られ、一連の危機対応の過程でそのイメージは任務遂行の障害となった。同様の回顧はFRB議長であったバーナンキの回顧録にもみられる。

アメリカでは、危機において当局が行う政策がとりわけウォール街の富裕層への優遇策とみなされる。そこには、金融危機が金融のシステミック・リスクを通じてやがては一般の国民にも損害を与えかねないという感覚が乏しく、金融機関の救済措置は議会においても不人気である。事実、リーマン・ブラザーズ破綻を受けて成立された不良債権買取プログラムであるTARPも1度目は議会で否決されている。こうした、国民世論と議会における過剰ともいえるウォール街への嫌悪感は、後のドット=フランク法の内容にも反映された。また、2011年には「Occupy Wall Street（ウォール街を占拠せよ）」運動が起き、アメリカで一大ムーヴメントとなった。

アメリカにおける、ウォール街アレルギーは、すでに述べた「二元主義」にも起因していると考えられる。州政府の権限や地域性が色濃いアメリカにおいて、元々銀行券の発行を連邦レベルで一元的に管理するシステムには抵抗感があり、実際に北アメリカ銀行や2つの合衆国銀行の試みは失敗に終わった。また、特にカリフォルニアなどリベラル層が多く暮らす州での、ウォール街やFRBに対して市民が抱く感情は、現在に至るまで芳しいものではない。

5.1.4　最先端の金融技術を体現した金融市場と金融機関構造

世界金融危機前夜においてアメリカの金融市場は、他に例をみないほど高度に発達していた。図表5-1は1952年以降データが取れる2010年までのアメリカでの金融機関における預金取扱金融機関と、非預金取扱金融機関のシェアを示したものである[94)]。それによれば、元々1952年の段階で非預金取扱金融機関に対して預金取扱金融機関である、商業銀行と貯蓄銀行、貯蓄貸付組合の資産構成のシェアは劣っていたが、その差は1970年代から1980年代にかけて徐々に拡大し、非預金取扱金融機関のシェアがさらに増加していることが読み取れる。また非預金取扱金融機関のシェアの拡大は1990年代後半にかけてもさらに起きている。

この背景としては、第1に、1970年代初頭のインフレ局面で、物価が上昇し市場金利と規制金利のギャップが拡大した局面で、金利規制の対象である預

---

94)　この際、預金取扱金融機関には、商業銀行、貯蓄金融機関、信用組合が含まれる。また、非預金取扱金融機関には、生保、損保、民間年金基金、政府系年金基金、MMF、投資信託、政府支援機関、政府系モゲージプール、ABS発行体、金融会社、不動産投資信託、証券会社、資金調達会社、その他、が含まれる。

金に依存する商業銀行が資金の吸収面で劣位に立たされた点があげられる。この際、裏腹に、預金金利規制のかからないノンバンクは、自らのビジネスを広げるためデリバティブなどより利回りが得られる金融の技術革新に躍起となり業務を拡大させた。このことがアメリカにおける高度に発達した金融市場が構築される礎となった。

こうした状況を受けて、預金取扱金融機関に対してもレギュレーションQの漸進的な撤廃による金利規制の自由化と共にグラス=スティーガル法を事実上骨抜きにして、預金業務以外への進出の道が整備されていくことになる[95)]。

第2に、1980年代後半には世界の統一ルールとして銀行にBIS規制（バーゼルⅠ）が導入されたが、その規制対象は預金取扱金融機関であった。このことが1970年代以降のアメリカ金融市場における高度な金融技術の進展と非預金取扱金融機関のプレゼンスの高まりにますます拍車をかけた。もっとも、1980年代後半においてアメリカではすでにグラス=スティーガル法は事実上有名無実化しており、預金取扱金融機関に対してもその他業務への進出の道は開かれていた。むしろ、1980年代後半には、預金取扱金融機関自身がBIS規制の枠組みの抜け穴を作るために、本来は預金取扱金融機関以外の金融手法であるデリバティブや証券化業務を行うために連結外に特別目的会社を設立して、シャドウバンキング部門を拡張させていった。

第3に、アメリカにおける高度な金融技術の進歩を背景としたノンバンクの発展は、証券化したローンをノンバンクが保有することを可能とした。その際、ノンバンクはCPなどの発行でMMFから事実上の資金調達を受けており、これが預金という資金調達手段を持たないノンバンクの資金源となっていた。MMFが預金の代替になっていたことなども背景となって、金融機関に占める預金取扱金融機関の比率が1990年代後半までに、さらに低下していった。かくしてアメリカでは新たな世紀を迎える2000年ごろには、伝統的な預金取

95）高木（1987）によれば、グラス=スティーガル法が骨抜きにされたのは、FRBが1972年にBHCの非銀行子会社によるクローズエンド型投資会社の設立を許可したことがそのきっかけであったとされている。

扱金融機関に代わりノンバンク、伝統的な銀行業務に代わり高度に発達したデリバティブや証券化業務の金融市場におけるプレゼンスが著しく高まっていたのである。

図表5-1　アメリカ金融機関における資産構成のシェア

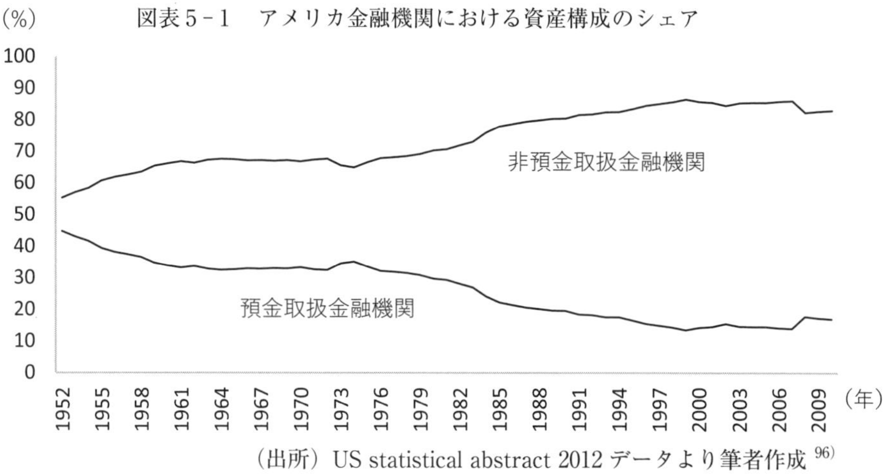

（出所）US statistical abstract 2012 データより筆者作成[96)]

なおこうしたノンバンクのプレゼンスが非常に高く、預金取扱金融機関のプレゼンスが相対的に低いというアメリカ金融市場の際立った特徴は、当然ながら世界金融危機に対応したFRB自身にも認識されていた。当時ニューヨーク連銀総裁だったガイトナーはその回顧録であるガイトナー（2015）のなかで、下記の図表5-2を示し、アメリカの預金取扱金融機関の保有資産の規模が対GDP比でユーロ圏の約3分の1、イギリスの約8分の1、日本の約3.5分の1と非常に小さく、アメリカ金融システムにおいては預金取扱金融機関の果たす役割が他国に比べて限られていると述べている。

デリバティブと証券化に代表される高度に発達したアメリカ金融市場のなかで生み出された金融の技術革新の一例に、CDO（Collateralized Debt obligation）、CDS（Credit default swap）があった。

96）原データはFRBのflow of fund。

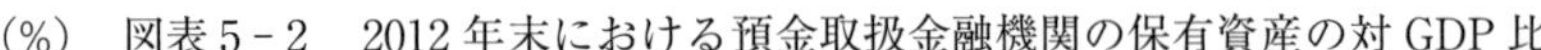
(%)　図表5－2　2012年末における預金取扱金融機関の保有資産の対GDP比

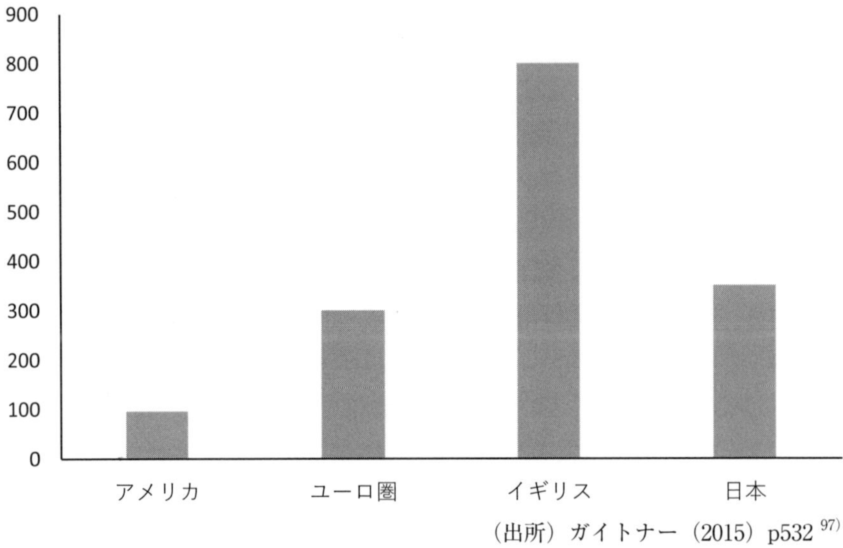

（出所）ガイトナー（2015）p532[97)]

アメリカでは2000年半ばまで趨勢的に住宅価格は上昇しており、住宅ローンを組成した場合、数年後に担保である住宅価格が上がった段階でそのローンを再組成すれば、借り手は返済に困ることはなかった。特にこの時期のアメリカでは、それが信用力の低いサブプライム層にも普及した[98)]。

これら住宅ローンを証券化する際、その最も売れにくいサブプライム層を抽出し、それを他の優良な資産とともに同一の資産プールに落とし込んで証券化するために駆使されたのが新たな金融技術であるCDOであった。この際、返済優先順位の高いCDOがAAA格として販売された。ここで例えばBBB格付け以下のCDOは投資不適格債であり多くの投資家がこれに投資することは期待しにくい。そこで次に、BBB債を通常の住宅ローンや債権と共に再び一

97）ガイトナー（2015）p532より、アメリカ、ユーロ圏、イギリス、日本の数値を筆者が抽出。原データは金融安定監督評議会。

98）サブプライムとは一般に「低所得者」と表現されることが多いが、実際にはクレジットカード審査に用いられるFICOスコアの点数が一定以下の層のことを指す。

つの資金プールに落とし込み、これをAAA格付けの2次的CDO（CDOスクエアード）として再び販売するという手法がとられた。証券化がこうして繰り返されれば、元々の担保である住宅ローンとCDO自体の関係がみえにくくなるため、リスクがどこに所在しているのかが分かりにくくなる。

そして、CDS（Credit default swap）とは、デリバティブ派生商品でありこれらCDOに対する保険商品であった。CDSによってCDOへのデフォルトリスクはヘッジされ、その対価として保険料が支払われていた。そしてこのCDSによって先にみたAIGなどの保険会社にも多額の利益がもたらされていたのである。しかし、世界金融危機前夜においてはCDSの購入者は主に投機家であり、彼らが注目していたのはCDSからのリターンそのものであり、本来精査されるべき住宅ローンが抱えるデフォルトリスクなどには無頓着であった。

図表5-3　サブプライムローン問題とCDO、CDS（概念図）

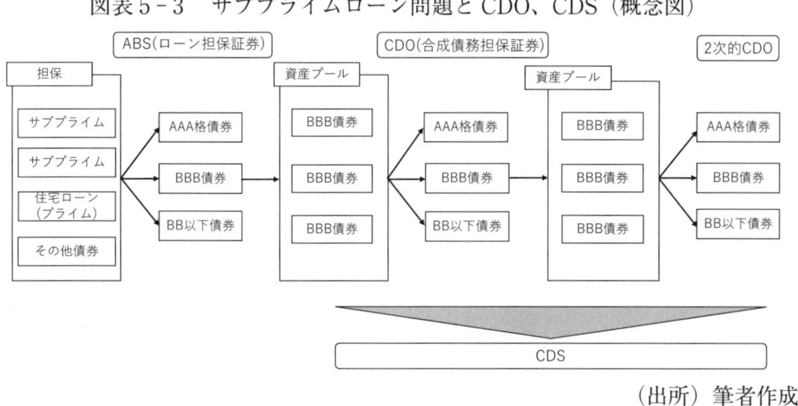

（出所）筆者作成。

5.2　19の政府の中央銀行としてのECB

5.2.1　財政政策とのすり合わせができないECBのマネタリー政策

ECBが管轄するユーロ圏は、そもそも19の主権国家を内包する。通貨統合が行われ、金融政策が統一されているなかで、財政政策は依然として各国に委ねられているといういびつな構造の内にECBは置かれている。

通常、中央銀行は1つの政府と対峙し、金融政策もその1つの政府との緊張関係あるいは連携において行われる。中央銀行の政策が政府の政策とこのような関係にある必要性は、2つある。第1に、総需要調整策としてのマネタリー政策を行う際の政府の財政政策（フィスカルポリシー）との関係であり、第2にプルーデンス政策における金融機関の監督・規制業務の分担である。この2点において、単独の政府と政策のすり合わせができないのが、ECBという中央銀行を取り巻く独自の環境といえる。

マネタリー政策を、単一の政府の財政政策との関係において発動できないことは、様々な不都合を発生させることになる。例えば、財政からの景気刺激の度合いが域内各国で異なる場合にもユーロ圏では1つの金融政策で対応しなければならず、基本的にいわゆる財政・金融のポリシーミックスは行いにくい。域内の景気の平準化が必要であるとすれば、それを金融政策で行うことはできず、まずは各国のフィスカルポリシーに委ねざるを得ない。また、財政拡張の財源を中央銀行がファイナンスすることが必要になった場合、通常であれば、一国における政府とその中央銀行との責任において行うことができるが、ユーロ圏においては、それはできない。

5.2.2 景気循環の異なる19ヵ国に単一の金融政策で対応することの困難さ

ECBのマネタリー政策においてより根本的な問題は、景気循環にばらつきがみられる19ヵ国にわたる広域なユーロ圏に対して、単一の金融政策で対応することの困難さにあるといえる。

実際、2000年初頭には、ユーロ圏のなかでも特に、イタリア、スペイン、ギリシャなど南欧諸国といわれる局地的な地域において住宅バブルが発生して景気の過熱感が高まった[99)]。しかしその反動として、これら南欧諸国には、

99) この際皮肉にも、単一通貨ユーロへの加盟によって高リスク通貨とみなされていた南欧諸国の国債のリスク・プレミアムが低下して、低金利に拍車をかけ、それら諸国での景気過熱感をさらに高めることに一役を買っていた。

2000年代後半には一転して急激な景気減速の波が押し寄せた。この過程で南欧諸国において、財政政策による景気刺激が行われたが、ECBの元で1本化されている金融政策を南欧諸国のみの事情に応じて機動的に変更することは不可能であった。

19ヵ国間で景気循環にばらつきがあるというユーロ圏の実情はTARGET2の債権債務不均衡問題への含意ともなる。そのうちより大きな課題は、財政健全国であるドイツやオランダに代表されるTARGET2の債権国における金融緩和からの出口問題である。すでにみたようにドイツなどには、重債務国から健全国への資金流入と、その結果発生した健全国国内銀行の資金余剰を反映し、TARGET2債権が蓄積されている。ECBが引き締めに転じる場合には、通常オペにより資金の供給を減らすことによって市場の流動性を絞るわけであるが、国内銀行が資金余剰になっている状態でTARGET2債権国にインフレが起これば、準備預金が貸出額を上回っているので、引き締め政策は困難となる。目下、ECBの喫緊の課題はデフレ対策であるので、現状はTARGET2債権国にこのような問題が顕在化することは想定しにくい。しかし、将来的に、もしTARGET2の不均衡問題が要因となり、ECBの一元的なオペで個別国のインフレが抑制できないとすれば、19ヵ国に対して一元的な金融政策を担うECBにとって大きな問題となる。

5.2.3　曖昧なプルーデンス政策の権限

次に、プルーデンス政策においては、流動性の供給は事実上ECBが一手に行うのに対し、金融機関の監督・規制の権限やソルベンシー対策の義務は、基本的に各国の政府にある。また、流動性供給により金融システムを安定化させるマンデートがECBに与えられていたのかも、そもそも曖昧であった。

荒木（2009）は金融機関への統一的な監督・規制権限なきユーロ圏の金融監督制度を「単一免許制度と母国監督主義に基づく分権的」な制度であるとした。ユーロ圏においては銀行業の許認可は本籍国の当局から付与されるものであり、この際単一免許制度として当該銀行がユーロ域内の他国でも営業ができるように各国間で事前に相互承認がなされていた。また金融機関の監督についても、本籍国の監督当局が、域内他国の支店などを含めて監督を行うという母国監督主義が導入された。

これらは域内金融市場統一を促進するために設けられた制度である。従ってECB設立にあたって、ユーロ圏全体における金融機関の監督・規制機関は存在せず、各国の当局が、事例ごとに単一免許制度と母国監督主義に則って金融機関に対して監督・規制業務を行うこととされていた。それにより、ECBに明確なプルーデンス政策のマンデートが与えられることはなかったのである。

すでにみたように、1998年の設立から世界金融危機発生時まで、ECBにおける金融機関の監督・規制権限は不明確なものであった。少なくとも、表向きにはECBはマネタリー政策を第一義的なマンデートとする機関であった。なお、ECB自身、自らが最後の貸し手機能を有するかというBISの問いに対して、2008年には「全く有さない」と回答し、2009年には「少し有している」と多少トーンが上がっているものの、最後の貸し手機能に対してはいずれも消極的な回答をしている[100)]。こうしたECBの最後の貸し手機能に関する消極的な姿勢を、先にみたドイツ連銀の成り立ちと符合させてみる向きは多い[101)]。

しかし、欧州債務危機に際し、ECBも最終的には金融システムの安定化のためにプルーデンス政策に踏み込まざるを得なかった。そのため田中（2014）が指摘するように、ECBは、マネタリー政策の権限しか与えられていない状況下で、金融市場を安定化させるための資産購入を、マネタリー政策の波及経路の目詰まりをなくし、マネタリー政策をより効きやすくするために行う、というロジックで説明している。

ギリシャ中央銀行をはじめとするECB傘下の各国の中央銀行は事実としてELAを行ったが、その実行にはECBの政策理事会の3分の2以上の賛成とい

100）BIS（2009）、BIS（2011）の調査より。

101）例えば河村（2015a）など。

う条件が付けられていた。そもそも各国の中央銀行におけるELAが仮に無制限に行われるのであるとすると、ECBにおけるマネタリー政策への一貫性の妨げとなってしまう。ゆえにECBとしては、最後の貸し手機能である各国中央銀行によるELAに関しては、消極的にならざるを得なかったという見方も可能である。

5.2.4　19ヵ国間でみられる経済基礎条件の格差と財政統合問題

すでにみてきたようにECBの金融政策において特徴的なことは、19ヵ国という多数の国々に対して、１つのマネタリー政策を用いることにより、財政・金融のポリシーミックスに関して、各国独自の金融政策の実施が不可能となり、それぞれの国の経済状況に即した金融政策を遂行できない点にある。

この問題は、19ヵ国間でみられる経済格差の存在とも表裏一体である。統一通貨を構成する国々の経済条件が十分に平準化し、景気循環をはじめとする諸条件が域内で収斂しているケースでは、マネタリー政策は、ECBが域内に対して単一の金融政策を行えばその課題が具現化することはない。しかし、域内の経済条件に著しい差異が生じる場合、単一のマネタリー政策を19各国で行うという困難さはより具現化する。

図表５-４は、2019年におけるユーロ圏19ヵ国それぞれの１人当たり名目GDPの水準であり、ユーロ圏内19ヵ国における経済格差を端的に表している。それによれば、第１に１人当たり名目GDPが域内で最も高水準のルクセンブルグと、最も低水準のラトビアとでは、その水準に約７倍の開きがある。次に、ECBにおける５大国グループであるドイツ、フランス、スペイン、イタリア、オランダの１人当たり名目GDPの水準が、概ね３万ユーロから４万ユーロの範囲に位置しているのに対して、バルト３国のエストニア、ラトビア、リトアニアの水準はその約半分程度であることが分かる。これらの国々は、1990年代以前は社会主義国であった。発展段階の違う国を、１つの中央銀行が内包しているという矛盾は、今後もユーロ圏の課題であり続ける。

このような19ヵ国間にみられる経済格差を徐々に平準化しようとした場合、

本来は金融政策と共に財政政策も統合し、財政移転によりユーロ圏内で所得の再分配政策を行う必要がある。しかし、現実的には19ヵ国それぞれに利害関係が生じるためにその調整は難しく、近年では欧州統合に対する地政学的要因も伴って財政統合は将来的な理想ではあっても、なおその実現には多くの障壁が存在する。

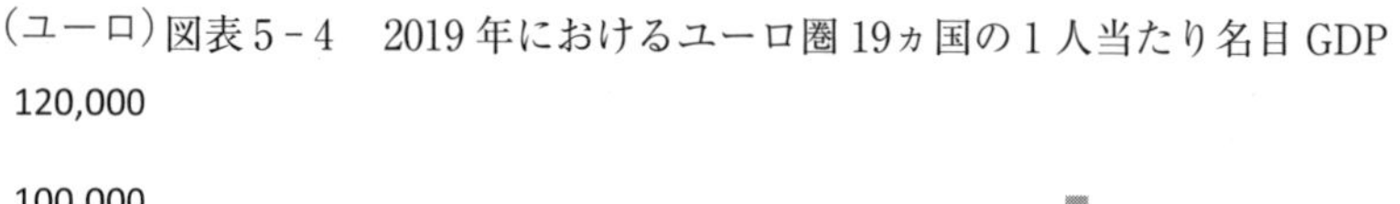

(ユーロ) 図表5-4　2019年におけるユーロ圏19ヵ国の1人当たり名目GDP

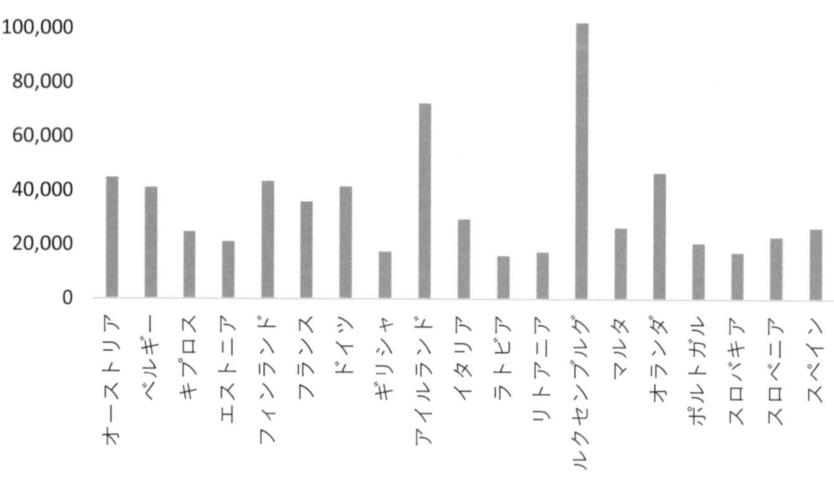

(出所) ユーロ統計局より筆者作成。

5.3　大きく変遷する金融環境下のBOE

5.3.1　シティの紳士協定

イギリス古来の大きな特徴としては、銀行の監督・規制に関するシティによる「紳士協定」が存在しており、1979年以前、イギリスには銀行に関する明示的なルールが存在してこなかった点があげられる。この背景にはイギリス固有のコモン・ロー法体系があり、そこにはすべての規制領域について成文法が存在するわけではないという慣行があった。このような伝統の下で、イギリスでは金融規制に関しても紳士協定による銀行間の自主規制が長年にわたって馴染んでおり、商業銀行としてその歴史をスタートしたBOEはその過程で、銀行業務を他行に対して大きく発展させ、ドミナントな存在となって以来、紳士協定の盟主として君臨してきた。

よく知られているBOEを頂点としたシティの「紳士協定」「自主規制」とは事実上の銀行カルテルであり、1979年までイギリスでは銀行に関する業法が存在しなかった背景もここにあった。とりわけ戦後のイギリスには、アメリカや日本でみられたような預金金利規制すら存在しなかった。今頭・大山・小川（2005）によれば、自主規制の下で、BOEは銀行に対して法に基づかない非公式な道徳的勧告（moral suasion）を行い、あらかじめ自由な金利設定による銀行間の競争を抑制し、また預金業務以外の金融業界とのスムーズな住み分けも暗黙の了解として実現されていたとされる。

1970年代に起きたセカンダリー・バンク危機の際、紳士協定の外にあった小規模銀行に対する「最後の貸し手」機能と監督・規制業務の曖昧さが問題となり、1979年に銀行の許認可制度を含む「銀行法」が制定された。さらに1980年代に行われた新自由主義やマネタリズムを志向したサッチャーによる金融の自由化（ビッグバン）と共にシティに対してより強固なルールである「金融サービス法」が1986年に導入され、銀行に対する法による監督・規制が強化された。その際に、1979年から後述の1997年のブレア政権による改革まで、BOEは金融機関への監督・規制業務を一元的に取り仕切る機関となっていた。

5.3.2　揺れ動いたBOEのマンデート

前述したように、「紳士協定」に依存したイギリスの銀行統治の体制は、銀行間の自主規制の下で長きにわたり維持されていた。しかしイギリスにおいて銀行に関する明示的な法律が1979年まで存在しなかったことは、それ以降の監督・規制体制におけるBOEのマンデートが揺れ動く遠因ともなった。とりわけ、1997年までのイギリスの金融政策の特徴は、マネタリー政策は財務省が決定し、監督・規制業務はBOEが行うという構造にあった。1997年になるとブレア政権による改革が行われ、BOEにMPCが新設され、金融政策はBOEが財務省からは独立した形で決定し、逆に監督・規制業務は新たに新設されたFSAに完全に移行された。

こうした背景を考えれば、非伝統的金融政策の局面でアメリカと同時期である2009年3月に開始されたイギリス版QEの際、BOE自身の説明が、当初からマネタリーベースの増加に対してマネーストックが増加するというような貨幣数量説的な説明がなされていたこととも整合性がとれる。少なくともQE開始の2009年3月の時点では、イギリスにおける金融システム安定化の所轄はFSAが担っており、BOEはマネタリー政策により重きを置くことが可能であった。ゆえに、FRBのような「信用緩和」という主眼を持たず、当初から自らの政策を量的緩和と呼び、総需要調整策として説明していたとの見方も可能である。

2013年4月の法改正により、FSAは廃止され、BOE内に併設されたFPC（金融監督政策委員会）と、BOE子会社として設立されたPRA（健全性監督機構）により銀行の監督・規制業務もBOEが再び担うこととなった。そしてそれに3ヶ月遅れる2014年7月に就任したカーニー新総裁の元で、量的緩和の効果に関する貨幣数量説的な説明は一切行われることはなくなり、マネタリー政策は、政策金利のフォワード・ガイダンスと相対型貸出資金供給であるFLSに軸足が移された。このBOEの変化は、一般にはキング前総裁とカーニー新総裁の方針の違いとして受け止められることが多い[102)]。しかしBOEに与えられたマンデートの変遷から考察すれば、上記2013年の4月の法改正により、BOEそのものがマネタリー政策に特化した機関から、マネタリー政策とプルーデンス政策の両方を管轄する機関として生まれ変わったことが大きな要因として作用したと考えられる。つまりBOEはマネタリー政策を行う場面でも、同時に金融システム安定化に対しても重きを置くというフェーズに移

102）なお、キング総裁の後任人事は当初「The Economist」誌において公募され、廃止が決まっていたFSA元長官のアデア・ターナー氏、及びBOE副総裁のポール・タッカー氏が有力とされていた。

行したのである。

特に相対型貸出資金供給であるFLSは、この政策が功を奏すれば、間接金融優位のイギリスにおいて銀行の円滑な機能向上を通じて、金融システムの安定化にも大きく寄与するものとの含意があった。また、少なくとも2013年4月の制度改正と、それから3ヶ月遅れるカーニー新総裁の就任の過程で、口頭では緩和に期待を持たせつつ、「量」のさらなる拡大を事実上停止したのは、プルーデンス政策も兼務する新体制のBOEにおいてやがては直面する「出口」における金利の高騰が、銀行のバランスシート悪化を通じて金融システムにダメージをもたらすとのプルーデンス政策の視点からの配慮があった。

図表5-5　新体制のBOE

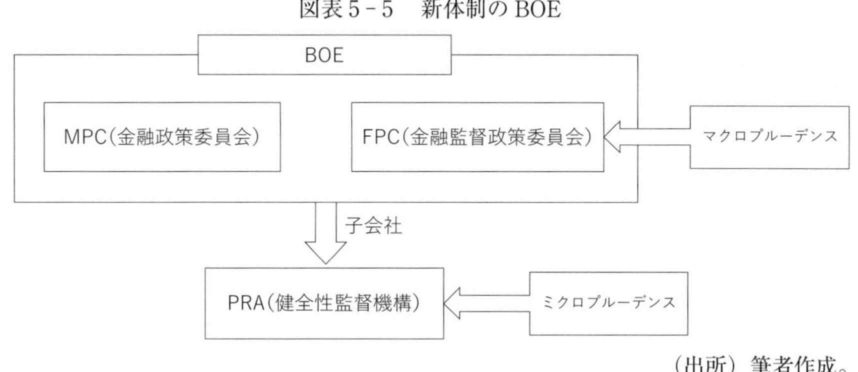

（出所）筆者作成。

5.3.3　貨幣的要因が重んじられてきたイギリスの金融政策論議

イギリスでは古くから金融政策に関する「ルールか裁量か」を巡って、論争が繰り広げられてきた。最初の論争は、ナポレオン戦争後のインフレを巡って起きた「地金論争」である。この論争は、当時のイギリスのインフレが貨幣的要因からもたらさせているものなのか、実物的要因によってもたらさせているものなのかを巡る論争であった。デビット・リカードを中心とする地金主義者は、この際の高インフレとポンド下落の原因は、金兌換が停止されてBOEが過剰に通貨を発行しすぎたことにあるとして、金兌換の再開とBOEによる過剰な通貨の発行の削減を行うべきだと主張した。この地金主義者に反対する立場の人々は、通貨が商業手形の割引によって発行される限り、BOEによる通貨の過剰発行は起こりえず、高インフレの原因は金需要の増加と不利な国際収支に起因する結果であると出張し、両者で論争となった。論争は紆余曲折を経るが、最終的に、イギリスは金本位制に復帰する。つまりBOEの通貨発行は金の裏付けという貨幣的要因に縛られることとなった。

1797年には対フランス戦争への懸念から、BOEには銀行からの兌換要求が相次ぎ、兌換は停止に追い込まれる。その後1821年には兌換が再開されたが、1825年や1836年に恐慌が相次いで発生、「通貨論争」が行われることとなった。これは物価と貨幣量にまつわる論争として前述の「地金論争」を踏襲したもので、やはり金融政策に関する貨幣的要因を巡る論争であった。この時「通貨学派」と呼ばれる人々は、貨幣的要因を重視する立場からBOEによる通貨の過剰な発行は高インフレを引き起こすとして、BOEの通貨発行が金準備を超えないように規制するべきであると主張した。対する「銀行学派」と呼ばれる人々は、BOEの通貨発行が金準備を超えて過剰に発行された場合、インフレーションの懸念が発生すると預金者はイングランド銀行券の償還（金への交換）を行おうとするため、過剰に発行された通貨は自然にBOEに還流するという「真正手形学説」を展開した。この論争は激しさを極めたが、最終的には通貨学派が勝利し、1844年に「ピール銀行条例」が成立した。この時も、金融政策に関して貨幣的要因を重んじる立場に軍配が上がった。

貨幣的要因を重視するイギリスにおける金融政策論壇は、時を経て1970年代初頭の、「マネタリスト・ケインジアン論争」にも受け継がれた。この際、フリードマンをはじめとするマネタリストは、1960年代にアメリカで採用されたケインズ的マクロ経済政策が1970年代初頭の高インフレに結びついたとして、裁量的な財政政策に代わり貨幣的要因を考慮した金融政策の有効性を主張した。フリードマンは「インフレーションとはいついかなる場合も貨幣的現象である」との認識により、金融政策によって長期的な産出量と成長率に見合う一定の貨幣量の供給を行うべきだとして、これが貨幣数量説の誕生に繋がった。このマネタリズムは、イギリスで1979年に政権の座に就いたサッチャーに好まれ、以後、マネーサプライ・ターゲティングをはじめとする金融政策がイギリスで採用されていくこととなる。

このように、イギリスで古くから戦わされてきた金融政策を巡る論戦では、地金主義者、通貨学派、マネタリストが優勢であった。その共通点は金融政策において貨幣的要因を重視するという立場にあった。

こうした土壌で形成された貨幣的要因を重視するマネタリスト的な発想は、非伝統的金融政策におけるBOEの政策にも影響を与えた。その結果、イギリス版QEと称される2008年3月のQE採用において、BOEは当初「量」による貨幣数量説的な説明を強調した。また購入資産も国債一辺倒であり「質」に対する意識も当初は希薄であった。繰り返しになるがこのことは、同時期に開始されたFRBのQE1に関して、その本質を「信用緩和」であるとバランスシートの資産サイドで説明し、金融システムの安定化にも極めて重きを置いていたFRBの政策対応とは非常に異なるものであった。

5.3.4　国債市場の創設に寄与したBOEと政府との蜜月関係

ところで、世界で最初の国債は、名誉革命後の1692年においてイギリスで発行されている。それ以前のイギリスでは、王室が私債（Crown Debt）という形式で債権を発行して借り入れを行っていたが、国王の私的な借金として貸倒れが多発していた。このため王室の資金借り入れには、民間に融通する金利より高い金利が課せられることが慣例となっていた。

とりわけ17世紀の初めの対スペイン戦争によりイギリス王室の財政は悪化し、ジェームズ1世のころには王領地の売却などによる対応も図られたが王室の財政はひっ迫するばかりであった。そしてすでに述べたように、1672年にはイングランド国王であったチャールズ2世がゴールドスミス銀行に預けていた口座を閉鎖し、王室の私債がデフォルトした。そしてこの時、ゴールドスミス銀行は破綻に追い込まれたのである。

その後、1688年に名誉革命が起こると、当時の国王であったジェームズ2

世が追放され、続く1689年に王室が議会の同意なしに課税できないという「権利章典」が成立し、1692年にはイギリス議会による国債に関する法律が施行されて世界で最初の国債が発行されたが、前述のように本来は国債の受け皿となりえたゴールドスミス銀行はすでに破綻していたため存在しなかった。つまり、この時、イギリス議会はそれに代わる国債の買い手を必要としていた。そこに目を付けたのが、第3章でも言及した当時ホイッグ党を支持していたウィリアム・パターソンである。その時、パターソンが代表となりシティに出資を募り、120万ポンドのシンジゲートが組まれてイギリス政府へ貸付けを行う商業銀行として開業したのがBOEであり、BOEの設立によって当時のイギリスにおける国債発行は大いに円滑化した。換言すれば、イギリス国債なくしてBOEのビジネスは成立せず、またBOEなくしてイギリスにおける国債の円滑な流通もあり得なかったのである。

このような経緯もあり、BOEとイギリス政府の関係は、その後も蜜月なものとなった[103)]。BOEは1708年には政府から発券業務に関する優遇的な立場を特別に付与され、1844年には政府によって唯一の発券銀行として認可された。戦後になると、1946年には国有化され、1997年までは金融政策は事実上財務省が決定し、政策金利であるバンク・レートの発表も財務大臣が行うことが慣行となっていた。

5.4　政府に従属的な日銀

5.4.1　新日銀法の下でも制限された独立性

中央銀行の政府からの独立性は、日銀においては、制度的にも運用の実態としても低いといえよう。1998年に施行された新日銀法は一般には金融政策決定会合に独立性を与えたとされているが、それ以降の決定会合にも財務省と内閣府から2名が参加し、投票権は持たないが、議案提出権と議決延期請求権を

103）河村（2018）ではこのようなBOEと政府の関係をより対等的な関係である「二人三脚」と表現し、より従属的な関係である日銀と日本政府との立ち位置の違いが説明されている。

持っている[104]。すでに述べたようにFRBのFOMCには政府関係者は一切参加できない。またECBの政策理事会やBOEのMPCには政府からの代表者が参加はするものの、オブザーバーである。さらにとりわけ2012年末の第2次安倍内閣成立後は、内閣の金融政策への考え方に沿う人材が次々と正副総裁と審議委員に指名されるという「政治任用」により、政府と日銀はより従属的な関係にある[105]。

一般に中央銀行とは「パーティーが盛り上がり始めたら、参加者から不満が出てもアルコール飲料の入ったパンチボウルをさっさと片付ける」役目があるとされる[106]。これは主に、選挙を経て選出された国会議員によって構成される政府は、目の前の好景気が続くことを求めやすく、インフレの危険を軽視しがちであるため、物価の安定を目標とする中央銀行が、インフレの危険をいち早く察知し、金融引締めにつながる利上げをする必要があるとの思想から来ている。これにより、利上げに反対する政治の介入を避けるためにも、中央銀行の政府からの「独立性」が確保されていなければならないという原則があった。

第3章で述べたように、第二次大戦中の1942年に制定された旧日銀法が、戦後もそのまま施行されていたが、その下では日銀の政府からの独立性はほとんど認められていなかった[107]。しかし、バブル崩壊後の金融危機の後、大蔵省の金融行政の失敗から、大蔵省改革の一環として「財金分離」の機運が盛り上った。この際に、バブル形成を許してしまった日銀の金融政策の失敗や、独立性を巡る国際的な潮流もあり、その第1歩として、日銀に対する「独立性」

104)　また、新日銀法においても日銀に対する予算の許可権は依然として政府に残された。

105)　なお、FRB議長の議会証言が原則年2回であるのに対して、日銀総裁が国会に参考人として招かれる回数は財政金融委員会をはじめとして非常に多い。特に2015年には日銀総裁が金融政策決定会合開催中に国会に呼び出される場面もあった。

106)　パンチボウルの比喩は時折金融論の教科書にも登場するが、これは元々1951～1970年にFRB議長を務めたウィリアム・マーチンが発した格言である。

107)　実際には日銀法の改正は、1950年代から1960年代に一万田尚登蔵相と田中角栄蔵相の下で2回ほど機運が高まった時期があるが、実現はしなかった。

の付与を目玉とした日銀法の改正が行われた。この時、大蔵省改革のプロジェクトチームが、なぜ日銀法の改正を真っ先に検討したのかは明らかではないが、当面、大蔵省本体ではなく、手を付けやすいテーマであった日銀法の改正が手始めとして行われたという見方が多い。また、木内（2018）によれば、この際、日銀内部でも、新日銀法は日銀が政治サイドから受動的に受け取ったものであり、新たな日銀法においても政府の影響がなくなるわけではないとの認識が広がっており、日銀自身にも「独立性を勝ち得た」という意識は皆無であったとされる。

前述のように、日銀と政府の関係は歴史的にも非常に近く、新日銀法施行においても政府からの独立性は十分とはいえなかった。特に第2次安倍内閣の下で政府と日銀の関係は顕著に緊密化した。安倍内閣の下では政治任用によって事実上、政府の要望に満額回答できるような人材でなければ総裁を含む執行部、及び審議委員には選出されない慣行が定着した[108)]。特に今次の金融政策においては、2010年10月の「包括緩和」政策で、当時の白川総裁の下でリフレ派による緩和要求に対して当初ごく限られた規模で用意されていたETFやJ-REITの購入の枠組みが、2013年4月の「量的・質的金融緩和」政策局面では、大々的に株価を上昇させるための手法となり、中央銀行である日銀が民間会社の株を積極的に買い入れることとなった。また国債の買い入れに関する「銀行券ルール」が撤廃され、日銀の国債保有残高は発行済み国債の約60%に及ぶこととなり、一部には日銀による事実上の国債の直接引き受けであるとの指摘もある。

こうした日銀の政策は他の中央銀行にはみられない「準財政政策」ともいわれ、日銀がこれを行えるのは政府との従属性に由来するものであるとされる。逆に、当然にこうした政府に従いすぎる中央銀行は、パーティーで皆が酩酊するまでパンチボウルにアルコールを注ぎ続けるようなものであるとの批判も根

108) やや余談になるが、例えばアメリカのメディアは通常「The White House」と「Fed」を分けて報道するが、日本のメディアにおける経済ニュースでは「政府・日銀」と一体化して報道されるケースが多い。

強い。将来、政府と日銀の政策に相反が生じれば、こうした従属性が逆にネガティブに働くことも想定はできよう。

5.4.2　低インフレ、デフレの経験と強力な金融緩和を求める世論の形成

日本経済の特徴の1つとして、他国に先駆けてデフレ経済が訪れたことがあげられる。

図表5-6は1980年からの主要国における消費者物価上昇率対前年比の推移である。それによれば、そもそも第2次オイルショック以降、日本の消費者物価上昇率は趨勢的に低下しており、1980年代初頭には、日本の消費者物価上昇率はアメリカやイギリスなどに比べて約2％ポイントも低かった。日本の消費者物価指数は1980年代後半のバブル期においても1％以下であった。そして、バブル景気がピークアウトする1991年には3.3%まで上昇したものの、バブルの崩壊と共にその後はさらに低下基調となっていった[109)]。

日本の趨勢的なディスインフレを説明する要因の1つに早川（2016）が指摘する日本固有の雇用慣行がある。まず終身雇用を前提とした日本型といわれる雇用システムの下では、不況期には雇用の確保が第一義的に考えられ、名目賃金の低下が起こりやすい[110)]。これが物価の下落圧力となる。また、広田（2011）によれば、こうした終身雇用を前提とした日本型雇用システムにおいて雇用を切れないため、第一義的に目指すのは破綻の回避とされる。イノベーション等を通じた利潤の最大化は日本の企業にとっては相対的に優先順位が低い事項であり、特にグローバル競争やIT化の時代には日本企業の動きの鈍さは顕著であった。こうした企業による保守的な姿勢が日本のディスインフレ基

---

109)　なお、IMFによれば、デフレの定義は「2年以上の継続的物価下落」であるとされ、この定義に従うのであれば、消費者物価上昇率において日本は1998年9月以降デフレとなった。またGDPデフレーターでみた場合は1994年第4四半期以降がデフレとなる。

110)　名目賃金の低下は日本のみにみられた固有の現象であり、吉川（2013）においても日本におけるデフレ発生の大きな要因として紹介されている。

調にさらに拍車をかけたとされている[111]。

日本のディスインフレ傾向と相互する形で、1990年代前半から日銀に金融緩和を求める動きはあった。この際、当初の「マネーサプライ論争」では、主にベースマネーを増やすことによってマネーストックを増加させるという貨幣数量説に基づいた主張が日銀に対する緩和要求としてなされたが、1998年にポール・クルーグマンによる「It's baaack!（日本が嵌った罠）」(Krugman (1998)) が公表されると、リフレ派による「期待インフレ率の上昇と実質金利の低下」にバージョンチェンジした[112]。クルーグマンの理論は日本の多くの学者・エコノミストを巻き込む形で、やがて、それは速水総裁、福井総裁を経て、白川総裁下での日銀の緩和政策を不十分であるとして、後のアベノミクスの第一の矢を形成して、「強力な金融緩和でリフレーションを行うべき」とい

図表5-6　主要国における消費者物価上昇率

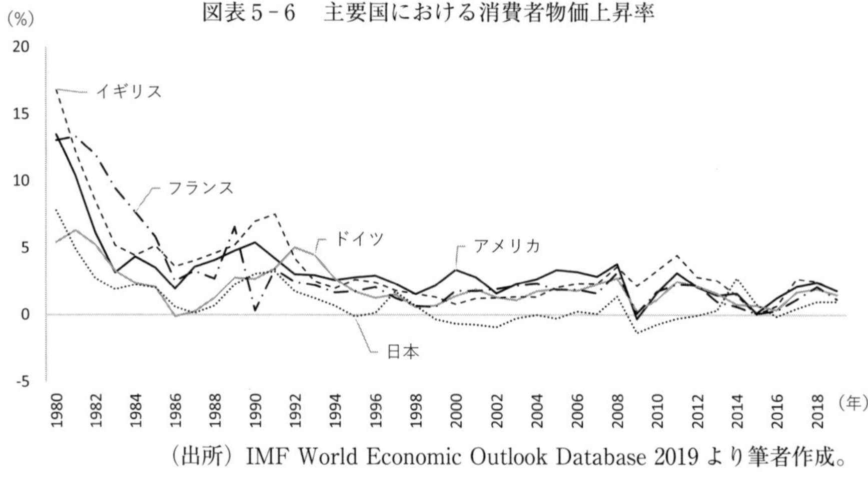

（出所）IMF World Economic Outlook Database 2019より筆者作成。

111）なお、日本人が抱く将来の期待インフレ率はそもそも適応型といわれる実績値に基づいたものになっており、デフレが一旦定着してしまえば、そこからの脱却は難しい。その意味で、デフレの発生そのものが期待インフレ率とは無関係にデフレ自体を自己実現化してしまったという側面も強い。

112）例えば、野口（2001）など。

う安倍首相に任命された黒田総裁の下での日銀の量的・質的金融緩和へと繋がる世論の基盤となった[113)]。

5.4.3　現金社会が日銀にもたらす事務的コスト

周知のように、日本社会は伝統的に現金を好む傾向にある。アメリカやヨーロッパの小切手やクレジットカードを好む文化に対して、日本は「現金社会」などといわれる。このことが日銀の当座預金残高への影響も及ぼす。

日銀の負債側に位置する当座預金において、その増減が生ずるのは、銀行が家計や企業の預金引き出しに備える時である。具体的には家計がATMで現金を引き出せば、日銀の負債側で当座預金残高が減少し、その分の銀行券が増加する。例えば、年末年始の行事に備えて多くの人が現金を引き出す時などは実際にその傾向がみられる。このような動きは当座預金の変動要因であり、「銀行券要因」と呼ばれる。この銀行券要因を均すために日銀は積み期間において日々短期のオペを繰り返しているわけだが、クレジットカード社会の欧米の中央銀行であれば、資金の過不足の振れが小さいために金融政策上、銀行券要因に対応する事務的コストは相対的に少なくて済む。昨今、日本政府は経済効率を高めるために「キャッシュレス社会」の実現を大々的に標榜しているが、それ自体は政府の子会社でもある日銀の事務コスト削減と安定的な金融政策の運営という視点からも、理にかなったものといえよう。

5.5　4大中央銀行を取り巻く金融・経済環境の独自性

以上でみたように、4大中央銀行が置かれた金融・経済環境は、その国や地域の歴史や文化の影響を受け、いわゆる経路依存的な独自性を抱えている。それは以下のように整理できる。

第1に、FRBが置かれたアメリカでは、①銀行制度において、連邦政府と

113)　なおこの時のクルーグマンの提言の本質は、将来引き締めが必要になるような物価の上昇が生じた場合に、中央銀行が「無責任」になってそれを放棄するという形で実現することにあったが、このことはあまり理解されていない。

州政府による「二元主義」が存在する。その上で、②銀行に対する監督・規制の権限は分権的となっている。とりわけ預金保険制度の主体であるFDICに、金融機関の監督・規制権限が与えられているのは特徴的であり、それがアメリカ特有の多重的な監督・規制構造を形作っている。また、③州政府の権限が強いことを背景に、中央集権的なシステムへの信頼度は低く、過剰なまでのウォール街やFRBに対する抵抗感を醸成している。さらに、④最先端の金融技術の発展、とりわけ証券化技術の発展を受けて、金融仲介における預金取扱金融機関の役割が相対的に低く、ノンバンクのプレゼンスが大きい金融機関構造が形成されている。

第2に、ECBが統一通貨を供給するユーロ圏では、そもそも19の政府に対して1つの金融政策が対応するという構造が特徴的である。このため、①総需要調整策としてのマネタリー政策と財政政策（フィスカルポリシー）のポリシーミックスが困難で、マネタリー政策における各国景気の平準化が行いにくく、また、②金融機関に対する監督・規制における政府と中央銀行の分担や、ECBに与えられたプルーデンス政策の権限そのものが曖昧であった。さらに、③域内19か国経済の発展段階や経済構造にばらつきが大きい点も、このECBを取り巻く環境の大きな特徴といえる。

第3に、BOEが置かれるイギリスにおいては、①銀行の規制は主として「自主規制」によって行われてきた伝統がある。1979年以降、法整備が進んだこともあり、② BOEのマンデートも近年になって大きく揺れ動いた。すなわち、金融機関の監視・規制の権限は、1997年にBOEの手を離れ、2013年に再びBOEの元に戻った。なお、③マネタリー政策に関しては、イギリスにおいては伝統的に貨幣的要因を重視する金融政策が好まれる傾向があったといえ、④設立以来のBOEが政府と国債市場を通じて蜜月関係にあった点も特徴といえる。

第4に、日銀が置かれる日本では、①中央銀行の独立性が伝統的に低く、1997年の日銀法改正も政治サイドからもたらされた副産物であり、その独立性は制度面でも運用面でも相対的に低いといわざるを得ない。また、②インフレ率が従来から低めで、1990年代末に先進国のなかでは戦後初めてのデフレを経験したことと、それを背景に強力な金融緩和でリフレーションを行うべきだという強い世論が形成されたことも特徴だ。③現金志向の経済社会は他の中央銀行にはかからない金融政策上の余分なコストを日銀に与えているともいえる。

第6章　4大中央銀行の金融政策の相違点と、歴史、制度、金融・経済環境との関係

本章では、これまでに振り返った4大中央銀行の歴史や制度、置かれた金融・経済環境が、非伝統的金融政策や「最後の貸し手」機能、「最後のマーケット・メイカー」機能において4大中央銀行間に生まれた政策の相違点をどのように発生させたのかを考察していく。

6.1　非伝統的金融政策を巡る4大中央銀行間の相違点とその要因

6.1.1　大量資産購入政策におけるバリエーション

4大中央銀行の非伝統的金融政策において、政策金利のフォワード・ガイダンスと共に大きな政策の軸となっていた大量資産の購入は、そのやり方にかなりの相違点がみられた。FRBは国債だけでなくMBSを大量に購入したが、これはBOEにおける資産購入が国債に大きく傾斜したものであったこととは対照的だった。ECBは2015年、長期国債を購入するPSPPの導入を、民間資産の購入であるABSPP、CBPP3とともにAPPのなかにそれを位置づけた。さらに、日銀は他にはみられないETF、J-REITの購入を行った。こうした相違点が生まれたのはなぜであろうか。

第1に、アメリカではそもそも住宅ローンの証券化が政府支援機関（GSE）を中心に一般化しており、長い期間をかけて住宅ローン担保証券（MBS）の厚みのある流通市場が成立していた。そのため、この市場に中央銀行が介入してリスク・プレミアムを縮小させることは、長期国債の買い入れによるリスク・プレミアム圧縮とほぼ同等の（金融市場全体への）金融緩和効果を持つとの判断があった。金融システムが安定化していたなかで行われた総需要調整策

としてのQE3でMBSが購入されたのは、このためといえる。

その上に、金融技術の発展とともに住宅担保証券の様々なリスク・リターンのニーズに応じた再証券化が行われることで、そこにノンバンク、MMFを経由して家計から資金が流れたり、海外の大口投資家から資金が流れたりする金融仲介ルートが出来上がっていた。このことが、特にMBS市場を安定させることが金融システム全体を安定させることに繋がるため、プルーデンス政策としてMBSが購入される背景となった。あくまでも総需要調整策の形を採りながら、金融システム安定化にも意味を持たせたQE1でMBSが購入されたのは、これゆえといえよう。

第2に、以上と対比すれば、間接金融優位の金融システムが温存されてきたイギリスにおいては、大量の資産を購入できるほどの厚みのある民間金融資産の流通市場が存在しなかったため、BOEのQEにおける資産購入は国債購入一辺倒となったといえる。もっとも、ブレグジット決定直後の金融緩和では民間金融資産の購入がわずかながら追加されたが、これはECBなどの民間資産購入の例に倣ったものといえよう。

第3に、ECBにおける大量資産購入であるAPPには、国債購入策であるPSPPと、民間資産の購入策であるABSPP、CBPP3が含まれる。このうち、後2者はECBがゼロ金利制約に直面する以前から、金融システム安定化のために用いられていたものだ。後述のように、ECBは総需要調整策としてまずはマイナス金利政策を導入し、さらなる緩和効果を狙って大量資産購入に踏み切るが、その際にユーロ圏19ヵ国のどの国の国債をどの程度購入するのかという問題が生じた。そのためECBはひとまずAPPの枠組みを発表し、「ECBに対する各国中央銀行の出資比率」の規模に応じて国債を購入するという基準が合意された時点で、PSPPが後から追加された。APP自体、ひとまず暫定的に導入されたが、はじめからその本丸はユーロ版QEであるPSPPにあったことは自明であり、実際にはAPPの9割がPSPPで占められることとなった。すなわち、ECBの民間資産購入は、FRBほど積極的にリスク・プレミアムの縮小効果が認識されていたのではなく、金融システム安定化のための政策としての残滓を引きずるものであったといってよいだろう。

第4に、日銀は、包括緩和政策以来、社債やCPの購入に加え、ETF、J-REATの購入を総需要調整策の手段に位置づけている。理論上は金融資産のリスク・プレミアムの圧縮を促すものといえるが、とりわけ2013年4月の「量的・質的金融緩和」の採用以降、事実上、株式市況や不動産市況を中央銀行が直接的に支える政策となっている。こうした政策は他の中央銀行にはみられないものであり、しばしば「準財政政策」と呼ばれる[114)]。

ETF、J-REATの購入ペースは（2020年7月現在）それぞれ年間12兆円、1,800億円と巨額だが、包括緩和時のそれはわずかなものであり、2012年末の残高でみても1.6兆円、1,200億円に過ぎなかった。導入の背景には、強力な金融緩和策でリフレーションを行うべきという日本特有の世論形成があり、これに当時の日銀が、他の中央銀行に類をみない積極的な緩和策を打ち出す形で応えた（ただし額は微小）、というのが当初の実情だったであろう。

2013年の量的・質的金融緩和採用以降はその額が飛躍的に増大するが、これは「2年で2％」の物価上昇を達成するという目標を掲げ、2年で達成できなかった後も、実体経済が循環的な好況局面にあるにもかかわらずそれを追求し続けたため、どんどん拡大した、という側面が見逃せない。また、2020年3月のように、株式市況が崩れそうな局面に合わせてETF、J-REAT購入額増大の発表を行うことで、事実上日銀が株価を支える役割も果たしているといえる。

6.1.2　マイナス金利政策

マイナス金利政策は、イールドカーブの起点を下げて、中長期ゾーンの金利の低下を促すことで、消費や投資を増加させるのが狙いであり、ECBと日銀

114)　中央銀行が株式を購入するという意味では、例外はスイス国立銀行で、安全資産であるスイスフラン高に対する再三にわたる為替介入で得た外貨を元手に、アメリカやヨーロッパ市場で株式の購入を行っている。しかしスイス国内の株式市場に介入しているわけではない。

において採用された。もっとも、日銀では当初から準備預金が階層化されたうえでその一部分にのみマイナスの付利が行われたのに対して、ECBでは超過準備全体にマイナスの付利が行われたという違いがある。さらに、日銀では大量資産購入が先行しその後にマイナス金利政策が導入されたが、ECBでは導入の順序が逆であるという違いもある。

第1に、なぜマイナス金利政策はECBと日銀においてのみ導入され、FRBとBOEでは採用されなかったのだろうか。

まず、FRBはマイナス金利政策を採用しなかったが、それは、金融危機の直後に行った金融システム安定化のための資産購入が、そのまま総需要調整策としての資産購入に移行した、という事情がある。そのため、非伝統的金融政策手段としては、まずもって大量資産購入が選択され、それを行っている段階で景気が回復し、大量資産購入からの正常化が進んだ。このため、端的にいえばマイナス金利政策までをも必要としなかった、というのがFRBがそれを導入しなかった実情であるといえる。

だが、FRBが新型コロナ対策を経た今日に至るまで、マイナス金利の導入に終始消極的であることも事実である。ここでは、その理由を検討しておこう。図6-1は日銀がマイナス金利政策を導入した2016年における3ヵ国1地域の国債の年限別平均利回りの比較である[115)]。それによれば、2016年において日本では、イールドカーブの極端なフラット化が起きていた。そのため、日本では中期国債ファンドやMMFなどの繰上げ償還、保険商品の販売の停止などが相次いだ。しかし、銀行の預金金利はゼロ以下にはならないので預金者による預金口座の解約は起きにくく、間接金融優位の日本において、銀行の資金源としての預金は依然として強固なものであった[116)]。

対して、高度に発達した金融市場を持つアメリカでは、長短金利の差を利用

115) この際、ユーロ圏については19ヵ国の国債金利の平均値を用いた。

116) ゆえに、預金取扱金融機関によるバンキング業務に依存する日本では銀行の収益が一定レベルを超える低水準においては特に悪化し、政策金利を引き下げすぎると金融緩和効果が逆転するという「リバーサル・レート論」なども出現した。

して利ザヤを稼ぐノンバンクと、それへの資金源となっているMMFの金融市場におけるプレゼンスが高い。もしFRBがマイナス金利を導入した局面で日本のようなイールドカーブのフラット化が顕著に起これば、ノンバンクの発売する金融商品は収益性が大きく棄損され、ノンバンクの収益の減少とMMF解約による資金源の枯渇が金融システムそのものに不安を与えることになりかねない。つまり、イールドカーブのフラット化は、預金取扱金融機関よりも非預金取扱金融機関であるノンバンクの収益により厳しく作用する可能性が高い。そのため、FRBはマイナス金利の導入に関して消極的であると推測される[117)]。

またそもそもマイナス金利政策は、銀行全体のコンピューターシステムの変更やプラス金利の世界を想定した契約の更新、顧客の理解を得る方法が困難であるとされる。BOEに関しては、主にこうした理由からマイナス金利に対して慎重であるとの見方が根強い[118)]。

第2に、ECBが当初は付利すべき準備預金を階層化しなかったが、それはなぜであろうか。それは、ユーロ圏の金融機関は手数料業務をはじめとする多様な金融業務を行っており、貸出金利と預金金利の利ザヤが縮小してもそれ以外の業務を通じてある程度の収益を確保できる体制にあった。また、マイナスの付利をされた超過準備を積み上げたままにしていても、企業などへその一部を転嫁することも局地的には可能となっていた[119)]。

117)　2016年2月の議会証言において、FRBのイエレン議長はマイナス金利政策に関して「日欧にとっては有益な金融政策の手法」であるとの認識を示したうえで、金融環境が異なるアメリカでは、FRBによるマイナス金利政策は「好ましくない」政策であると表明した。

118)　2020年7月5日付「THE TIMES」紙によれば、BOEベイリー総裁はシティに送付した書簡のなかで、BOEによるマイナス金利政策の採用は、銀行に対する著しい事務コストの負担に繋がるため、シティがこれに準備するためには最低1年を要するとの見解を示した。

119)　ドイツなどでリテール顧客にマイナス金利が転嫁されるなど、ユーロ圏において、場合によっては預金へのマイナス金利の転換という選択肢も完全に排除されてはいなかった。

他方、日本の銀行は主に伝統的なバンキング業務が全体の収益に占める割合が極めて高い。そのため日銀によるマイナス金利政策は、銀行の収益に対する悪影響を極力和らげるよう当初から階層構造方式で導入された。つまり両政策の違いは、銀行の収益構造の違いによってもたらされたものといえる。

第3に、ECBは2014年6月にほぼゼロ金利制約に直面した段階で、他の中央銀行とは違い大量資産購入に踏み切る前の段階で、先んじてマイナス金利政策を導入した。その理由はどこにあるのだろうか。すでに述べたようにECBは19ヵ国の中央銀行であるため、総需要調整策としての量的緩和に関しては、どの国の国債をどの程度購入するのかという問題が付きまとい、それに対する意見調整が最後まで困難を極めた。そのため総需要調整策としては、より内部調整が容易であったマイナス金利政策が先に選択されたといえる。

図表6－1　2016年におけるイールドカーブの比較

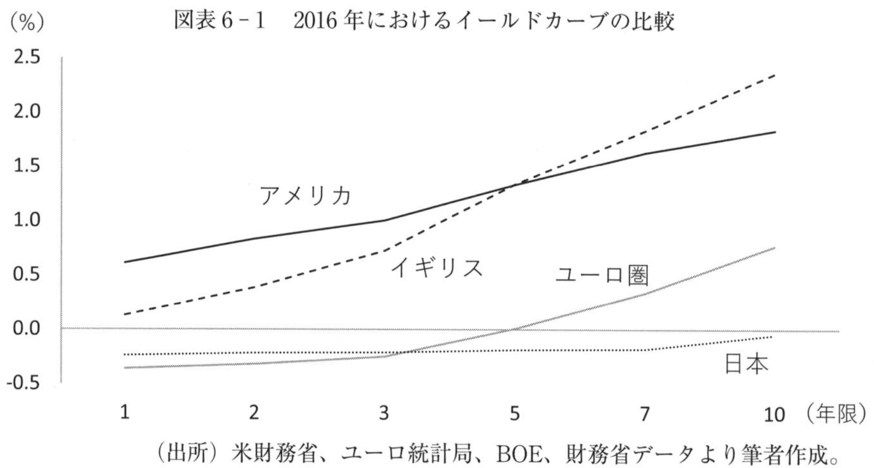

（出所）米財務省、ユーロ統計局、BOE、財務省データより筆者作成。

6.1.3　イールドカーブ・コントロール政策

イールドカーブ・コントロール政策に関しては、日銀のみが採用し、FRB、ECB、BOEは採用に至っていない。

ここで上記の図表6－1をより詳細にみてみると、第1に、イールドカーブそのものが、マイナス金利を導入していないアメリカ、イギリスにおいては、プラス圏でスティープとなっている。第2に、マイナス金利を導入しているユーロ圏と日本においてはイールドカーブ全体が押し下がっている。さらに、そのうち、日本のイールドカーブのみが極度にフラット化し、10年物金利もマイナス圏を付けている。これに対し、日銀に先んじてマイナス金利を導入したユーロ圏では、短期ゾーンでは金利がマイナス圏となっているが長期ゾーンではプラスとなっており、イールドカーブの極度のフラット化はみてとれない。

図表6－2はECBのマイナス金利政策の採用前後3年におけるイールドカーブの形状である。これをみる限り、ユーロ圏においてはマイナス金利政策導入に際して、イールドカーブの起点、全体の形状は確かに押し下げられてはいるものの、日本で起きたほどのイールドカーブのフラット化は起きていない。日銀がECBの先例に倣って、イールドカーブの起点や全体の形状を押し下げるためにマイナス金利政策を導入したのであれば、日本におけるイールドカーブの過度なフラット化は当初日銀が想定した以上の規模で発生したといえよう。このために日銀は金融機関の収益の減少を避ける目的で、イールドカーブをスティープ化するためにイールドカーブ・コントロール政策を導入した[120)]。

なお、よりテクニカルな視点として、イールドカーブ・コントロール政策に関しては、日銀がコントロール目標を金利に切り替えた時点で、本来、量は「内生的」にならざるを得ないはずであった。2012年の包括緩和政策以来、日銀の国債保有残高が発行済み国債の約60％に迫るなか、国債購入の限界がささやかれていた。そもそも日本において安全資産である国債は、様々な金融取引の担保として一定程度、民間部門で常にニーズがあるため、日銀がこれを保有できる割合には限界が存在する。そうしたなかで、量を追えなくなった日銀

120)　イールドカーブの極端なフラット化や長期ゾーンの金利のマイナス化がいかに日本の金融機関の収益に負の影響を与えたのか、詳細は小藤（2019）を参照されたい。

が、イールドカーブ・コントロール政策という名の下で、事実上のステルス・テーパリングを開始したという見方もあった。

図表6－2　2013年から2015年におけるユーロ圏のイールドカーブ

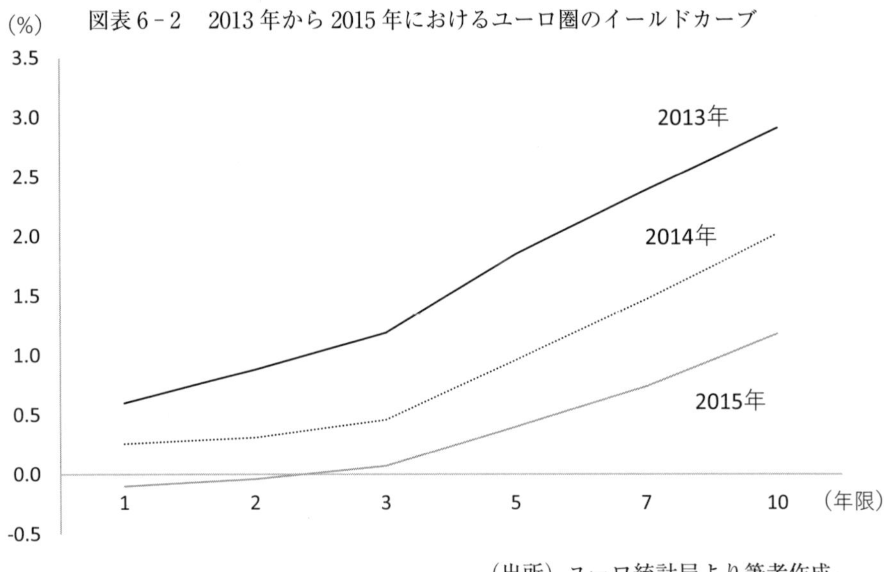

（出所）ユーロ統計局より筆者作成。

6.1.4　相対型貸出資金供給

相対型貸出資金供給は、ECB、BOE、日銀がこれを採用し、FRBは採用していない。

ユーロ圏、イギリス、日本では伝統的に間接金融優位の構造が築かれており、銀行の融資に的を絞った中央銀行による相対型貸出資金供給は有効であると考えられた。

しかし、高度に発達したノンバンクによる金融仲介ルートの太いアメリカ金融市場においては、預金取扱金融機関の重要度は限定された。相対型貸出資金供給は、中央銀行が直接銀行に対して融資を促す政策であり、それはいわば市場を介さない（非市場型）の貸出誘導策である。アメリカの金融市場には、このような政策は馴染みにくいため、FRBが相対型貸出資金供給を導入することはなかった。

ECB、BOE、日銀において採用された相対型貸出資金供給にも、個別にみれば相違点もあった。まず、ECBのTLTROはオペ方式で行われた。BOEのFLSは直接資金を供給するのではなく、国債の貸出を行う政策であった。日銀の成長基盤強化支援オペ及び貸出増加を支援するための資金供給は、銀行に融資資金を貸出す枠組みであった。こうした相違点は、どこに由来するのだろうか。

第1に、ECBのTLTROはそれまでの3年物のLTROが実体経済に波及していないとの問題点から出発しており、TLTROという名称が示す通り、LTROの効果をマネーストック増大に直接的に結びつけるために練り上げられた、オペの延長線上にあった政策であった。この際、オペによる入札方式を採る限り、19ヵ国から構成されるECBが、特定の所在国の銀行を優先したなどという恣意性を疑われることはなくなる。また、TLTROの対象を非住宅貸出とした背景には、2000年代初頭に主に南欧諸国において住宅バブルが発生して景気過熱感が高まり、その反動が南欧諸国による欧州債務危機に繋がったというトラウマがあり、住宅価格に関しては極力刺激することを避けたいとのECBの意図があった。

第2に、上記を考慮すると、単一国のみを束ねる中央銀行である日銀には、成長基盤強化支援オペ及び貸出増加を支援するための資金供給において、銀行の所在国に気を配る必要は全く生じない。また、スティグマ問題が存在しない日本では、高度成長期におけるオーバーローンの歴史などにより、日銀からの資金享受を一種の名誉であるとする習慣もあった。さらに、日本では平時から日銀と民間銀行が考査やオフサイトモニタリング、天下り人事等を通して頻繁に交流しており、これらのことも非オペ形式での資金貸出を容易にした原因と考えられる。このような背景により、日銀には相対型貸出資金供給に対して、個別銀行に対して融資を促す目的で直接的に日銀当座預金口座への入金という形で資金を貸し得る環境が元々整っていた。

ところで、日銀の相対型貸出資金供給には、2010年4月の「成長基盤強化資金オペ」と、2012年10月の「貸出増加を支援するための資金供給」の2つのバージョンがあった。このうち、成長基盤強化資金オペに関しては、対象先を成長分野に絞っている。その背景には、当時日銀に対する金融緩和の圧力が増すなかで、金融緩和によって潜在成長率が上げられるか否かという政府サイドからの問題提起があった。本来、総需要調整策で潜在成長率を引き上げることは極めて難しいが、日銀としては緩和要求が日増しに強まるなか、総需要調整策の一環として潜在成長率を引き上げるために、構造改革的な意味合いも持たせる形で対象を成長分野に絞った成長基盤強化資金オペを導入した。他方、貸出増加を支援するための資金供給に関しては、その対象に分野の縛りは設けられていない。これは、当初の成長基盤強化資金オペが想定していたほど潜在成長率の上昇に結びつかないことが明らかとなるなかで、2012年7月にBOEにおいてFLSが採用されており、潜在成長率が上昇しないのであれば、同じ枠組みを用いたとしても分野を定めない形での資金供給の方がよりマネタリー政策としての緩和の効果は高いとみての、いわばなし崩し的なモデルチェンジといえた。

第3に、「最後の貸し手」機能におけるSLSにもみられるように、二重構造からなるイギリスの決済システムにおいては平時より銀行が決済のために直接BOEと取引する機会は少なく、BOEからの資金供給は馴染みが少なく使い勝手も悪かった。実際にBOEは、2007年9月には決済銀行以外を対象とした銀行への入札形式での資金供給を試みたが、入札する銀行はまったく現れなかった。つまり、BOEには「スティグマ問題」という障壁があった。このため、FLSの採用を巡っては国債の貸出という準備預金の増加を伴わない手段が選択されたのである。

また、FLSの枠組みが創設された2012年7月の段階ではイギリスにおいてはFSAが存在し、長らくBOEには銀行に対する監督・規制権限は与えられていなかった。このため少なくとも日銀などと比較すれば、BOEはCHAPSに参加する決済銀行、OMOカウンターパーティーとなっている金融機関以外、そもそも多くの銀行と密に接する機会が少なかった。これも、BOEが直接的に準備預金口座を介した貸出資金の供給を避けた1つの理由であると考えられる。

なお、2014年2月にFLSはバージョンチェンジされ、融資のなかでも中小企業向貸出の増加をピンポイントに狙った枠組みに変更された。この変更は、当初のFLSにより国債借り入れを通して銀行が得た資金が主として住宅市場に流入したため、住宅バブルを恐れたBOEが、企業融資に資金供給の狙いを絞るために行われた。このBOEの対応は、伊藤（2016）が指摘するように、イギリスでは主に景観を守るための建築規制が厳しく、不動産供給そのものが限られているため、資金の住宅関連市場への流入は住宅バブルの発生を引き起こしやすいという固有の事情と符合するものでもあった。

6.1.5　独立的インフレ期待の形成

独立的インフレ期待の形成については、日銀のみが採用し、FRB、ECB、BOEはこれを採用しなかった。

この背景には、日本が他国に先駆けて1990年半ばにはデフレに陥っており、これと前後して「デフレ・スパイラル」の危険性が議論され、強力な金融緩和でリフレーション政策を行うべきという世論の高まりがあった。

すなわち、日本経済には長期のデフレによってデフレマインドが定着している、という見方や、中央銀行によるインフレ形成のコミットメントによって期待インフレ率が上昇すれば実質金利が低下するため、デフレからの脱却ができる、というリフレ派の考え方が、大きな支持を集めた。こうして日本では、中曽（2017）にもみられる、「デフレマインドが広く企業や家計に根付いてしまった経済においては、中央銀行が人々の期待に働きかけることを通じて、中長期的なインフレ期待を上昇させて実質金利の低下を促す必要がある」との認識が拡がった。

また、独立的インフレ期待の形成に関しては、政府からの独立性が相対的に低い日銀が、事実上、政府主導によってその採用を飲まされたという側面もあった。日銀が独立的インフレ期待の形成に踏み込んだのは2013年4月の量的・質的金融緩和政策導入の時であるが、前年末に政権の座に就いた安倍晋三首相は、アベノミクスの第一の矢として「大胆な金融政策」を掲げ、任期切れが迫っていた白川総裁の後任人事に関して、2013年2月18日の参院予算委員会において「私と同じ考えを有する人にお願いしたい」と明言していたのである。

なお、日銀が量的・質的金融緩和政策の際に行ったコミットメントは、2％物価目標を達成するまでマネタリーベース残高の拡大を継続するというものだったが、早川（2016）などが指摘するように、長期ゾーンまで金利がほぼゼロの状態では、マネタリーベースと長期国債は完全代替となるため、理論的にマネタリーベースの拡大は景気拡大やインフレ率の上昇をもたらさない。とすれば、このコミットメントでは物価上昇の期待の形成は難しく、プラシーボ効果を当てにしたものといわざるを得ない[121)]。

こうした背景をFRB、ECB、BOEと比較してみると、アメリカ、ユーロ圏、イギリスにおいてデフレは発生しておらず、少なくとも世界金融危機以前にデフレに対する警戒感は日本に比べて低かった。FRBにおいて日本のデフレは脅威として早くから議論されてはいたが、結果としてITバブル崩壊に対して「FRBビュー」に基づく速やかな金融緩和を実行し、深刻なデフレの発生は免れていた。

そもそも日本の経済論壇における独立的インフレ期待の形成の火付け役となったクルーグマンは、この政策の要を、将来引き締めが必要になった局面で日銀が「無責任」になることにあると置いており、このような政策は第一義的に物価の安定をマンデートとする中央銀行には馴染まない。そのような意味では、他に方法があるのであれば独立的インフレ期待の形成には極力踏み込みたくないというのは中央銀行の本音であり、これに立ち入らなかったFRBなどの対応はよりプラグマティズムに裏打ちされたものであるともいえるだろう。

121）実際に2013年4月に掲げられた2％のインフレ期待目標は、本書執筆段階でも達成されていない。

6.2 「最後の貸し手」機能を巡る4大中央銀行間の相違点とその要因

6.2.1 「債務超過先への貸出禁止」の原則

中央銀行の最後の貸し手機能について、バジョット・ルールにおいては原則とされていた「債務超過先への貸出禁止」は、そもそも中央銀行界において守られてこなかった。しかし、1990年代になってFRBとECBで取り入れられた。この原則に関する4大中央銀行の対応の違いについて、その背景や要因をみていこう。

第1に、FRBにおいて1991年のFDICIAで債務超過先への連銀貸出が禁止されたのはなぜだろうか。

すでに述べた通り、FRBに関しては、その設立から1980年代まで「債務超過先への貸出禁止」の原則が厳格に遵守されていた形跡はない。それが1991年のFDICIAでは、債務超過先への連銀貸出に極めて厳しい制限が設けられた。この背景には1980年代のContinental Illinois銀行をはじめとする大銀行の救済過程において、FDICが大きな損失を被ったこと、またToo big to fail問題による安易な救済がモラルハザードを助長したことなどが、アメリカに元々あったウォール街アレルギーに火をつけ、これが議会による新たな法律FDICIAの制定に繋がった。なお、FDICIAの施行以後、債務超過先への連銀貸出は厳格に制限されたが、皮肉にもそのことがリーマン・ブラザーズ破綻の引き金となったことは、先に述べたとおりである。

第2に、ECBでは、設立当初から設けられていたELAにおいて、債務超過先への貸出は厳格に禁止されていた。その理由は、1998年のECB設立時に、アメリカのFDICIAによる債務超過先への貸出禁止が、すでに国際的な潮流となっていたことにあると考えられる。19ヵ国からなるユーロ圏においては、債務超過先に対するELAは基本条約123条で禁止されている。

第3に、BOEでこうした動きがなかったのは、1997年の制度改革でBOEは銀行の監督・規制業務をFSAに明け渡し、頻繁に取引のある決済銀行やOMOカウンターパーティー機関以外の財務状況を正確に知る術を持たなかったことが大きな要因であるといえよう。なお木下（2018）は、深刻な取り付け騒ぎは当時のイギリスではヴィクトリア王朝から2007年のノーザンロック銀行の取り付けまで、約140年間起こっておらず、BOEは既存の制度設計に自信を持っており、楽観論もあいまって1990年代初頭のタイミングで「最後の貸し手」機能に関して真剣に議論し見直すというような雰囲気がそもそもなかった点を指摘している。

第4に、日銀の「最後の貸し手」機能である日銀特融では、「債務超過先への貸出禁止」の原則が遵守されるどころか、銀行の円滑な破綻処理を進めるために、むしろ積極的に債務超過の銀行への貸出が行われた。その理由は、どこにあったのだろうか。

その前提として、そもそも、中央銀行による債務超過先への資金の貸出が問題視され、厳格に禁止されていたのはFDICIAが施行されて以降のアメリカにおいてのみであり、それ以前の運用に際しては各国においてバジョット・ルールが厳格に守られてきた形跡はみられなかったことはすでに述べた。とりわけ日本においては、モラルハザードに関する議論それ自体が国民意識にも根付いておらず、昭和銀行におけるスキームの時点で、大きな障壁もなく破綻銀行に対する日銀による貸付けが行われていた。

戦後における特徴は「護送船団方式」といわれた政府主導による金融機関に対する監督・規制体制であった。護送船団方式の下では、金融機関の競争の制限と、零細金融機関でも収益が確保できるための参入規制、業務分野規制、店舗規制、金利・手数料規制、広告規制などが行われていた。その下で、1990年代以前は、日本において金融機関の破綻はごく小規模の信用金庫と信用組合にしか起こっておらず、その際、政府はノーコストでより近隣の大規模な銀行に破綻機関を吸収させていたが、事実上その財源は参入規制等によって生じた大銀行の超過利潤によって賄われていた。

1990年代になると銀行の破綻が頻発し、金融システム不安がささやかれるなか、それまで「護送船団方式」で破綻機関を吸収する側であった、大規模な銀行までもが深刻な経営難に陥った。そうしたなかで、政府、預金保険機構、日銀による新たな破綻銀行に対する円滑な処理のスキームが構築され、その1つの重要なファクターが、すでに述べた日銀特融による債務超過先銀行への「つなぎ融資」であった。

6.2.2　ノンバンクへの「最後の貸し手」機能の発揮

「最後の貸し手」機能の対象は、伝統的には商業銀行などの預金取扱機関であった。しかし、1991年のFDICIAにより、非常時の連銀貸出に関してノンバンクが担保面で優越的立場となり、実際に世界金融危機の際にFRBはベア・スターンズとAIGに資金供給を行った。

1990年代になって、こうした制度変更がなされた背景は何であろうか。そこには、高度に発達した金融市場を有するアメリカにおいて、ノンバンクのプレーヤーとしてのプレゼンスがとりわけ1990年代までに高まり、金融システムの安定性を考えた場合にノンバンクを救済する必然性が非常に大きかったことがあげられる。なお、アメリカ金融市場でノンバンクが急成長した背景には、1970年代における金融自由化の加速、1980年代後半より運用が開始されたBIS規制（バーゼルⅠ）の規制対象にノンバンクが含まれなかったことが要因であったことはすでに述べた通りである。

一方で、間接金融が太いとされる、ユーロ圏、イギリス、日本におけるELAや日銀特融の主たる対象先は、伝統的な預金取扱金融機関であった。金融資本市場の状況の違いは、危機対応において中央銀行の最後の貸し手機能をノンバンクに対して大々的に発揮するか否かの相違点を生み出した。

6.2.3　政府の債務保証の有無

中央銀行の貸出に対する政府の債務保証に関しては、ECBでは設立時からELAによる貸出に、貸出先金融機関の所在国の政府保証が付されており、BOEでは、2008年の金融危機時にELAの一定額以上の貸出に政府保証が付けられた。これらは、FRBと日銀にはみられない。

第1に、ECBがこの制度に政府の債務保証を組み込んだのはなぜだろうか。

第一義的にはその理由は 19 の国に 1 つの中央銀行という構造そのものからきている。そしてそこに対応する制度設計として、加盟各国の中央銀行による ELA は、それが貸倒れを起こした場合は、当該国の中央銀行に対して当該国の政府がこれを債務保証するという枠組みが構築されていた。各国政府による債務保証があれば、ELA が仮に貸倒れを起こしてもその損失がユーロ圏の各国内に留まり、ECB 本体の財務が棄損されることはなくなるため、ユーロ加盟国間の負担の分担に端を発する各国間の対立を事前に阻止する防波堤の役目もあった。だが、それは、財政がひとたび悪化すると、重債務国の国債を保有する金融機関の健全性を損ない、それがさらに ELA の各国政府による債務保証を通して財政の悪化に跳ね返るという経路で、欧州債務危機を促進する側面もあった。金融機関の健全性が失われがちな重債務国においてこそ、政府による債務保証の実行が困難になるという構造だ。

第 2 に、BOE では最後の貸し手機能には一定額を超えた場合に政府の債務保証が付されている。つまり一定額以下の BOE による銀行への貸付けが貸倒れを起こせば BOE、一定額以上の貸付けが貸倒れを起こした場合には財務省と、その負担の分担が周到に取り決められている。このような仕組みは 2008 年の RBS 向け、HBOS 向けの流動性供給の際に導入され、以降 BOE と財務省が締結した「金融管理 MOU（Memorandum of understanding on financial Crisis Management)」で恒久化した。

この背景には、BOE の設立当初よりの政府との関係の深さがあげられる。商業銀行として設立された BOE は、元々政府への貸出業務をビジネスとし、イギリス議会による世界で最初の国債発行の円滑化にも大きく貢献した。そうしたなか、1708 年には政府から銀行券発行に関する優遇的な立場を付与され、1844 年には政府によって唯一の発券銀行として認可された。戦後になると、1946 年には国有化され、1997 年までは事実上財務省の一部となっていた。このように構築されてきた BOE と政府との関係の深さが、BOE の貸付けに貸倒れが起きた場合に、その役割分担が BOE と財務省で周到に用意される下地となった。

なお、FRBでは、最後の貸し手機能に政府による保証は付されていない。これは、FRBの政策決定プロセスが政府から完全に分離していることにある。とりわけ1991年のFDICIAにおいては、債務超過先への連銀貸出は不可能とされたため、連銀貸出が貸倒れを起こすという事態そのものが想定されていなかった。

また、日銀による日銀特融には、政府による債務保証は付されていないが、そこには債務超過に陥った銀行への日銀特融は最終的には預金保険機構から金銭援助により必ず返済されるという特殊な枠組みがあった。それゆえ、日銀特融に関しては政府が債務保証を行う必要はなかったといえる。政府と日銀の関係が近かったがゆえに、日銀特融が政府と預金保険機構との合作で、銀行の円滑な破綻を促すためのツールとして使用されていたという特異な状況があった。もっともこのような状況は、「政府が預金保険機構を迂回して日銀特融に対する債務を保証」していた、とみることもできる。

6.2.4　スティグマ問題

スティグマ問題は、FRBとBOEに存在するが、ECBと日銀には存在しない。

第1に、アメリカでは、伝統的に商業銀行が連銀貸出を受けることを避ける風潮が強かったが、その理由は何だろうか。それは、すべての銀行がFRBの決済システムを利用しているわけではないためである。民間同士の口座振替で相当部分の決済が完結するアメリカの銀行システムにおいて、FRBの「銀行の銀行」としての独占度は相対的に低く、民間銀行のなかにも事実上の「銀行の銀行」が存在する。ローカルの小規模銀行などはまずFRBではなく、州都などにある中堅銀行に貸出という名での流動性の供給を頼る習慣がある。この場合、FRBの当座預金の増加は起こらず、市場からの疑いがもたれることは相対的には少なくなる。

またそもそもアメリカにおいてFRB非加盟銀行を含めてすべての預金取扱金融機関に対してFRBに当座預金口座を開設することが義務付けられたのは

1980年の金融制度改革法からであった。つまり、それ以前はFRBに口座を持たない銀行も存在したため、その名残が今日まで残っているともいえ、連銀貸出の利用に関して馴染みを見出しにくい銀行が一定程度存在する。

なお、世界金融危機直後に、スティグマ対策を克服するためのTAFなどのファシリティが設立されたことは第2章でみたとおりである。

第2に、イギリスにもスティグマ問題が存在した。BOEにおいてはCRD制度の下で1996年までは事実上のBOEに準備預金を積んでいる銀行が決済銀行に限られており、その名残りからイギリスにおいて決済銀行以外の銀行が、直接BOEと取引することは元来馴染みのないことである。またイギリス固有の決済における「二重構造」もそれに拍車をかけた。

OMOカウンターパーティーがより広範囲の金融機関を対象とした1996年以降においても、CHAPSに参加する決済銀行に対して預金ファシリティ対象の金融機関の数、準備預金制度に参加しているにもかかわらずOMOカウンターパーティーから外れている銀行の数に開きが存在することは、スティグマ問題のトリガーとなった。

イギリスではこうしたスティグマ問題により、銀行が手持ちの流動性の低い資産の代わりに国債の貸出をBOEから受けるという形態を採ることにより、BOEから直接的な資金供給を受けるケースと比べて、準備預金の増加を通じた健全性が市場から疑われることを回避するための仕組みとしてSLSが採用されたことは第2章でみたとおりである。

なお、ECBにおいては通常のオペであるMROやLTROが担保付貸出の形式を採っているため、これが欧州債務危機において固定金利金額無制限で行われたことにより、事実上の「最後の貸し手」機能の働きを果たしたことはすでに述べた。この際、通常のオペとしてのMROやLTROの対象機関は、ユーロ圏内の幅広い金融機関に広がっており、「適格水準」を満たした機関であれば選別なく平等・公平にECBのオペに参加できるため、平時より数多くの金融機関がECBと直接取引し得る環境にあった。そのため、ECBに関して、スティグマ問題は存在しなかった。

また、日銀の日銀特融に関してもスティグマ問題は存在しない。日銀が提供する決済システムである日銀ネットはすべての金融機関を対象とし、オペにも数多くの金融機関が参加できる環境が平時より構築されている。とりわけ日銀のオペ参加金融機関は準備預金制度に参加していることが前提となっているため、イギリスにみられるような日銀のオペ対象先であるにもかかわらず日銀の準備預金制度に参加していないという対象金融機関のズレは存在しない。

また元来、日銀との取引を特別にためらう風潮は日本の金融機関にはないといえる。逆に、日本では高度成長期には銀行は日銀貸出による成長マネーの供給を一種の名誉として享受するというオーバーローンの習慣さえあって、銀行が日銀から資金を供給されることを嫌う風潮はことさら生まれにくい。よって日銀が特融に対して、スティグマ問題を理由とする枠組みの改善を図った形跡もみてとれない。

6.3 「最後のマーケット・メイカー」機能を巡る４大中央銀行間の相違点とその要因

6.3.1 信用市場における借り手と貸し手に対する資金供給

「最後のマーケット・メイカー」機能のうち、「信用市場における借り手と貸し手への資金供給」はFRBのみが行っている。これはなぜだろうか。

その背景には、ノンバンクによる金融の技術革新や、その資金源としてのMMFの重要性が増し、ノンバンクの経営難やMMFからの資金流出が金融システムの不安に直結するという高度に発達したアメリカ金融市場の存在があった。特に世界金融危機当初、アメリカではこうした金融市場におけるノンバンクの存在の重要性と、実質的にその資金源であったMMFへの依存度は無視できないほど大きなものであった。これによりFRBは、世界金融危機時において、より多くのファシリティ、とりわけ４大中央銀行のなかでも突出して、AMLF、CPFF、MMIFFといった信用市場における借り手と貸し手への資金供給という形での「最後のマーケット・メイカー」機能を発揮したのであった。

このことは、同時に、なぜユーロ圏、イギリス、日本の金融システムにおいては信用市場における借り手と貸し手への資金供給を必要としないほどに、ノンバンクのプレゼンスが低いのかという疑問に行きつくが、それを整理すると以下のようになる。

第1に、ユーロ圏におけるサブプライムローン問題は、特定の金融機関のバランスシート内に限定されていた。このことはユーロ圏の預金取扱金融機関が伝統的なバンキング業務以外にも、手数料業務などそのビジネスを多角化させていたためである。

第2に、第5章の図表5-2にもあるようにイギリスにおいては、預金取扱金融機関のプレゼンスは非常に高い。この背景には、イギリスには長年にわたる「紳士協定」によりシティにおいて自主規制による共存意識と他の金融業界との住み分けが暗黙の了解として根付いていたため、個別の銀行が抜け駆けする形での金融のイノベーションは起きにくいというイギリス固有の土壌があった。

第3に、日本ではバブル崩壊から不良債権問題の発生で、経営破綻に陥った銀行が数多く存在したが、この時、日銀は「最後の貸し手」として銀行破綻を最小限に食い止めることはせず、むしろ政府と預金保険機構との共同スキームとして、日銀特融がつなぎ融資として破綻銀行の円滑な処理を行う一翼を担ったことはこれまでみてきた通りである。より重要なことは、この時、一部の破綻銀行を破綻させることの引き換えに日本は「間接金融優位の金融システム」そのものは強固に守ったのであった。それにより、日本において世界金融危機前夜まで、ノンバンクのプレゼンスはアメリカに比べて極めて限定的なものとなっていた。

6.3.2 期間の長い債券の購入

「最後のマーケット・メイカー」機能のうち「期間の長い債券の購入」はFRBとECBで主に行われた。この状況を整理すると以下のようになる。

第1に、このうちFRBにおける期間の長い債券の購入は、2008年末から

QE1に引き継がれるMBSとGSE債の購入として、住宅ローン市場や住宅市場への資金供給による当該債権市場の安定化を意図とした信用緩和の局面で大いに発揮された。FRBがこのような施策を行った理由としては、アメリカではMBS市場そのものが他に例のないほど巨大であり、とりわけノンバンクにとっては重要な市場となっており、MBS市場を安定化させることは、アメリカの金融システムを安定化させることと同義であったことがあげられる。

第2に、「期間の長い債券の購入」を通じた「最後のマーケット・メイカー」機能に関しては欧州債務危機の局面で重債務国の国債市場への安定化を図るためにECBによっても行われた。その理由には、ユーロ圏における金融システム安定化を図りたいECBが、SMPで国債を、CBPPでカバードボンドの購入を行うことによって、特に価格の下落した重債務国の国債を保有している各国の金融機関を支える意図があった。これは、19ヵ国にまたがるユーロ圏を一元的に管轄する中央銀行というECBならではの特殊な構造によるものともいえよう。

第3に、上記の欧州債務危機とECBの期間の長い債券の購入を通じた重債務国の国債市場への最後のマーケット・メイカー機能の発揮と照らし合わせると、BOEは1992年の段階でEMSを脱退しており、ゆえに統一通貨ユーロへは参加しておらず、BOEの金融政策がECBに組み込まれることはなかったという現実的な側面が大きい。そのために元々間接金融優位のイギリスにおいては信用市場における借り手と貸し手への資金供給は無論のこと、欧州債務危機でECBが行ったような期間の長い債権の購入を通じた重債務国国債市場への「最後のマーケット・メイカー」機能でさえ、BOEがそれを発揮する必要性はなかった。

第4に、日銀はCPオペ、社債オペとしてこれらの債権の購入を通じて社債市場、CP市場の安定化を図ったが、間接金融が太い日本において社債・CP市場の規模は極めて小さいという事情から、それと相互する形で行われた日銀による社債オペ、CPオペもその規模は極めて限定されていた。

第７章　金融政策の将来展望－新型コロナ危機への政策対応を踏まえて

7.1　新型コロナ危機に対応する中央銀行の政策

ここまでの章において非伝統的金融政策における４大中央銀行の相違点とその要因について考察してきたが、今日の中央銀行と今後の金融政策の在り方を考えるうえで、2020年に入って発生した新型コロナ危機と、それに対応する中央銀行の政策を概観することとしたい。

7.1.1　FRBの新型コロナ対策

FRBによる新型コロナ対策は、第１にマネタリー政策としての政策金利の引き下げと政策金利のフォワード・ガイダンス、第２にプルーデンス政策としての「最後の貸し手」機能の発揮、信用市場における借り手と貸し手に対する資金供給と期間の長い債券の購入による「最後のマーケット・メイカー」機能の発揮、第３に新たなプルーデンス政策である家計・企業金融支援のための措置の３つのタイプに整理することができる。

まずFRBは政策金利の引き下げとして、2020年３月３日のFOMCにおいてFFレートの誘導目標を0.5%ポイント引き下げて１～1.25%へ低下させた。続く３月15日に行われた臨時のFOMCにおいて、FFレートの誘導目標を１%ポイント引き下げて、０～0.25%に引き下げ、2015年12月以来、約４年ぶりにFRBの政策金利は事実上０%となった。同時に、少なくともゼロ金利を「２%の物価安定のゴールを達成するまで」維持するという、政策金利のフォワード・ガイダンスも発表された。

次に、金融システムの安定化のための「最後の貸し手」機能の発揮として、FRBは3月17日にプライマリー・ディーラーに対する資金供給ファシリティ（PDCF）を発表した。この政策はプライマリー・ディーラーに対して、FRBが固定金利で資金の貸付けを行う政策である。

信用市場における借り手と貸し手に対する資金供給として、FRBは3月17日にCPFF、3月18日にはMMIFFを発表した。前者はSPVを通じて企業が発行するCPを買い入れる政策であり、後者は特定の資産を担保として、MMFの投資家から資産を購入する金融機関にFRBが資金を貸出すものである。さらに3月23日の緊急のFOMCにおいてターム物資産担保証券融資ファシリティであるTALFの導入も行われた。さらに4月9日のFOMCにおいて、TALFの枠組みを通じて、CLOを含む信用格付がBBB－以上で償還までの年限が4年以内の債権の追加購入が発表された[122]。

期間の長い債券の購入に関しては、3月15日に数ヶ月の間に少なくともMBSと国債を合計7,000億ドル買い入れる方針を明らかにした。この資産購入に関しては、3月23日には必要に応じて無制限に購入することがアナウンスされた後、6月10日のFOMCにおいて月額400億ドルのMBS、月額800億ドルの国債購入が行われると定められた。これは、「家計と企業への信用の流れを支援する」ためとされており、かつて資産購入で長期金利に低下圧力をかけて景気刺激を狙ったQE3とは一線を画する。

家計・企業金融支援のための措置は新型コロナ危機に対してFRBが示した

122）CLOとは格付けBB以下の企業の銀行融資をまとめて証券化して売り出したレバレッジド・ローンを1つのプールにまとめた上で、リスクに応じて異なる格付けのCLOが組成され、AAA債からBB以下の債権までリスクに応じた利回りで発行されている。この際、高格付けのCLOは利回りも相応に低い分、優先的に返済がなされる設計となっている。こうしたCLOが2020年3月末時点で市中に総額7,500億ドル分発行されているとされる。このCLOの仕組みそのものは世界金融危機時に問題視されたサブプライムローンを裏付けとしたCDOと比較して実態のある企業融資をベースに構築されており、危険度は異なるものの、組成される過程のプロセス自体はCDOに類似していた。

新たな種類の政策であり、田中（2020）によればこの政策はさらに3つのタイプに細分化される。1つ目は、3月23日の緊急のFOMCにおいて発表された、FRBが財務省と設立したSPV（特定目的事業体）を通じて適格な社債を発行時及び流通市場から買い取る政策であるPMCCF（Primary Market Corporate Credit Facility）とSMCCF（Secondary Market Corporate Credit Facility）、適格担保証券の所有者への融資であるTALFである。

2つ目は4月9日のFOMCにおいて決定されたSPVが銀行や貯蓄金融機関から中小企業の適格債務向けの新規・追加の貸出債権を買い入れる措置であるMSNLF（Main Street New Loan Facility）、MSELF（Main Street Expanded Loan Facility）である。

そして、3つ目は、同じく4月9日のFOMCにおいて発表された政府による雇用維持のために、FRBがこれを資金供給で支援する措置PPP（Paycheck Protection Program）である。

7.1.2　ECBの新型コロナ対策

ECBの新型コロナ対策としては、第1に感染症拡大により落ち込みが予想される総需要を下支えするための相対型貸出資金供給であるTLTROと、第2に期間の長い債券の購入を通した特定市場の安定化を意図したPEPPの2つに整理できる。

ECBは2020年3月12日の政策理事会において、従来月1回のペースで実施されていた貸出期間3ヶ月のLTROを、週に1回のペースで実施することにしたと発表した。これは新型コロナの影響を受ける企業への融資を後押しする狙いがあったが、同理事会においては20年6月からTLTRO3を採用することが採り決められたため、LTROの実施ペースの増加はそのための補完的な役割を持っていた。TLTRO3に関しては、貸付期間は3年で、銀行の融資水準が一定の基準を上回った場合、貸付利率が優遇される設計となっている。ECBはこれを20年6月から21年6月まで実施することとした。

さらにECBは3月18日、緊急の政策理事会を開き、新型コロナウイルスの感染拡大に対応し、7,500億ユーロ規模の新たな資産買い入れを行うと発表して、民間、公的部門の債券を対象に2020年末までこれを実施するとした。この政策は「パンデミック緊急購入計画（PEPP : Pandemic emergency purchase programme)」と名付けられ、適格担保資産に加え、信用の質が十分と認定される金融機関以外のCPにもその対象を拡大するものである。また、ギリシャ国債も現行ルールの適用を免除して購入対象に含めるなどの調整が行われ担保基準が緩和された。そして、新型コロナ感染拡大に伴う危機のフェーズが去ったと判断すれば、PEPPの純資産購入を打ち切るが、少なくとも2020年内はこれを続けることとした。さらに6月4日の政策理事会でECBは、PEPPによる買い入れ枠の規模を6,000億ユーロ増加させ、計1兆3,500億ユーロとし、年末までとしていた買い入れ期間を「少なくとも2021年6月末まで」と延長させる決定を行った。なお、マイナス金利の深堀りに関して、ECBは今次の新型コロナ対策の局面でのそれを見送っている。

7.1.3 BOEの新型コロナ対策

BOEの新型コロナ対策は、第1に政策金利の引き下げ、第2に相対型貸出資金供給であるTFS（Term Finding Scheme）の導入、第3に保有資産規模の拡大、第4にCCyB（countercyclical capital buffer）に適用されるカウンターシクリカル資本バッファー比率の引き下げの4つに整理することができる[123)]。

この内、政策金利の引き下げに関しては、BOEは2020年3月11日のMPCで、政策金利を0.75%から0.25%へ0.5%ポイント引き下げることを決定した。さらにBOEは続く3月19日、臨時のMPCを開催し、主要政策金利を

123) CCyBとは、金融システムに内在する景気増幅効果を抑制するために2010年12月に公表されたバーゼルⅢによって示された資本保全バッファー（capital conservation buffer）として最低所要資本に対する資本の上乗せとして導入された措置である。その設定は各国政府及び中央銀行の任意によって決められるものとされていたが、BOEは2017年11月にその水準を1%に決定していた。

0.15％引き下げ、過去最低の年 0.1％とすると発表した[124)]。

相対型貸出資金供給に関しては３月 19 日の緊急の MPC において、向こう１年の中小企業向けの融資を支えるため、銀行に期間４年の低利の資金を供給するスキームである TFS の導入が決定された。

保有資産規模に関しては、３月 11 日の MPC において当面は国債の残高は 4,350 億ポンド、社債の残高は 100 億ポンドでこれを維持することを決めた後、３月 19 日の臨時の MPC において、国債と社債の買い入れを 2,000 億ポンド拡大させ、合計 6,450 億ポンドに増加させることを決定した。

カウンターシクリカル資本バッファー比率の引き下げに関しては、３月 19 日の緊急の MPC において、CCyB に適用されるカウンターシクリカル資本バッファー比率１％からゼロ％に引き下げて、バッファーの開放により企業向けの貸出拡大を促すため、2020 年末まではこの比率を維持するとした。

7.1.4　日銀の新型コロナ対策

日銀の新型コロナ対策は、第１にドルオペや国債買い入れを含む一層の潤沢な資金供給の実施、第２に新たなオペレーションの導入を含めた企業金融支援のための措置、第３に ETF・J-REIT の積極的な買い入れによる金融緩和の強化、の３つに整理することができる。

そのうち、ドルオペや国債買い入れを含む一層の潤沢な資金供給の実施に関しては、まず 2020 年３月 16 日に行われた緊急の金融政策決定会合において、FRB、ECB、BOE、カナダ銀行及びスイス国立銀行と協調して、ドル資金供給オペの貸付金利を 0.25％引き下げるとともに、これまでの１週間物に加えて、３ヶ月物を週次で実施することとした。さらに日銀は 2020 年４月 27 日の

---

124)　今次の新型コロナ対策において急激な政策金利の引き下げを行った BOE ではあったが、その引き下げ幅については、FRB のそれが約 10 日間で 1.75％ポイントの引き下げであったのに対し、BOE の引き下げ幅は 0.65％ポイントと相対的には小幅なものだった。またその際にも BOE は政策金利のコントロール目標を 0.1％というプラス圏にとどめた。この辺りは FRB との違いとして指摘できよう。

決定会合で、国債買い入れに関し、これまで年間 80 兆円の国債買い入れの上限を撤廃し、これを無制限とした。

企業金融支援のための措置に関しては、3 月 16 日の緊急の金融政策決定会合において、CP・社債等の追加買入枠合計額を 2 兆円とし、CP 等は約 3.2 兆円、社債は約 4.2 兆円の残高を上限に買い入れを実施し、買い入れを 2020 年 9 月末まで継続することが決定された。また「新型コロナウイルス感染症対応金融支援特別オペ」として銀行に対して民間企業債務を担保に、最長 1 年の資金を金利 0 %で供給する新たなオペレーションも発表された。さらに日銀は 5 月 22 に行われた臨時の金融政策決定会合で、以上に加え、新たに融資を実行した民間金融機関に金利 0 %で資金を出す「新たな資金繰り支援」策の導入を決定し 2021 年 3 月末までこれを継続することを発表した。

ETF・J-REIT の積極的な買い入れに関しては 3 月 16 日の緊急の金融政策決定会合において、マーケットのリスク・プレミアムの一層の低下を促すためとして、ETF と J-REIT を、それぞれ年間約 12 兆円、年間約 1,800 億円に相当する残高増加ペースを上限に、買い入れ額の拡大を行うことが発表された。

7.1.5　新型コロナ対策にみられた 4 大中央銀行の共通点と相違点

上記の新型コロナ対策でみられた 4 大中央銀行の政策を整理すると以下のようになる。

第 1 に、4 大中央銀行すべてでみられた政策としては、バランスシートの拡大があげられるが、それは期間の長い債券の購入による信用市場の支援のためのバランスシートの拡大であり、プルーデンス政策に分類される。

第 2 に、FRB はノンバンク向け資金供給（PDCF）や、「信用市場の借り手と貸し手への資金供給」による最後のマーケット・メイカー機能（TALF、AMLF）を発動している。またその際、世界金融危機時と同様の名称を使うなど、政策の中身自体も世界金融危機時の政策を復活させた格好である。他方で、ECB、BOE、日銀においては、ノンバンクへの貸出や「信用市場の借り手と貸し手への資金供給」による最後のマーケット・メイカー機能の発動はほとんど行われておらず、この状況も世界金融危機の際に４大中央銀行において観察されたことと同様であった。

第３に、間接金融優位のユーロ圏とイギリスにおいては、ECB の TLTRO3、BOE の TFS、という相対型貸出資金供給が重視されている。他方、預金取扱金融機関のプレゼンスが相対的に低いアメリカでは、FRB の預金取扱金融機関の融資を促す対策は自己資本比率規制の緩和という限定的なものに留まった。

第４に、新型コロナ危機対応の局面では FRB によるメインストリート融資プログラム（MSNLF、MSELF）をはじめとして、家計・企業金融を直接支援する政策が導入されており、これらは世界金融危機時にはみられなかった新種の政策である。日銀による「新型コロナウイルス感染症対応金融支援特別オペ」も、「信用市場の借り手と貸し手への資金供給」による最後のマーケット・メイカー機能発動であると同時に、企業金融支援のための措置とみてよい。

7.2　４大中央銀行の今後の政策展望 マネタリー政策とプルーデンス政策の両面から

前節で概観した新型コロナ対策では、金利正常化を行ってきた FRB と BOE においても利下げによりその政策金利が再びゼロ金利制約に直面することとなった。短期金利誘導型による金融政策への回帰は当面実現不可能となり、従来は非伝統的金融政策とされてきた非標準的な金融政策が新たな標準（ニューノーマル）として行われていくこととなる。

本書が述べてきたように、世界金融危機前夜には４大中央銀行は短期金利誘導型の金融政策に収斂していたが、非伝統的金融政策が常態化する局面では、４大中央銀行の政策には再び相違点が生じることになろう。一方、プルーデンス政策においても、４大中央銀行の政策には相違点が残るであろう。よって以下では、今後の金融政策の展望を行うが、４大中央銀行をそれぞれ個別に、さらにマネタリー政策とプルーデンス政策に分けて展望していく。

7.2.1　FRBの今後の金融政策展望

マネタリー政策

今後のFRBのマネタリー政策を展望すると、以下の点に整理できる。

第1に、非伝統的金融政策が「新常態化」する。新型コロナ対策のなかで行われた利下げによりFFレートは再びゼロ金利制約に陥る一方、FRBの資産規模は急拡大し、そのバランスシートの水準は7.2兆ドルと史上最高水準となっている。図表7-1は、2008年以降のFRBの資産規模とFFレートの推移を表したものである。それによればテーパリング開始から利上げを経て、資産縮小をある程度達成するまでFRBは5年を要している。新型コロナ危機対策により資産規模がさらに膨らんだFRBが再び金利正常化に向けて動き出すとすれば、どのような方法を採るのかは明確ではない。しかし、少なくとも前回の方法を踏襲するのなら、そのプロセスは非常に長期化するものと思われる。また、少なくとも、4大中央銀行のなかでもフロントランナーとして金融政策の正常化を懸命に進めてきたFRBが、わずか10日間程度の内にそのFFレートの「のり代」をすべて失ったのは歴然とした事実であり、新型コロナ危機のようなタイプの危機がひとたび起これば、1.5%ほどの金利水準ではゼロ金利制約と隣り合わせであるという事実をその他の中央銀行にも突き付けた[125)]。

第2に、非伝統的金融政策の具体的手段としては、大規模資産購入と政策金利のフォワード・ガイダンスが中心になり、マイナス金利政策の導入には消極的であると思われる。イールドカーブのフラット化を懸念するFRBはマイナス金利政策の導入に関しては一貫して慎重だ。またそもそも金利政策としての政策金利のフォワード・ガイダンスを重要な金融緩和ツールと考えるFRBでは、将来のFFレートに関する筋道が明確となる状況においては長期金利が既に低い状況となるために、イールドカーブ・コントロールはわずかな効果に留

125)　2019年の時点でFRBは3回にわたる予防的利下げを行っている。つまり、新型コロナ対策が表面化する以前の2019年の段階で、既にFRBの金利正常化は行き詰まっていたと考えることもできる。

まり、場合によってはフォワード・ガイダンスの効果を相殺しかねないとの認識もある。よって、今後FRBがイールドカーブ・コントロールを導入することも想定しにくい。

第3に、フォワード・ガイダンスの手段は、今後も工夫が続けられるだろう。2020年9月16日のFOMCでは、2％のインフレゴールを平均で達成することとし、より強い緩和政策を見込ませ、インフレ予想を引き上げようとするガイダンスを打ち出している。

プルーデンス政策

今後のFRBのプルーデンス政策を展望すると、以下の点に整理できる。

第1に、FRBの今後のプルーデンス政策を考えた場合、今次新型コロナ対策におけるPDCFの導入にもみられたように、危機対応としてはノンバンクへの資金繰りが重視されることとなる。また、TALF、AMLFによる「信用市場の借り手と貸し手への資金供給」を通じた最後のマーケット・メイカー機能の発揮も引き続きFRBの重要な金融システム安定化策となるだろう。ただし新型コロナ対策であるTALFにおいても対象債券にCLOが途中で追加されるなど、高度に発展したアメリカ金融市場においてそれは新たな金融技術の開発とのいたちごっこ的な側面もみられる。

第2に、MSNLFなどにみられる家計・企業金融支援のための措置は、全面的な総需要の拡大が自粛要請などに代表される感染拡大の防止策に対して逆行する政策となるなかで練り上げられた新たなタイプのプルーデンス政策であり、少なくとも感染拡大の防止に目途が立たない限り、FRBの主要な政策となるであろう[126)]。またこうした家計・企業金融支援は、ウォール街アレルギーが根強いアメリカにおいて、FRBがウォール街ではなく一般の家計や中小企業の支援に乗りだしたとの意味合いで、アメリカの国民感情にも馴染みや

126)　新型コロナ対策においては、FRBは長期金利の低下を通じた総需要の拡大を明示的に説明していない。

すいものであるといえよう。

図表7－1　FRBの資産規模とFFレート（2008年~）

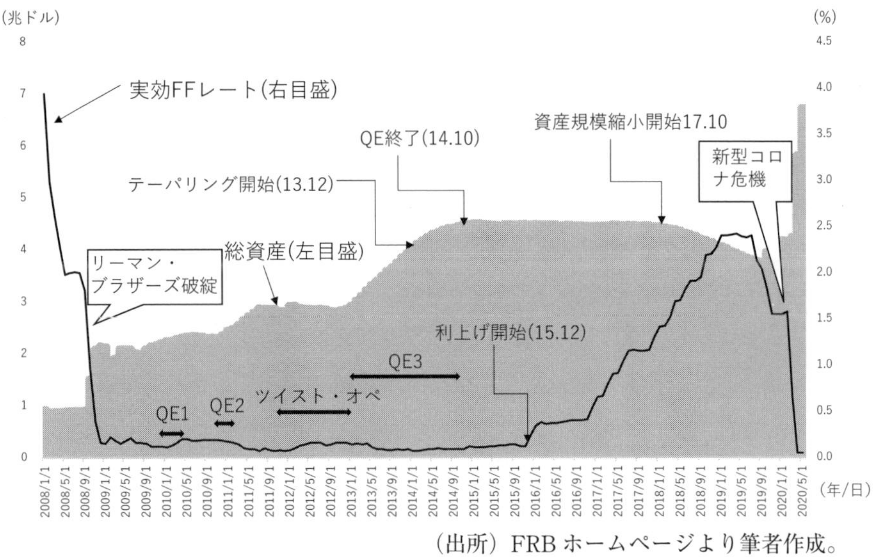

（出所）FRBホームページより筆者作成。

7.2.2　ECBの今後の金融政策展望

マネタリー政策

今後のECBのマネタリー政策を展望すると、以下の点に整理できる。

第1に、ECBにおいても、金利正常化への道のりは長い時間を有することとなる。ECBは前述のFRBとは異なり、政策金利のプラス圏での誘導に復帰する前の2019年9月には大量資産購入を再開していた。2020年に入り、新型コロナ対策でのバランスシートの拡大がその傾向に拍車をかけた格好だ。

第2に、ECBのマネタリー政策の軸はPSPPによる大量資産の購入となるだろう。ただし、現下の感染拡大に防止の目途が立たない限り、総需要調整策としての大量資産の購入というロジックは建付けが難しい。

なお、1つの中央銀行に19の財政主体が存在し、景気循環にばらつきが生じているユーロ圏において「どの国の国債をどれだけ購入すべきか」という問題は今後も付いて回るだろう。唐鎌（2017）によれば、PSPPにおける現行の「各国中央銀行のECBへの出資割合」基準とは、差し当たり使い勝手が良い指標であったために、早期のPSPP開始が迫られるなかでECBの内部において調整が比較的容易であったために採用された基準であるとされる。今後はこの基準に代わり、各国の景気循環に対応できる何らかの調整係数を反映させた国債買い入れ額を決定するアプローチが図られるものとも考えられる。

第３に、マイナス金利政策に関して、ECBは今次の新型コロナ対策においてもその深堀りを見送っており、今後もさらなる深堀りには慎重であると予想される。この背景には、過度な金利低下で銀行の預貸金利ザヤが縮小し、金融仲介機能が阻害されれば緩和が逆効果となるリバーサル・レート論がある。そもそもECBは2019年９月にはマイナス金利が適用される準備預金を２段階に階層化しており、この時点でユーロ圏の金融機関においても一定水準以上のマイナス金利の深堀りは金融機関の収益を棄損するとの認識が共有されていた。

第４に、以上のことを踏まえれば、間接金融優位のユーロ圏においてマネタリー政策としてのECBの政策の軸は、より副作用の少ない相対型貸出資金供給であるTLTROにその軸足が移っていくものと予想される。

プルーデンス政策

今後のECBのプルーデンス政策を展望すると、以下の点に整理できる。

第１に、ECBにおける「最後の貸し手」機能として、今後とも各国中央銀行によるELAが活用されよう。ELAは特定債券の価格下落によりバランスシートが棄損した金融機関が当該国中央銀行に流動性の供給を求める仕組みである。アメリカの高度に発達した金融市場と比較して、ドイツやフランスなど主要国においても伝統的に預金取扱金融機関のプレゼンスが大きく、さらにバルト３国などは元々旧社会主義国であり金融市場が未発達である。このような金融市場の事情を持つユーロ圏において、ELAの対象がノンバンクに拡張されることは想定しにくい。

第2に、最後のマーケット・メイカー機能としては、今後も特定の市場の先行きに不透明感が生じた場合、「期間の長い債券の購入」を通じた市場全体に対する流動性供給を通じて当該市場の安定化を図っていくものと予想される。実際に新型コロナ対策として導入されたプルーデンス政策であるPEPPの対象にギリシャ国債や信用の質が十分と認定される金融機関以外のCPが加えられたのはこのためだ。ただし、欧州債務危機時のSMPなどと比較すれば、それは実際に特定の市場に危機が起きる前に予防的に行われており、今後のECBのプルーデンス政策の大きな柱として「「事前的な」期間の長い債券の購入」を通じた市場全体に対する流動性供給は強く意識されていくものと思われる。

7.2.3 BOEの今後の金融政策展望

マネタリー政策

今後のBOEのマネタリー政策を展望すると、以下の点に整理できる。

第1に、4大中央銀行のなかではFRBと共に金利正常化に着手していたBOEであったが、新型コロナ対策による利下げにより、再びその金利水準はゼロ金利政策に直面し、金利正常化からは程遠い状況となっている。BOEが再び金利の正常化に動くまでには、やはり相当の時間を要するものと予想される。

第2にBOEの資産購入額については、世界金融危機後の非伝統的金融政策の局面でもみられたように、保有資産の残高維持を金融緩和とみなすという手法が用いられるものと予想される。すでに述べたように、保有残高の維持を緩和とみなすというのは、BOEのバランスシート政策面での大きな特徴であった。

第3に、今後とも相対型貸出資金供給はBOEのマネタリー政策の重要なツールとなると思われる。ただし、FSLが国債を銀行に貸出すスキームであったのに対して、新型コロナ対策において相対型貸出資金供給として導入されたTFSは、BOEが銀行に対して直接的に資金を供給する枠組みである。この TFS は元々ブレグジット時に導入された枠組みではあったが、今回新型コロナ対策の局面で再導入された。BOE が銀行に対して国債ではなく直接資金を貸出す仕組みを構築した背景は様々に考えられるが、BOE から固定金利で借り入れられることにより、預金金利をマイナスに出来ない銀行が利ザヤを確保するため融資金利を引き上げて銀行融資が減少してしまうことを防ごうとする意図がある。しかし本書がこれまでみてきたように、イギリスにはスティグマ問題が存在するため、民間銀行が BOE の準備預金の増加を許容するか未知数であり、新型コロナ対策が長引くにつれ、どの形式での相対型貸出資金供給の仕方がより有効であるかという模索は深まっていくものと予想される。

プルーデンス政策

今後の BOE のプルーデンス政策を展望すると、以下の点に整理できる。

第１に、BOE の「最後の貸し手」機能である ELA に関しては、これまでみてきたように少なくとも流動性不足か支払い能力不足かに関しては柔軟性とモラルハザードを抑制する観点から、あえて定式化しないオーダー・メイド型のシステムを堅持するものと予想される。

ELA の発動に関しては、BOE は 2007 年のノーザンロック銀行に対する ELA を決定した際には、その決定と公表まで不必要なタイムラグを設けたために、事前にメディアに情報が漏れ、イギリスにおいて 140 年ぶりの取り付け騒ぎも起こす原因を作った。2014 年の FSA の廃止により、プルーデンス政策の権限も有している現在の BOE は、このような過ちを再び起こすことは絶対に避けなければならず、仕組みの改善が求められることとなるだろう。

第２にこれまでみてきたように、預金取扱金融機関のプレゼンスが極めて高いイギリスにおいては、金融のシステミック・リスクに関してノンバンクやその資金源となっている MMF に配慮する必要性は相対的に低い。そのため、今後の BOE が最後のマーケット・メイカー機能を発揮する蓋然性は依然として高まっていかないものと予想される。

7.2.4 日銀の今後の金融政策展望

マネタリー政策

今後の日銀のマネタリー政策を展望すると、以下の点に整理できる。

第1に、日銀の資産購入の主役が今後は国債購入からETFの購入に移ることを予想する向きもある。新型コロナ対策において日銀は、年間80兆円の国債買い入れの上限を撤廃し、これを無制限とした。これには、2つの解釈が含まれる。まず1つ目の解釈とは、今後、文字通り日銀が「無制限」の国債の購入を行っていくとの受け止め方である。そして2つ目としては、そもそもこの間、日銀がイールドカーブ・コントロール政策により操作目標を金利に戻したため、資産購入量は目途に格下げされていたが、「無制限」を口実に、事実上も、国債購入の目途を撤回したとの解釈である[127]。そもそも日銀の国債保有残高が発行済み国債の約60%となるなかで、そのさらなる国債購入が限界に達しているという指摘は多い。この2つの解釈の内、少なくとも2つ目の解釈に従うのであれば、日銀が購入する資産が国債からETFにシフトしていくかのようにも思われる。

ただし、その場合、株式市場もサイズは限られており、ETFとて日銀がいつまでも買い続けられるものではない。さらに、ETF買いがもたらす将来的なリスクも考慮しなければならない。そのリスクとは、日銀によるETF買い入れの「出口」がそもそも存在するのか、そして存在した場合はどのような手段が採用されるのかという点に関するものだ。国債については満期が存在する。少なくとも、満期を迎えた国債は、それをロールオーバーしない場合は、日銀のバランスシートから落ちていく。これに対して、株式に満期はない。また、国債購入からの出口については、2013年以降のテーパリング開始から2015年の利上げまでを行ったFRBの事例は大いに参考になりえる。ところが、ETF買い入れに関しては日銀のみが行っており、他の中央銀行の経験を

127) 白井（2016）は、イールドカーブ・コントロールの下では国債購入額は「内生変数」であるとの認識から、金利水準と国債購入の目途を同時に発表してきたこれまでの日銀の姿勢に早くから疑問を呈していた。

参考にすることはできない。こうしたなかで、仮に日銀が保有するETFを市場で売却するとなれば、株価が暴落することは想像に難くなく、ETFの購入を日銀の金融緩和の柱に据えることには課題が多い[128]。

第2に、そもそも今後の日本の総需要調整策としては、マネタリー政策はより脇役に後退し、財政政策がその主役を担っていく可能性もある。元々日本の「失われた20年」の論壇のなかで、物価の下落を放置している日銀がその気になりさえすればデフレは容易に解消し、「失われた20年」も克服できると主張する学者・エコノミスト群が存在した[129]。この思想の大きな特徴は、変動相場制の下での総需要調整策は、マネタリー政策こそが最も重要であり、財政政策に対しては極めて消極的であるという点にあった[130]。また、「量的・質的金融緩和」はそれが採用された時点で、1年後の2014年4月には消費増税による緊縮的財政政策が既に決定されていたが、当初、金融政策は万能であり、消費税増税による景気に対するネガティブ効果すら、「異次元」の金融緩和政策によって乗り越えることは可能だという楽観論も見受けられた[131]。

果たして2014年4月に消費税が8％に増税されると、消費税引き上げの影響を除去したコアCPI上昇率は2014年夏の1.5％でピークアウトし、日銀はその後再三にわたって2％目標の達成を後ろ倒しし、本書執筆時点でも2％目標は未達成のままである。このような状況を受けて、財政政策のサポートのない形での金融緩和政策には一定の限界があるという認識が広まっている。事実、学者時代は、日銀を「デフレの番人」であると批判し、日銀のレジーム・

128）伊豆（2020）では、日銀による株式市場への介入が本来の市場機能によって行われるべき株価形成を歪めることにより、賢明な投資家による売買の判断が妨げられているとの指摘もなされている。

129）第2次安倍内閣の誕生を経て2013年4月に採用された「量的・質的金融緩和」は、こうした経済思想をベースに、日銀が「2年で2％」のインフレ目標を目指すというものであった。

130）その際、変動相場制の元での財政政策の効果は自国通貨高を招くことで削減されるという「マンデル=フレミング・モデル」が論拠であった。

131）例えば、浜田（2013）。

チェンジによってデフレは解決できるとしていた、日銀の岩田元副総裁も、その日銀勤務時代を振り返った回顧録岩田（2018）のなかで、自らの任期中に2％目標が達成できなかった原因として、2014年4月の消費増税をその主な理由としてあげている。またIMFのチーフエコノミストを務めたブランシャールは、ブランシャール・田代（2019）のなかで、基礎的財政収支を無理に黒字にする必要はないとの前提で、日本における財政出動の必要性を示唆した。

よって今後、日本の総需要調整策としては財政政策がメインとなりうる下地は十分にある。その際、財源となる日本国債の最大の保有者が日銀である現状を踏まえると、日銀は4大中央銀行のなかで財政ファイナンスの危険性を最大に抱える中央銀行となっていくであろう。

プルーデンス政策

今後の日銀のプルーデンス政策を展望すると、以下の点に整理できる。

第1に、日銀の最後の貸し手機能である日銀特融に関しては、これまでみてきたように、今後も政府と預金保険機構と一体となった銀行の円滑的は破綻処理のためのスキームの一翼を担うものと予想され、貸倒れに対する政府の債務保証はこれまで通り明示的に付与されることはないが、預金保険機構からの金銭援助により特融は必ず返済されることとなる[132)]。なお、最後の貸し手機能の、ノンバンクへの拡張はないだろう。

第2に、最後のマーケット・メイカー機能に関しては、今後とも日銀は適宜CPオペや社債オペを駆使するであろうし、今回のコロナ危機のような場合にはそれが企業金融支援的な色彩を帯びることもある。ただし、これまで述べてきたように間接金融優位の日本においてはそうした機能は規模や期間において限定的になると予想される。

132）ただし、預金取扱金融機関（銀行）においても日本における銀行破綻は、2003年の足利銀行の案件を最後に長期にわたって起こっておらず、1990年代から2000年代にかけて発生した金融危機が再び起こる蓋然性は現状では高くはない。

図表７－２　日銀のETF購入残高

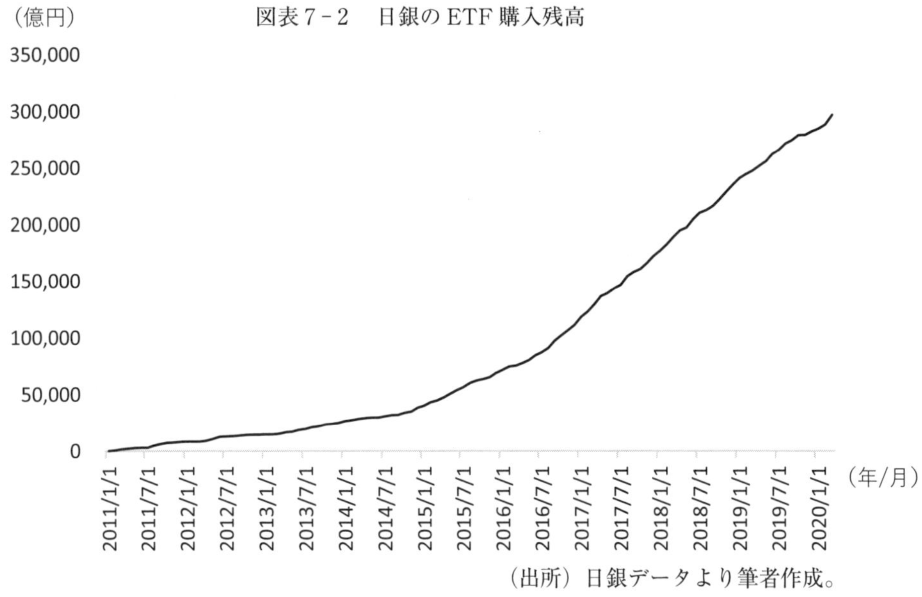

（出所）日銀データより筆者作成。

7.2.5　今後の金融政策展望に関する整理

以上でみてきた今後の４大中央銀行の金融政策の将来の展望は、以下のように整理できる。

第１に、今次新型コロナ対策において、４大中央銀行におけるマネタリー政策が非伝統的金融政策以前の短期金利誘導型の金融政策に復帰することは非現実的となり、仮にできたとしてもその実現までには相当な期間を要することとなろう。

第２に、今後、感染拡大の防止に目途が立った場合、中央銀行のマネタリー政策の軸は、世界金融危機時のFRBと同様に、バランスシート政策と政策金利のフォワード・ガイダンスが２本柱となると予想される。なお、マイナス金利採用や深堀りに関しては概して４大中央銀行共に消極的である。

第３に、「最後の貸し手」機能としては、FRBに関してはノンバンクに明示的に発動されるが、ECB、BOE、日銀がノンバンクに対する明示的な最後の貸し手機能を発揮する蓋然性は当面高くはない。ただし、長期的に、ユーロ圏、イギリス、日本の金融市場がアメリカ並みに高度に発展的なものに変貌するとするなら、それに即した形で、ECB、BOE、日銀においてもノンバンクへの最後の貸し手機能の発揮の必要性も生じてくることもあり得よう。

第4に、「最後のマーケット・メイカー」機能としては、とくに「信用市場の借り手と貸し手への資金供給」は今後もFRBにおいてとりわけ重要視されていく。また新型コロナ対策のように、明示的な総需要の拡大が感染拡大の防止と背反するような局面においては、期間の長い債券の購入によるバランスシートの拡大はプルーデンス政策として有効性が高くなるため比較的多くの中央銀行が用いるであろう。

第5に、家計・企業金融支援のための措置は、同様に全面的な総需要の拡大が感染拡大の防止と逆行するなかで練り上げられたもので、プルーデンス政策の延長線上にあると捉えられるが、第2章で整理したバーナンキによる分類には含まれていない。新たな領域における中央銀行の政策発動として今後注目されることになるだろう。

要約的総括

以下では、これまで述べてきた内容を簡潔に要約し、本書の総括としたい。

第1章「非伝統的金融政策の分類と4大中央銀行におけるその導入」では、総需要調整策としての非伝統的金融政策の政策メニューを分類し、4大中央銀行において実際にどの政策が行われたのかを整理した。その結果、4大中央銀行共通に、非伝統的資産の購入を含む大規模資産購入と政策金利のフォワード・ガイダンスが採用されており、大きな2本の軸であることが指摘できる一方で、相違点として、①大量資産購入で国債のみを対象とするBOEに対し、民間金融資産も大規模に購入するFRB、株価に直結するETFも対象に加える日銀などのバリエーションがみられること、②マイナス金利政策は、ECBと日銀においてのみ採用されたこと、③相対型貸出資金供給は、ECB、BOE、日銀がこれを採用し、FRBは採用していないこと、④独立的インフレ期待の形成は日銀のみが導入し、同時にマネタリーベース残高目標も採用されたが、FRB、ECB、BOEは採用していないこと、⑤イールドカーブ・コントロール政策は日銀のみが導入したこと、などが指摘できる。

第2章「中央銀行によるプルーデンス政策」では、金融システム安定化策について、「最後の貸し手」機能と、2008年の世界金融危機下で新たに設けられた「最後のマーケット・メイカー」機能に分けて4大中央銀行の共通点と相違点を検討した。

まず、「最後の貸し手」機能に関して、4つの観点から比較を行った。その内、①「債務超過先への貸出禁止」の原則は、各中央銀行の伝統的な運用では厳格に守られてこなかった。だが、1990年代になって、FRBがFDICIA（1991年）で債務超過先への連銀貸出を禁止し、この動きがECB（1998年設立）の最後の貸し手機能であるELAで債務超過先への資金供給を禁じるなどの制度設計にも繋がった。しかしBOE、日銀において「債務超過先への貸出禁止」の原則は終始みられない。

②非常時におけるノンバンクへの最後の貸し手機能の発揮はFRBにおいてのみ行われた。1991年にFDICIAで非常時の連銀貸出に関してノンバンクに担保面での優越性が付与され、2008年の金融危機時にはノンバンクに資金供給を行うファシリティが準備された。

③「最後の貸し手」機能に対する政府による債務保証に関しては、ECBでは、ELAによる貸出に、貸出先金融機関の所在国の政府保証が付された。BOEでも、2008年の金融危機時にELAの一定額以上の貸出に政府保証が付けられた。他方、FRBと日銀には政府の債務保証は付けられていない。

④スティグマ問題の存在と、それへの対応策は、FRBとBOEで行われた。しかし、ECBと日銀にはみられていない。

「最後のマーケット・メイカー」機能は2つに分けられるが、「信用市場における借り手と貸し手への資金供給」をFRBのみが大々的に行い、「期間の長い債券の購入」を通じた市場全体に対する流動性供給に関しては、FRBに加え、欧州債務危機時に重債務国の債権市場向けにECBでも活用された。BOEに関しては最後のマーケット・メイカー機能はみてとれず、日銀においてはその発動はごく限られた範囲にとどまった

第3章「中央銀行の歴史と発展」では、まず4大中央銀行の設立時の直接の目的を探った。FRBは金融恐慌への対応としての金融システムの安定（最後の貸し手）、ECBは欧州通貨統合に伴う単一通貨の安定的な運営（物価の安定）、BOEは政府への貸出を目的とした商業銀行業務（政府の銀行）、日銀は不換紙幣の整理のための独占的通貨発行機関の創設（独占的な通貨発行）、がそれぞれの設立の目的であった。

総需要調整策としてのマネタリー政策は、多くの中央銀行が設立された後に発見された機能である。金本位制の下で資本の移動が認められる場合、中央銀

行に自主的なマネタリー政策は実施できない。しかし戦後のブレトン=ウッズ体制では、固定相場制のなかで国際資本移動がある程度制限されていたため、各行はマネタリー政策を発動し始めた。1970 年代になると、変動相場制に移行したため、資本移動は自由化され、マネタリー政策は財政政策とともに総需要調整策として機能するようになった。この間、4大中央銀行のマネタリー政策は手段や運営目標などの点で改革が進み、ほぼ共通の短期金利誘導型に収斂して、それが非伝統的金融政策直前まで行われていた。

第4章「4大中央銀行の現在における制度的側面」では、4大中央銀行の現在の姿を比較した。第1に金融政策決定の仕組みは、委員会制度を採用しているなど基本的にほぼ共通だが、相違点は政府との距離である。FRB は政府からの関与は一切なく、ECB も 19 の異なる政府に対応する特殊な構造ゆえ、政府との距離は遠い。BOE は伝統的に政府との関係が近く、金融政策決定会合で政府代表委員に議案提出権、議決延期請求権のある日銀と政府の関係はさらに親密といえる。

第2に、非伝統的金融政策突入前夜までに整えられていた、短期金利誘導型政策のスキームを比較すると、設立時に既にコリドーを設けていた ECB が最も先進的であった。FRB も日銀は、非伝統的金融政策に突入するなかでこの制度を整えている。

第3に、決済システムに関しては、日銀が国内すべての銀行間の決済を日銀ネットで一元的に行える点で、最もシンプルで効率的だ。BOE が提供する CHAPS は少数の決済銀行に限定的に提供され、階層構造をなしている。FRB が提供する Fed Wire には民間に競合するサービスが存在し、必ずしも FRB が扱わない決済が存在する。ECB が提供する TARGET2 は、ユーロ加盟国間の国境をまたぐ資金の決済をスムーズに行える仕組みだが、事実上は各国中央銀行の勘定を経由しており、債権債務残高の不均衡が生じやすい。

第5章「4大中央銀行が置かれた各国、各地域固有の金融・経済環境、及びそれとの関わり方」では、４大中央銀行が置かれた各国、各地域の固有の金融・経済環境、及びそれとの関わり方に着目した。

第１に、アメリカでは、銀行制度において、連邦政府と州政府による「二元主義」が存在する。その上で、銀行に対する監督規制の権限は分権的であり、とりわけFDICに、金融機関の監督権限が与えられているのは特徴的である。また、州ごとの権限が強く、過剰なまでのウォール街やFRBに反発する世論が形成されている。金融技術の発展を受けて、民間債券市場の発展が著しく、ノンバンクのプレゼンスが大きい金融機関構造が形成されている。

第２に、ユーロ圏では、１つの金融政策主体（ECB）に対し財政政策の主体（政府）が19ある特殊な構造により、マネタリー政策と財政政策のポリシーミックスが困難で、マネタリー政策単独では各国景気の平準化が行いにくい。また、金融機関の監督規制における政府と中央銀行の分担や、ECBに与えられたプルーデンス政策の権限そのものが曖昧であった。さらに、域内19か国の経済格差の存在も、ECBを取り巻く大きな特徴といえる。

第３に、イギリスにおいては、銀行の規制が「自主規制」によって行われてきた伝統がある。それゆえ、1979年以降、法整備が進むなかで、BOEのマンデートが大きく揺れ動いた。なお、マネタリー政策に関しては、イギリスにおいては伝統的に貨幣的要因を重視する金融政策が好まれる傾向があったといえる。設立以来BOEは政府と国債市場を通じて蜜月関係にあった。

第４に、日本では、中央銀行の独立性が伝統的に低く、1997年の日銀法改正後も、その独立性はなお相対的に低い。また、インフレ率が従来から低めで、1990年代末にデフレを経験したこと、それを背景に強力な金融緩和でリフレーションを行うべきだというリフレ派による強い世論が形成されたことも特徴だ。現金志向の経済社会は金融政策上の余分なコストを日銀に与えるが、政府はキャッシュレス化社会の実現を急いでいる。

第６章「４大中央銀行の金融政策の相違点と、歴史、制度、金融・経済環境との関係」では、第１章、第２章で明らかにした、主として世界金融危機後の

４大中央銀行における政策の相違点を、第３章、第４章、第５章で整理した中央銀行の成り立ち、制度、置かれた金融・経済環境から説明することを試みた。

総需要調整策としての非伝統的金融政策手段については、第１に、大量資産購入政策の手段の相違は、アメリカで民間債券の流通市場が高度に発達していたという金融市場構造、ECBで金融システム安定化のための民間資産購入スキームが総需要調整策になし崩し的に転用されたという経路、日銀のETFの購入は強力な金融緩和策でリフレーションを行うべきという日本特有の世論に影響されたこと、などから説明できる。

第２に、マイナス金利政策は、まずFRBが採用しにくい事情として、イールドカーブのフラット化が、アメリカの金融市場でプレゼンスの大きい非預金取扱金融機関の収益により大きな打撃を与える可能性が指摘できる。ECBのマイナス金利政策において、当初日銀のように準備預金を階層化せず、超過準備全体に付利が行われたのは、欧州の銀行が伝統的なバンキング業務ではない手数料業務への依存度が大きいからという、日欧金融機関の収益構造の相違から説明できる。

第３に、相対型貸出資金供給がECB、BOE、日銀で採用され、FRBで採用されなかったのは前３者における間接金融優位、後者における直接金融優位の金融構造の差異による。前３者における具体的な方法の相違は、多国にまたがるECBにおいて恣意性を排除するため長期オペの延長として入札形式で設計されたことや、BOEにおけるスティグマ問題の存在といった個別事情から説明できる。

第４に、独立的インフレ期待の形成を日銀のみが明確に掲げた背景には、日本が早くからデフレに陥るなかで、中央銀行が人々の期待に働きかけることにより、中長期的なインフレ期待の上昇を通じて実質金利の低下を促す必要がある、とするリフレ派による世論形成があった。

第５に、イールドカーブ・コントロール政策は日銀のみが行ったが、これは日本においてのみみられた過度にフラット化したイールドカーブを立たせたいという事情が日銀においてのみ発生したためであった。

次に、「最後の貸し手」機能を巡る考察では、第1に、伝統的に順守されてこなかった「債務超過先への貸出禁止」の原則が、1990年代以降FRBで厳格に掲げられるようになったのは、1980年代の銀行破綻処理の過程を経て、安易な救済がモラルハザードを引き起こすという認識が強まり、従来から根強かった反ウォール街の風潮が喚起されたためである。その後設立されたECBは、この影響を強く受けた。しかし、イギリスでは長い間深刻な取り付けを経験していなかったこと、日本では破綻銀行処理に日銀貸出が組み込まれていたことにより、「債務超過先への貸出禁止」の機運は生まれなかったといえる。

第2に、FRBによる非常時の「最後の貸し手」機能の発揮がノンバンクに対して行われたのは、高度に発達したアメリカ金融市場においては、ノンバンクが金融システムにおいて極めて重要な役割を果たしていたことによる。

第3に、政府による債務保証が、ECBのELAによる貸出に設けられたことの背景には、19の国に1つの中央銀行という特殊な構造が指摘できる。BOEにおける政府の債務保証は、設立以来BOEと政府が深い関係にあったために可能であったといえる。

第4に、スティグマ問題はFRBとBOEにみられる特徴だが、これは決済システムが単一ではなく、中央銀行との取引関係が薄い金融機関も存在するという構造によるものだ。

最後に、「最後のマーケット・メイカー」機能に関しては、第1に、世界金融危機時に「信用市場における借り手と貸し手への資金供給」をFRBのみが行ったのは、高度に発達した金融市場において、ノンバンクとMMFのプレゼンスが高かったことによる。

第2に、「期間の長い債券の購入」として、FRBがMBSやGSE債を購入したのは、これらの流通市場が発達していたため、その安定化が金融システムの安定化に直結したためである。ECBは欧州債務危機時に金融システム安定化のため、SMPで国債を、CBPPでカバードボンドの購入を行ったが、それは重債務国の国債を保有している金融機関を支えるためであり、多国にまたがる中央銀行という特殊な構造によるものともいえよう。

第7章「金融政策の将来展望－新型コロナ危機への政策対応を踏まえて」では、2020年になって発生した新型コロナ対策を巡る4大中央銀行の政策を整理し、今後の金融政策の展望を行った。

まず新型コロナ対策としては、第1に、4大中央銀行すべてでみられた政策としては、バランスシートの拡大があげられる。これは期間の長い債券の購入による信用市場の支援のためのバランスシートの拡大であり、プルーデンス政策として行われたものだ。

第2に、金融危機時と同様、FRBはノンバンク向け資金供給（PDCF）や、「信用市場の借り手、貸し手への資金供給」による最後のマーケット・メイカー機能（TALF、AMLF）を発動している。

第3に、間接金融優位のユーロ圏、イギリスにおいては、ECBのTLTRO3、BOEのTFS、という相対型貸出資金供給が発表されている。

第4に、FRBによる「メインストリート融資プログラム」、日銀による「新型コロナウイルス感染症対応金融支援特別オペ」にみられるような、家計・企業金融を直接支援する政策が導入されており、これらは世界金融危機にはみられなかった新種の政策である。

今後の金融政策の展望としては、第1に、4大中央銀行におけるマネタリー政策が非伝統的金融政策以前の短期金利誘導型の金融政策に再び復帰することは非現実的であり、仮にできたとしてもその実現までに相当な期間を有することは明らかだ。

第2に、今後、コロナウイルス感染拡大の防止に目途が立った場合、非伝統的金融政策における4大中央銀行のマネタリー政策は、世界金融危機時のFRBと同様に、バランスシート政策と政策金利のフォワード・ガイダンスが2本柱となると予想される。なお、マイナス金利政策の採用や深堀りに関しては、4大中央銀行共に消極的である。

第3に、「最後の貸し手」機能としては、FRBに関してはノンバンクに明示的に発動されるが、ECB、BOE、日銀ではその蓋然性は当面高くはない。

第4に、「最後のマーケット・メイカー」機能としては、特に「信用市場の借り手と貸し手への資金供給」は今後もFRBにおいてとりわけ重要視されていく。

第5に、家計・企業金融を直接支援する政策が、中央銀行の新たな役割として注目されるだろう。

参考文献

Bagehot, Walter (1873) *Lombard Street: A Description of the Money Market*, New York: John Wiley & Sons（宇野弘蔵訳『ロンバード街：ロンドンの金融市場』岩波文庫、1948 年；久保田恵美子訳『ロンバード街：金融市場の解説』日経 BP 社、2011 年）

Bank of England (2004) "Reform of the Bank of England's operations in the sterling money markets.", *Bank of England Quarterly Bulletin*, Summer 2004.

Bernanke, Ben S. (2009) "Speech", At the Stamp Lecture, London School Economics, Jan 13

―――――――― (2012a) "Monetary Policy since the One set of the Crisis", to be presented at the Jackson Hole Symposium, Aug. 31

―――――――― (2012b) "The economic Recovery and Economic policy," Chairman Ben S. Bernanke at the Economic Club of New York, November 20.

―――――――― (2015) "*The Courage to ACT: A Memoir of a Crisis and Its Aftermath*" W. W. Norton & Company, 2015（小此木潔監訳『危機と決断－前 FRB 議長ベン・バーナンキ回顧録』上・下、KADOKAWA、2015 年）

Bernstein, Asaf. Eric Hughson and Marc D. Weidenmier (2010) "Identifying the Effect of a Lender of Last Resort on Financial Markets: Lessons from the Founding of the Fed" *journal of Financial Economics*, Vol. 98, Issue 1, pp. 40-50

BIS (2009) Central Bank Governance Group [BIS CBGG] *Issue in the Governance of Central Banks*, May

―― (2011) Study Group [BIS SG] (*Central bank Governance and Financial*

Stability, May

—— (2016) *Unconventional monetary policies: a re-appraisal*, BIS Working Papers No 570

Blanchard, O and T, Tashiro (2019) "Fiscal Policy Opinion for Japan," PLICY BRIEF 19-7, Peterson Institute for International Economics, May 2019（オリヴィエ・ブランシャール、田代毅「日本の財政政策の選択肢」、ピーターソン国際経済研究所、2019 年 5 月）

Capie, F.,C. Goodhart, S. Fischer and N. Schnadt (1994) *The Future of Central Banking: The Tercentenary Symposium of the Bank of England*, Cambridge University Press.

Capie, Forrest H. (2007) "The Emergence of the Bank of England as a Mature Central Bank" in Forrest H. Capie and Geoffrey E. Wood (eds.), *The Lender of Last Resort, London: Routledge*, pp. 297-316

Carlson, Mark A., and David C. Wheelock (2012) "The Lender of Last Resort: Lessons from the Fed's First 100 Years." Federal Reserve Bank of St. Louis Working Paper 2012-0056B, November, Revised February 2013

Constancio, Vitor (2015) "Monetary Policy Challenges in the Euro Area," Speech at the Annual Conference of the Marshall Society, on "The Power of Policy: Solving Problem and Shaping the Future", Cambridge, January 31st

FRB (2016) *The Federal Reserve System: Purpose and Functions*, 10th ed. System Publication

Friedman, M, and A. J. Schwartz (1963), *A Monetary History of the United States*, 1867-1960 Princeton: Princeton University Press

Geithner, Timothy F. (2014), Stress Test: Reflecting on Financial Crisis, Crown, 2014（伏見威蕃訳『ガイトナー回顧録−金融危機の真相』日本経済新聞出版社、2015 年）

George, Edward A.G. (1994) "The Pursuit of Financial Stability," LSE Bank of

England Lecture, *Bank of England Quarterly Bulletin*, Vol. 34, No.1 February, pp. 60–66

King, Mervyn (2016) The End of Alchemy: Money, Banking and the Future of the Global Economy（近藤真美訳『錬金術の終わり 貨幣、銀行、世界経済の未来』日本経済新聞出版社、2017 年）

Krugman, Paul R. (1985) "Is the Strong Dollar Sustainable?" *NBER Working Paper*, No. 1644.

—— (1998) "It's Baaack: Japan's slump and the Return of the Liquidity Trap, "*Brooking Papers on Economic Acitivity2.*

Nakaso, Hiroshi (2001) *The Financial Crisis in Japan during the 1990's: How the Bank of Japan Responded and the Lesson Learnt*, BIS Papers No.6, October, Basle : Switzerland, Bank for International Settlements

Santoro, Paul J.(2012) "The Evolution of Treasury Cash Management during the 2008–09 Financial Crisis," *Current Issues in Economics and Finance* (Federal Reserve Bank of New York), vol. 18, no. 3.

Winters, Bill (2012) Review of the Bank of England's Framework for Providing Liquidity to the Banking System, Report Presented to the Court of the Bank of England, October

荒木謙一（2009）「欧州の金融監督制度と中央銀行制度～フォルティスのケースを中心に～」『金融市場』2009 年 11 月号　農林中金総合研究所

池尾和人（2009）「金融危機と市場型金融の将来」金融審議会基本問題懇談会 2009 年 8 月 31 日

伊藤さゆり（2016）『EU 分裂と世界経済危機』NHK 出版新書

伊豆久（2016）『金融危機と中央銀行』九州大学出版会

———（2020）「日本銀行のコロナ危機対応策」『証研レポート』No. 1721 日本証券経済研究所

今頭健・大山浩世・小川幹夫（2005）「英国における金融サービス法制の変遷

と我が国への示唆」『金融』2005年4月号　全国銀行協会
岩田規久男編（2004）『昭和恐慌の研究』東洋経済新報社
――――――（2018）『日銀日記―五年間のデフレとの闘い』筑摩書房
植田和男（2012）「非伝統的金融政策の有効性:日本銀行の経験」『CARFワーキングペーパー』CARF-J-079 東京大学金融教育研究センター
大森拓磨（2004）『サフォーク・システム フリーバンキング制か、中央銀行制か』日本評論社
翁邦雄（1993）『金融政策』東洋経済新報社
翁百合（2010）『金融危機とプルーデンス政策 金融システム・企業の再生に向けて』日本経済新聞出版社
小栗誠治（2018）「中央銀行の本質を再考する 中央銀行の公共性、銀行性、独立性および一般原則」『彦根論集』Autumn/Sep. 2018/No. 417
唐鎌大輔（2017）『ECB欧州中央銀行 組織、戦略から銀行監督まで』東洋経済新報社
河村小百合（2015a）『欧州中央銀行の金融政策』金融財政事情研究会
――――――（2015b）「非伝統的手段による金融政策運営をめぐる課題～“出口”局面で想定される状況と国全体として求められる対応～」『経済のプリズム』No143 2015.9
――――――（2017）「中央銀行のバランス・シート政策と課題」『JRＩレビュー』2017 Vol. 7, No. 46
――――――（2018）「イングランド銀行の金融政策運営と課題―非伝統的手段下での政府と中央銀行の関係の在り方―」『JRＩレビュー』2018 Vol. 5, No.56
木内登英（2018）『金融政策の全論点 日銀審議委員5年間の記録』東洋経済新報社
木下智博（2018）『金融危機と対峙する「最後の貸し手」中央銀行』勁草書房
久保田博之（2019）『中央銀行と金融政策がよくわかる本』秀和システム
小藤康夫（2010）「大和生命の経営破綻と生保の株式会社化」生命保険論集第

172号
―――― (2019)『日本の金融システム-日銀の異次元緩和策を越えて-』創成社
斎藤美彦 (2014)『イングランド銀行の金融政策』金融財政事情研究会
――――・高橋亘 (2020)『危機対応と出口への模索 イングランド銀行の戦略』晃洋書房
白井さゆり (2016)『超金融緩和からの脱却』日本経済新聞出版社
白川方明 (2002)「「量的緩和」採用後一年間の経験」小宮・日本経済研究センター編『金融政策の争点 日銀批判とその反論』日本経済新聞社
高木仁 (1987)「アメリカ合衆国における銀行・証券分離問題の展望」『明大商学論叢』第69巻第5・6号 (1987年3月)
田中隆之 (2014)『アメリカ連邦準備制度 (FRS) の金融政策』金融財政事情研究会
―――― (2017)「日銀の大量資産購入とその「出口」」『証券アナリストジャーナル』2018. 5
―――― (2018)「金融政策はこれでよいか-大量資産購入とマイナス金利政策」『アベノミクスと日本経済のゆくえ』専修大学出版局
―――― (2020)「世界的な金利消失 (下) -緊急時の中銀の役割高まる」日本経済新聞「経済教室」9月9日付
中曽宏 (2014)「失われた20年」が示す将来への指針 2014年IADI・APRC国際コンファレンスにおける講演の邦訳
――― (2017)「進化する金融政策:日本銀行の経験」米国ニューヨーク連邦準備銀行主催 セントラルバンキングセミナーにおける講演の邦訳
日本銀行百年史編纂委員会編 (1982-86)『日本銀行百年史』日本銀行
野口旭 (2001)「インフレ目標はなぜ必要なのか (クリティーク [経済論壇] 23)」経済セミナー11月号
浜田宏一 (2013)『アベノミクスとTPPが創る日本』講談社
早川英男 (2016)『金融政策の「誤解」"壮大な実験"の成果と限界』慶應義塾

大学出版会
春井久志（2013）『中央銀行の経済分析：セントラル・バンキングの歴史・理論・政策』東洋経済新報社
広田真一（2011）「日本の大企業の資金調達行動」宮島英昭編『日本の企業統治』東洋経済新報社
松浦一悦（2012）「欧州金融危機とイギリスの信用秩序維持政策」『松山大学論集』第23巻第6号
吉川洋（2013）『デフレーション—“日本の慢性病”の全貌を解明する』日本経済新聞出版社

朝倉　健男（あさくら　たけお）

1980 年　愛知県豊橋市に生まれる
2021 年　専修大学大学院経済学研究科経済学専攻博士後期課程修了
　　　　博士（経済学）
2021 年　専修大学経済学部助教

著書・論文
『最初の経済学 第四版』［共著］（同文館出版、2016 年）、「ゼロ金利制約下での金融政策と景気回復」（『専修総合科学研究第 17 号』、2009 年）など。

主要国 4 中央銀行 金融政策の比較分析
―歴史・制度・将来展望―

2022 年 2 月 28 日　第 1 版第 1 刷

著　者　朝倉　健男

発行者　上原　伸二

発行所　専修大学出版局
〒 101-0051　東京都千代田区神田神保町 3-10-3
（株）専大センチュリー内
電話 03-3263-4230（代）

印　刷
製　本　亜細亜印刷株式会社

ISBN 978-4-88125-364-9